조약의 국가승계

조약의 국가승계

최근의 국제실행과 남북통일 시 적용문제를 중심으로

이순천 지음

이 책은 실로 꿰매는 정통적인 사철 방식으로 만들어졌습니다.
사철 방식으로 만든 책은 오랫동안 보관해도 손상되지 않습니다.

개정판 서문

1996년 가을에 탈고하고 1997년 초에 『조약에 대한 국가승계』를 발간한 지 15년이 경과했다. 집필 당시 곧 발효하리라 예상했던 1978년 〈조약의 승계에 관한 비엔나협약〉이 1996년 11월 발효됐고, 또 국제사법재판소 ICJ는 1996년도 〈보스니아에서의 제노사이드 협약 사건〉 관련 관할권 확인 예심과 1997년도 헝가리·슬로바키아 간의 〈가브치코보-나기마로스 사건 *Gabcikovo-Nagymaros Project Case*〉에서 조약에 대한 국가승계 문제에 관해 판결했다. 당시 유고슬라비아(유고연방)의 계속성을 주장하면서 유엔에서 유고연방의 회원국 지위를 계속 유지하고자 했던 신유고연방(세르비아-몬테네그로)은 결국 유고연방의 계속성 주장을 철회하고, 2000년 11월 세르비아-몬테네그로라는 신국가로서 유엔에 신규 가입함에 따라 신유고연방의 계속성 주장과 관련된 법적인 불확실성이 해소됐다.

1996년에 이미 예상했던 바이지만 국가승계 문제는 제2차 세계대전 이후 신생독립국이 모두 독립하였기 때문에 앞으로는 과거 서방국가들과 신생독립국들 간의 정치적, 이념적 대립을 넘어 기존 국가의 분리 및 분열, 국가결합 및 통일 등의 경우에 주로 적용될 수밖에 없었다. 이에 따라 신생독립국의 국가승계에 더 중점을 둔 1978년 〈조약의 국가승계에 관한 비엔나협약〉이 어떻게 적용될 것이며, 기존 관습법의 적용과 어떻게 조화될 수 있을지 하는 문제가 관심의 초점이 됐다. 이제 독일과 예멘의 통일, 영국의 중국에 대한 홍콩의 주권 이양, 구소련 및 발트 3국, 유고슬라비아, 체코슬로바키아 등 동유럽 국가들의 국가승계 문제가 일단락된 지금이 조약에 대한 국가승계 문제를 다시 돌아보고, 검토·분석할 적절한 시점이 아닌가 생각된다.

우리나라와 관련해서도 1986년에 저자가 당시 외무부에서 담당했던 대한제국이 1910년 이전에 체결한 다자조약의 효력확인 행위 이후, 발트 3국이 1991년 소련으로부터 주권과 독립을 회복했을 때 발트 3국은 우리와 거의 동일한 법적 논리를 전개했다. 저자는 2011년 10월 한국과 발트 3국 수교 20주년 기념, 한·라트비아 포럼에서 이에 대해 발표할 기회를 가졌는데, 이때 라트비아 측은 이에 큰 관심을 표명하고 우리의 경험이 그들의 과거사 청산에 많은 참고가 되기를 기대했다. 또한 남북한 관계도 그간 많은 변화가 있었고, 우리의 통일정책도 한층 구체화되고 통일의 가능성도 그때보다 더 커졌다고 믿기에 언젠가 다가올 남북통일 시의 국가승계 문제도 보완할 필요가 있었다.

2011년 1학기에 고려대 대학원에서 〈국가승계론〉을 강의하면서 위와 같은 국가승계법 분야의 여러 발전 상황을 고려한 개정판 발간의 필요성을 느끼고 그간의 변화를 반영해 이 책을 다시 펴내게 됐다. 이 개정판에서는 특히 홍콩에 대한 주권의 양도에 따른 승계문제, 독일통일 시의 국가승계, 러시아 및 CIS 국가들의 국가승계, 발트 3국 및 동유럽 국가들의 국가승계에 관해 가능한 최신 자료를 참조, 보완했다. 또한 대한제국의 다자조약 효력확인 조치와 관련된 사항과, 남북한 관계의 최근 상황에 따른 남북통일 시의 국가승계 문제도 여러 학자 및 전문가들의 연구를 참조해 개정했다. 아직도 미비하고, 추가할 사항이 많이 있겠지만 이 책이 조약에 대한 국가승계 분야에서 앞으로의 연구와 강의에 기초 자료가 되기를 기대한다.

끝으로 이 책을 개정, 발간하는 데 많은 도움을 준 고려대 대학원 이민아 조교, 그리고 국제법 분야의 전문서적을 흔쾌히 출판해 준 열린책들 홍지웅 사장과 편집부원들에게 심심한 사의를 표한다.

2012년 2월
이순천

서문

국제법에서의 국가승계 문제는 19세기 근대 영토국가의 형성 및 국가의 병합, 합병, 분리, 분열 등 영토주권의 변동에 따른 법적 효력을 규율하기 위하여 국제법 이론과 국가관행에 의해 발전되어 왔으나, 유엔 국제법위원회가 1978년 〈조약의 승계에 관한 비엔나협약〉을 채택한 이후에도 최근까지 계속하여 국제법상 가장 논란이 많고, 국가에 따라 그 국가관행 역시 다양한 분야로서 인식되어 왔다.

국가승계는 동·서 간의 냉전 종식 이후 독일의 통일, 소련의 분열, 체코슬로바키아의 분열, 유고슬라비아의 분열 등의 사례에서 보는 바와 같이 국가의 영토주권 변동의 결과로 야기되는 국제정치적 현상을 법적 틀에 규정하여 변화에 따르는 혼란과 불안정을 최소화해야 하고, 이를 법적으로 규율해야 하는 분야이다. 특히, 남북이 분단되어 50여 년이 경과한 지금 남북한의 통일 문제가 새로운 관심 사안으로 대두되고 있고, 통일이 아주 요원한 문제로만 인식될 수 없는 현실을 고려할 때 우리로서는 장래 언젠가 다가올 남북통일 시 직면하게 될 남북한 간의 국가승계 문제를 사전에 검토하고 이에 대비하지 않을 수 없을 것이다.

이 책은 국제법상의 국가승계 문제 중에서 조약에 대한 국가승계 문제와 조약의 승계와 밀접히 관련이 있는 국제기구에서의 회원국 지위 승계 문제를 국가승계 이론, 국가관행 및 관습법 규칙을 중심으로 분석하고, 1978년 〈조약의 승계에 관한 비엔나협약〉의 채택 과정, 동 협약의 내용 및 최근의 국가관행을 중점적으로 검토하고자 했다.

우리나라와 관련해서는 대한민국 정부가 1986년에 취한 조치인, 대한제국이 1910년 한일합방 이전에 체결한 다자조약이 대한민국에 계속 유효하다고 선언한 효력확인 조치를 검토하고, 앞으로 남북한 간의 가능한 통일 방식인 국가연합 형식의 통일 및 연방국가 또는 단일국가로서의 통일한국 수립 시 적용될 수 있는 국가승계 문제를 현행 국제법 이론, 국가관행 및 관습법에 따라 검토하고자 했다.

이 책이 나오기까지 많은 분들의 도움과 조언이 있었다. 먼저 고려대 대학원의 은사 박춘호 교수님의 질정과 가르침에 감사드린다. 박 교수님의 지도가 없었다면 이 책은 출간되지 못했을 것이다. 또한 고려대 법대 유병화 교수님의 지도와 격려에 감사드리며, 저자에게 국가승계 문제에 대한 문제의식을 가지도록 해주신 고려대 법대 고 이윤영 교수님께 삼가 머리 숙여 감사드린다.

그리고 이 책을 쓰는 데 필요한 많은 자료를 제공해 준 외무부 및 고려대의 선배, 동료 여러분에게도 고마움을 표하고자 하며, 이 책의 출판에 협력해 주신 모든 분들께 충심으로 감사를 드린다.

1997년 1월
런던에서 이순천

차례

개정판 서문   5
서문   9
약어표   19

제1장 **국가승계의 일반적 개념**   23

제1절 문제의 제기 및 접근방법   25
    1. 문제의 제기   25
    2. 접근방법   27

제2절 국가승계의 법적 개념 및 역사적 발전 배경   29
    1. 국가승계의 법적 개념   29
    2. 국가승계의 역사적 발전 배경   32

제3절 국가승계의 이론과 국가관행 · 34
   1. 서론 · 34
   2. 계속성 이론 · 35
      가. 보편적 승계이론 · 35
      나. 일반 계속성 이론 · 36
      다. 유기적 대체 이론 · 37
   3. 비계속성 이론 · 38
      가. 고전적 백지위임의 원칙 · 38
      나. 사회주의 백지위임의 원칙 · 39
   4. 현대의 국가승계 이론 및 국가관행 · 41

제2장 영토의 변동과 조약의 국가승계 · 45

제1절 영토주권의 변동과 조약의 승계 · 47
   1. 서론 · 47
   2. 영토주권의 변동과 조약의 승계 · 49
      가. 할양 및 병합 · 49
      나. 합병 및 연방국가의 형성 · 50
      다. 분열 · 52
      라. 독립 또는 분리 · 53
      마. 영토의 이전 · 54
      바. 식민지의 독립에 의한 신생독립국의 수립 · 54

제2절 조약의 승계 방식 · 57
   1. 서론 · 57
   2. 승계협정 · 58
   3. 일방적 선언 · 63

    가. 조약의 종료선언 방식   63
    나. 조약의 계속적용 선언 방식   67
    다. 일반적 선언 방식   69
    라. 특별 선언 방식   69

제3절 승계될 수 있는 조약의 범위   71

1. 조약의 승계에 관한 일반원칙   71
2. 처분적 조약의 승계   73
    가. 처분적 조약의 개념   73
    나. 처분적 조약의 구분   74
    다. 국경조약의 승계   77
    라. 기타 영토체제에 관한 조약의 승계   81
3. 다자조약의 승계   84
    가. 문제의 제기 및 배경   84
    나. 다자조약의 승계에 관한 학설   85
    다. 다자조약의 승계에 관한 국제관행   89
    라. 결론   99

제4절 조약의 국가승계에 관한 비엔나협약   103

1. 협약 채택 배경 및 과정   103
2. 협약의 주요 쟁점 및 결과   106
3. 협약의 주요 내용   108
    가. 협약의 적용 범위   108
    나. 조약의 승계에 관한 일반원칙   110
    다. 신생독립국   113
    라. 국가의 결합 및 분리   116
4. 분쟁의 해결   119
5. 협약의 의의 및 평가   120

제3장 국제기구의 회원국 지위 승계   127

  제1절 서론   129

  제2절 유엔의 관행   132

  제3절 기타 국제기구의 관행   141

  제4절 결론   146

제4장 국가승계의 국제실행   149

  제1절 최근의 국제실행 및 ICJ 판결   151
    1. 최근의 국제실행   151
    2. ICJ의 국가승계 관련 판례   154

  제2절 홍콩에 대한 주권의 양도   158
    1. 역사적 배경   158
    2. 영·중 공동선언의 법적 성격   160
    3. 홍콩특별행정구의 법적 지위   161
    4. 조약의 승계   164
      가. 다자조약의 승계   166
      나. 양자조약의 승계   168
    5. 결론   169

  제3절 독일의 통일과 국가승계   171
    1. 서론   171
    2. 통일의 과정   174
    3. 조약의 승계   176

가. 일반적 원칙	176
나. 조약국경이동의 원칙	177
다. 사정변경의 원칙	179
라. 기타 관습법 규칙	184
마. 다자조약 및 국제기구의 회원국 지위 승계	185
바. 동독이 체결한 무역협정의 효력	186
4. 결론	187

제4절 러시아 및 동유럽 국가들의 국가승계   189

1. 서론   189

2. 러시아 및 CIS의 국가승계   191

    가. 소련의 붕괴   191
    나. 러시아의 소련 법인격 계속성 문제   192
    다. 국제기구의 회원국 지위 승계   195
    라. 조약의 승계   197

3. 발트 3국의 주권회복과 국가승계   204

    가. 발트 3국의 주권회복과 국제사회의 승인   204
    나. 조약의 승계   207
    다. 발트 3국의 주권회복의 법적 의의   209

4. 유고슬라비아의 분열과 국가승계   211

    가. 유고슬라비아의 분열   211
    나. 신유고연방의 계속성 문제 및 국제기구의 회원국 지위 승계   212
    다. ICJ의 보스니아 제노사이드 사건 관련 국가승계 문제   215
    라. 조약의 승계   219

5. 체코슬로바키아의 분열과 국가승계   224

    가. 체코슬로바키아의 분열   224
    나. 국제기구의 회원국 지위 승계   225

	다. 조약의 승계	226
	라. ICJ의 가브치코보-나기마로스 사건 판결	229
6. 결론		231

제5장 대한제국이 체결한 다자조약의 효력 확인 235

제1절 문제의 제기 237

제2절 국가의 법적 동일성 및 계속성 240

제3절 대한제국이 체결한 조약의 효력 244
1. 양자조약의 효력 244
2. 다자조약의 효력 245

제4절 대한제국과 대한민국의 법적 동일성 및 계속성 248

제5절 결론 252

제6장 남북통일 시 국가승계의 적용 255

제1절 서론 257

제2절 남북한의 법적 지위 259
1. 한국의 법적 지위 259
2. 북한의 법적 지위 261

제3절 가능한 통일방식 및 국가승계 267
1. 가능한 통일방식 267
2. 국가연합의 형성과 국가승계 271

3. 통일국가의 형성과 국가승계　　274
　　　　가. 한국 주도에 의한 통일과 국가승계　　276
　　　　나. 새로운 통일한국의 수립과 국가승계　　280

제4절　결론　　283

제7장 결론　　285

부록 〈1978년 조약의 승계에 관한 비엔나협약〉 원문　　293

참고문헌　　337
찾아보기　　351

약어표

ADB	Asian Development Bank
AJIL	American Journal of International Law
ARIEL	Austrian Review of International and European Law
ASIL Proc.	American Society of International Law Proceedings
Austrian JPIL	Austrian Journal of Public and International Law
BYIL	British Yearbook of International Law
CIS	Commonwealth of Independent States
Cmnd.	United Kingdom Command Papers
COMECON	Council for Mutual Economic Assistance
Canadian YIL	Canadian Yearbook of International Law
Chinese YIL	Chinese Yearbook of International Law and Affairs
Denver JILP	Denver Journal of International Law and Policy
EC	European Communities
EJIL	European Journal of International Law
Encyclopedia	Encyclopedia of Public International Law

ESCAP	Economic and Social Commission in Asia and the Pacific
EU	European Union
FAO	Food and Agricultural Organization
Finn YIL	Finnish Yearbook of International Law
FRG	Federal Republic of Germany
GATT	General Agreement on Tariffs and Trade
GDR	German Democratic Republic
GYIL	German Yearbook of International Law
Hague Recueil	Recueil des Cours, Hague Academy of International Law
Harvard ILJ	Harvard International Law Journal
IBRD	International Bank for Reconstruction and Development
ICAO	International Civil Aviation Organization
ICCPR	International Covenant on Civil and Political Rights
ICESCR	International Covenant on Economic, Social and Cultural Rights
ICJ	International Court of Justice
ICLQ	International and Comparative Law Quarterly
ILA	International Law Association
ILC	International Law Commission
ILO	International Labour Organization
ILR	International Law Reports
IMF	International Monetary Fund
IMO	International Maritime Organization
ITU	International Telecommunication Union
NATO	North Atlantic Treaty Organization

Netherlands YIL	Netherlands Yearbook of International Law
NYUJILP	New York University Journal of International Law and Politics
NTIR	Nordisk Tidsskrift for International Ret
NPT	Treaty on the Non-Proliferation of Nuclear Weapons
OAU	Organization of African Unity
OEEC	Organization for European Economic Cooperation
PCA	Permanent Court of Arbitration
PCIJ	Permanent Court of International Justice
Pepp. LR	Pepperdine Law Review
UAR	United Arab Republic
UNESCO	United Nations Educational, Scientific and Cultural Organization
UPU	Universal Postal Union
Virginia JIL	Virginia Journal of International Law
WHO	World Health Organization
WMO	World Meteorological Organization
WTO	World Trade Organization
Yale LJ	Yale Law Journal
ZaöRV	Zeitschrift für ausländisches öffentliches Recht und Völkerrecht

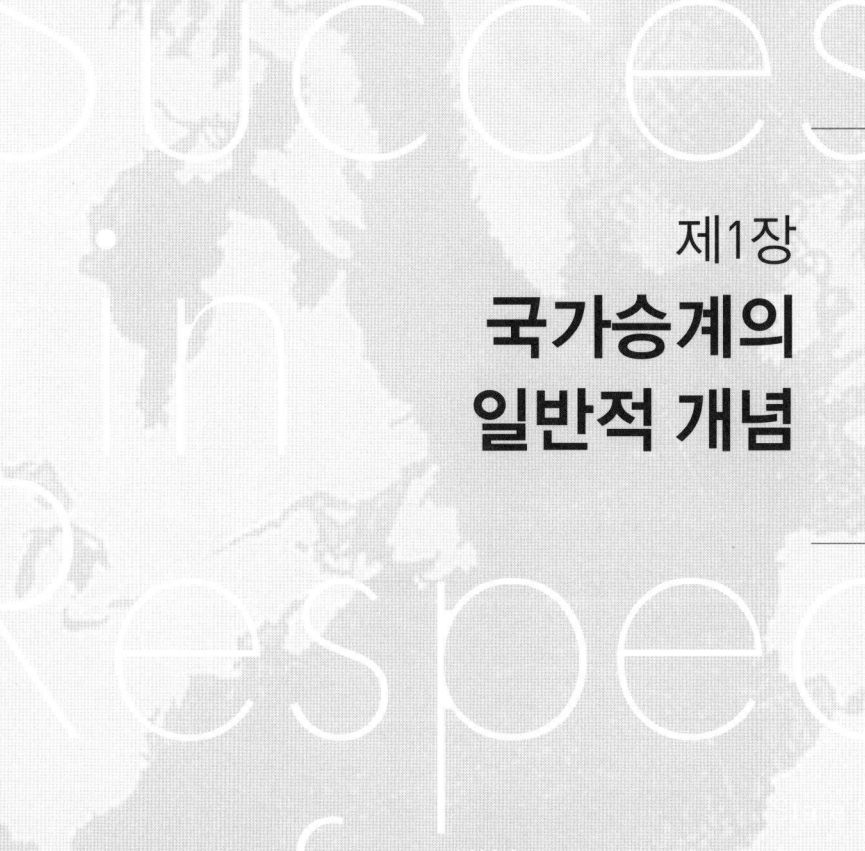

제1장
국가승계의 일반적 개념

제1절 문제의 제기 및 접근방법

1. 문제의 제기

인류의 역사를 돌이켜 보면 국가는 생성, 발전, 소멸되는 변화의 과정을 겪어 왔다. 국제법상 국가도 할양 및 병합, 합병 및 연방국가의 형성, 분열, 분리, 영토의 이전 및 신생독립국의 생성 등의 방법으로 국가 영토의 일부 또는 전부가 새로운 국가로 통합 또는 분리되어 신국가가 생성되고, 새로운 국제법의 주체로 등장했으며, 구국가는 소멸되기도 했다. 국제법은 이와 같은 국제정치적 현상을 법적으로 규정해 변화에 따르는 혼란과 불안정을 최소화해야 했다.

한 국가의 영토가 다른 국가의 영토로 이양됨에 따른 법적 문제를 다루는 국가승계State Succession 이론은 전통적으로 서구문명사회를 중심으로 발전되어 왔으나, 제2차 세계대전 이후 탈식민화 운동의 결과 거의 100여 개에 달하는 신생독립국이 새로이 생성됨에 따라 국가승계 문제에 관한 전통적 국제법 이론과 신생독립국을 중심으로 한 제3세계의 법이론 간에 첨예한 견해 차이가 극명하게 대비되는 현상이 초래됐다. 유엔 국제법위원회UN International Law Commission(ILC)는 국가승계에 관한 이와 같은 법이론의 다양성을 통일하기 위해 1962년부터 국가승계 문제의 성문법전화를 추진해 왔고, 그 결과 1978년의 〈조약의 국가승계에 관한 비엔나협약Vienna Convention on Succession of States in Respect of Treaties〉과 1983년의 〈국가재산, 공문서 및 채무의 국가승계에 관한 비엔나협약 Vienna Convention on Succession of States in Respect of State Property, Archives and Debts〉이 각각 채택되었다. 이 협약들이 채택된 후 1978년 비엔나협약은 1996년에 발효됐으나, 1983년 비엔나협약은 현재까지 비준국가 수의 부족으로 발효되지 못하고 있다. 또한 협약 채택을 둘러싸고 서구 국가와 제3세계 국가 간의 첨예한 법적 대립으로 인해 국가승계에 관한 국제법은 아직도 국제법에서 가장 논란이 많은 분야로 남아 있다.[1]

이 책은 이와 같은 국가승계 문제 중에 조약의 승계 분야를 중심으로 우선 국가승계 이론, 즉 계속성 이론theories of continuity과 비계속성 이론 theories of non-continuity부터 검토해 국가승계를 초래하는 영토주권의 변동과 조약의 승계를 분석한다. 다음으로 선임국(先任國, predecessor state)과 승계국(承繼國, successor state) 간에 조약의 승계방식과 〈백지위임의 원칙〉의 예외로서 승계국에 승계될 수 있는 조약의 범위를 검토한 후, 1978년에 채택된 〈조약의 승계에 관한 비엔나협약〉의 내용을 고찰한다. 또한 조약의 승계와 직접 또는 간접적으로 관련이 있는 국제기구에서의 회원국 지위 승계문제를 검토한 후 국가승계의 최근 국제실행으로서 홍콩에 대한 주권의 이양, 독일의 통일과 국가승계, 러시아 및 동유럽 국가들의 국가승계 문제를 분석하고자 한다. 다음으로 국가승계 문제라기보다는 국가의 법적 동일성 및 계속성의 문제와 긴밀히 관련돼 있는, 대한민국 정부가

---

1 I. A. Shearer, *Starke's International Law*, 11th ed. (1994), Butterworths, pp. 293~294; Ian Brownlie, *Principles of Public International Law*, 7th ed. (2008), Oxford, p. 650.

1986년에 행한, 대한제국이 체결한 다자조약의 효력확인 조치를 국가승계 문제와 관련해 분석한다. 마지막으로 향후 남북한이 통일이 되어 통일국가가 형성될 때에 조약의 국가승계 문제가 통일한국에 어떻게 적용돼야 할 것인가를 검토할 것이다.

2. 접근방법

이 책에서는 국가승계 분야 중 조약의 승계 분야를 연구의 대상으로 선정했으며, 조약의 승계 이외에는 조약의 승계와 밀접히 관련돼 있는 국제기구에서의 회원국 지위 승계문제만을 포함했다. 따라서 국가승계 분야 중 1983년에 협약으로 채택된 국가재산, 공문서 및 채무의 승계문제는 이 책의 범위에서 제외했으며, 성문화되지는 않았으나 관습법으로 규율되고 있는 〈기득권acquired rights〉이나, 〈국적nationality〉 등의 승계 문제도 제외했다. 또한 국제기구의 회원국 지위 승계와는 별개의 문제인 국제기구 간의 승계문제도 포함시키지 않았다.

이와 같은 조약의 승계 및 국제기구의 회원국 지위 승계문제에 대해 이 책은 아래와 같은 접근방법을 취했다.

첫째, 우선 국가승계의 이론을 검토한 후에 이에 관한 국가관행 및 관습법 규칙을 중점 검토했다.

둘째, 이러한 국가승계이론, 국가관행 및 관습법 규칙이 〈1978년 조약의 승계에 관한 비엔나협약〉과 관련해 어떻게 발전되고 성문법전화 됐는가를 분석하고, 이 협약의 의의 및 문제점을 제시하고자 했다.

셋째, 국제기구의 회원국 지위 승계문제는 주로 관련 국제기구의 설립 헌장의 해석문제이기 때문에 국제기구의 선례를 검토하고, 이 선례가 어떻게 관습법화 되었는지를 살펴봤다.

넷째, 최근의 주요 국가승계 사례를 각국의 실행과 관련 국제기구의 실행 중심으로 검토했으며, 이러한 국제실행이 〈1978년 조약의 승계에 관한 비엔나협약〉과 어떤 관련을 가지고, 이 협약에 어떤 영향을 미칠 것인가를 분석하고자 했다.

다섯째, 대한제국이 체결한 다자조약의 효력확인과 관련해서는 국가의 법적 동일성 및 계속성 문제를 검토하고, 대한민국은 법적으로 대한제국과 동일한 국가의 계속임을 입증하고자 했다.

여섯째, 남북한의 법적 지위를 검토하고, 앞으로 가능한 통일방식인 국가연합 형식의 통일 및 연방국가 또는 단일국가로서의 통일한국 수립 시 적용될 수 있는 국가승계 문제를 현행 국제법이론, 국가관행 및 관습법에 따라 검토하고자 했다.

이 책은 국가승계 문제의 주요 대상으로 기존국가 간의 병합, 합병, 분열, 분리 등에 따른 고전적인 국가승계 문제 및 제2차 세계대전 이후의 신생독립국의 국가승계 문제를 거의 같은 비중으로 다루었다. 그러나 탈식민화가 종료되었기 때문에 앞으로 식민지로부터 독립하는 신생독립국이 거의 없을 것이고, 오히려 독일 통일, 소련 및 동유럽 국가들의 분리, 분열 등에 따른 국가승계 실행을 참고해 볼 때 장차 일어날 국가승계는 고전적인 국가승계 문제가 중심이 될 것으로 보고 있다.

제2절 국가승계의 법적 개념 및 역사적 발전 배경

1. 국가승계의 법적 개념

국가승계는 국제법에 따라 어느 영토에 대한 일국의 주권이 타국으로 이양됨에 따라 일어난다. 영토에 대한 주권변동이 발생하면 이에 따른 여러 법적 문제, 즉 승계국successor state은 선임국predecessor state이 체결한 모든 조약에 구속되는지 또는 그렇지 않으면 어떤 조약에 구속되는지 여부와 선임국의 권리·의무가 어느 범위까지 소멸되고, 승계국은 어느 범위까지 그런 권리를 향유할 수 있고, 그런 의무에 구속되는지 하는 문제가 제기된다.

국제법상 국가승계는 원래 로마법상의 상속의 개념을 국제법에 원용한 것으로서 〈국가승계〉라는 표현은 국가도 사법상 자연인의 상속과 마찬가지로 선임국의 영토상의 권리·의무를 상속한다는 인식을 줄 수 있다. 그러나 국가는 사법상의 상속의 원칙을 유추해서가 아니라 국가라는 사실 때문에 국제법에 따라 선임국의 권리·의무를 승계하는 것이므로 사법상의 상속의 개념을 국제법상 그대로 적용하는 것은 적절하지 않다.[2] 또한 〈국가승계〉

---

2 Shearer, *supra note* 1, p. 291.

라는 용어는 국가승계 문제의 근원source 또는 범위area를 설명하기 위한 표현에 불과하며, 법적 권리·의무의 상속이 이루어지는 어떤 원칙이나 가정presumption을 의미하는 것이 아니다.³ 〈국가승계〉라는 용어는 이와 같이 상속법상 법인격legal personality의 계속성이라는 비유analogy와 이에 따른 완전한 또는 보편적 승계를 의미하는 것으로 해석될 수 있는 부적절한 용어misnomer임에도 불구하고 국제법상 일반적으로 통용되고 있다.⁴

광의의 국가승계의 개념은 어느 국가가 그때까지 다른 국가의 주권하에 있던 영토에 대해 주권을 확장한 결과 선임국의 권리와 의무를 승계하는 것이다. 그런데 1978년에 체결된 〈조약의 국가승계에 관한 비엔나협약〉 및 1983년에 체결된 〈국가재산, 공문서 및 채무의 국가승계에 관한 비엔나협약〉 제2조 제1항은 국가승계를 〈어느 한 국가가 다른 국가의 영토상의 국제관계에 대한 책임을 대체하는 것the replacement of one State by another in the responsibility for the international relations of territory〉이라고 정의하고 있다. 이 정의에 따르면 권리와 의무의 승계라는 측면보다 영토상의 국제관계에 대한 책임의 대체에 중점을 두게 되며, 주권의 변동보다 영토의 이전 없이 일어나는 보호국, 종속국 또는 신탁통치의 수립 또는 종료 등과 같은 주권의 회복 및 상실의 경우도 국가승계에 포함된다.⁵

국가승계는 정부승계와 구분돼야 한다. 정부승계는 국가승계와는 달리 순전히 국내적인 현상으로 주권의 변동이 합헌적인 과정에 따른 것이든 혁

---

3 Brownlie, *supra note* 1, pp. 649~650.
4 Shearer, *supra note* 1, p. 291.
5 *Ibid.*, p. 292; 일부 국내학자들은 〈국가승계〉와 〈국가상속〉이라는 용어를 혼용하는 경향이 있으나 상속은 민법상 재산권 등이 피상속인에게 포괄적으로 이전되는 법률관계의 계속성을 함축하고 있으므로 국제법상으로는 〈국가승계〉라는 표현이 적절할 것이다. 또한 상기 비엔나협약은 영토의 이전이 없는 신탁통치지역 등의 경우에도 국가승계를 적용할 수 있게 했기 때문에 이러한 경우에는 더욱 〈국가승계〉라는 용어의 사용이 적합할 것이며, 이에 따라 이 책은 〈국가승계〉라는 용어를 사용한다.

명적인 방법에 의한 것이든 단순한 정부의 교체를 의미하며, 동일한 국가 내에서 전 정부의 권리와 의무가 어느 범위까지 소멸하게 되는지, 신정부는 전 정부가 체결한 권리·의무의 어느 범위까지 구속되고, 이를 향유할 수 있는지 하는 문제이기 때문에 영토에 대한 주권변동으로 야기되는 국가승계와는 분명히 구별된다.

국가승계는 부분적 승계partial succession와 보편적 승계universal succession로 구분할 수 있다. 부분적 승계란 어느 국가의 영토의 일부가 분리되어 다른 국가의 영토의 일부가 되거나 또는 전혀 새로운 국제법 주체의 영토가 되는 경우이며, 보편적 승계는 어느 국가가 완전히 분할dissolve되어 존재하지 않는 경우 또는 다른 국가에 흡수되는 경우에 발생한다.[6]

이러한 전통적 국가승계 이외에 국가승계에 관한 협약 채택을 둘러싸고 제2차 세계대전 이후의 탈식민화decolonization운동에 따라 생성된 신생독립국newly independent states들에 적용할 특별한 법규범을 확립시키려고 하는 제3세계의 서구문명국가에 대한 치열한 법적 논쟁이 전개돼 왔으며, 그 결과 신생독립국의 입장이 반영된 1978년 및 1983년의 국가승계에 관한 협약이 유엔 국제법위원회의 주도하에 채택됐다. 국가승계는 그러나 오랜 기간 동안 국가의 존립형식에 영향을 미치는 현상으로서 단 하나의 법적 행위a single legal act를 통해 이루어지는 것이 아니며, 국가가 소멸되는 경우에는 승계의 과정이 수십 년간 계속될 수도 있다. 1978년과 1983년에 체결된 비엔나협약은 〈국가승계를 발생시키는 실제사실constituent facts of succession〉과 〈승계로부터 야기되는 법적 결과legal consequence arising from succession〉를 구분함으로써 승계문제를 해결하고자 했으나,[7] 이 협약들은 기존 관습법의 성문법전화라기보다는 국제법의 점진적 발전을 추구

---

6 A. S. Hershey, "The Succession of States", *AJIL* Vol. 5 (1911), pp. 285~289.
7 Bernhardt (ed.), *Encyclopedia*, IV (2000), p. 642.

하고 있다고 보는 것이 더 적절할 것이다.⁸

국가승계는 아직도 불확실성과 논란이 많은 국제법의 분야로서 국가의 관행이 일관성 없이 다양하다는 사실 및 국가승계가 관습법 또는 〈1978년 조약의 승계에 관한 비엔나협약〉에 의해서가 아니라 당사국 간 개별 조약의 토대 위에서 이뤄지고 있다는 사실은 이런 불확실성을 더욱 증대시키는 것으로 보인다. 따라서 국가승계 분야는 1978년과 1983년의 국가승계에 관한 협약의 채택에도 불구하고 아직도 이에 관한 법규칙이 분명히 확립되지 않았으며, 개별 조약에 의해 다양하게 생성되어 가는 과정에 있는 〈형성되어야 할 법*de lege ferenda*〉으로서 존재하고 있다고 하겠다.

2. 국가승계의 역사적 발전 배경

국가승계 문제는 유럽의 근대사에서 특히, 19세기 근대 영토국가의 출현과 국가 간의 할양cession, 병합annexation 또는 전쟁 후 영토의 획정 등에 의한 국가의 생성, 발전, 소멸의 결과 이에 따른 국가승계 문제의 법적 해결 방안으로서 그 중요성이 부각되게 됐다.⁹ 이탈리아의 통일, 폴란드의 분할, 영연방국가들과 미국의 독립 등은 국가승계에 대한 법적 중요성을 제기하고 이에 대한 국가의 관행을 축적하게 한 계기가 됐으며, 이후 제1차 세계대전의 결과 오스트리아-헝가리제국과 오토만제국의 분열이 뒤따르게 되었다. 제2차 세계대전 이후에는 한국, 독일, 베트남이라는 분단국의 지위 문제가 새로 대두됐고, 그간 서유럽 국가들의 식민지로 있었던 대부분의 제3세

---

8 Hans Treviranus, "Die Konvention der Vereinten Nationen über Staatensukzession bei Vertragen", 39 *ZaöRV* (1979), p. 278.

9 Bernhardt, *supra note* 7, p. 642.

계 국가들의 독립은 국가승계 문제에 관한 기존의 법이론 및 관행을 전면 재검토하게 한 계기가 됐다.

국가승계 문제는 대부분의 경우에 주로 선임국과 승계국 간에 〈승계협정 devolution agreement〉 또는 〈상속협정 inheritance agreement〉이나 〈일방적 선언 unilateral declaration〉의 방식에 의해 조정돼 왔으나, 서방국가들과 제3세계 국가들 사이의 법적 관점의 차이 또는 동·서 간의 이념 차이로 법적 쟁점은 계속 상존하고 있었다. 또한 알바니아, 에티오피아, 한국, 오스트리아 등 소멸됐던 국가의 재수립 reestablishment에 따른 법적 문제는 당시까지 존재해 온 관습법에 의해 규율될 수 없는 새로운 상황을 초래했다.

냉전의 종식에 따라 소련, 유고슬라비아, 체코슬로바키아 등이 분열 또는 분리돼 많은 신국가가 등장하게 되자, 국가승계 문제는 과거 수십 년간의 신생독립국 중심의 문제에서 전통적이고 고전적인 국제법 문제로 돌아가게 됐고, 이에 관한 관습법 규칙과 국가관행의 재검토를 촉진했다.[10]

국가승계 문제는 이와 같은 역사적 배경에 따라 그 승계이론 및 관행도 상황에 맞게 그 중점이 변해 왔다. 제2차 세계대전 후 신생독립국의 대거 출현이라는 현상에 따라 〈백지위임의 원칙〉이 신생독립국의 승계원칙으로 채택됐으나, 소련 등 동유럽 국가의 분리, 분열에 따른 신국가의 수립은 원칙적으로 선임국의 〈조약 의무의 계속성〉이라는 일반적인 추정을 가능하게 하며, 앞으로의 국가승계법은 추상적인 법이론보다는 실제적인 필요성에 따라 발전돼 나갈 것으로 보인다.[11]

---

10 Rein Müllerson, *International Law, Rights and Politics* (1994), Routledge, p. 137.
11 Oscar Schachter, "State Succession: The Once and Future Law", *Virginia JIL*, Vol. 33 (1993), pp. 258~260.

제3절 국가승계의 이론과 국가관행

1. 서론

국가승계 이론은 오랫동안 로마법과 민법상의 상속의 관점에서 다루어져 왔으며, 주권의 변동에 따른 승계는 상속법상의 재산의 양도 및 이에 따른 권리·의무의 양도라는 사법상의 원칙과 동일하게 국가 간의 관계에도 그대로 적용된다고 보았다. 이러한 견해가 보편적 승계이론universal succession theory으로서 그로티우스Grotius를 중심으로 휘튼Wheaton, 오펜하임 Oppenheim 등의 학자들에 의해 주장돼 온 19세기까지의 지배적인 이론이었으며, 이 이론에 따르면 승계국은 선임국의 채무·계약뿐만 아니라 동맹조약이나 통상조약까지 승계하는 결과를 초래한다.[12]

보편적 승계이론에 대해 비계속성 이론theory of non-continuation은 승계국은 선임국과 동등한 주권국가로서 영토의 취득 시 선임국이 지고 있는 권리·의무에 대하여 어떤 구속도 받지 않으며, 선임국이 행한 행위의 어떤

---

12 Rosalie Schaffer, "Succession to Treaties: South African Practice in the Light of Current Developments in International Law", 30 *ICLQ* (1981), p. 594.

법적 결과에 대해서도 책임을 지지 않는다고 한다. 이와 같은 비계속성 이론에 의하면 법은 〈주권의사sovereign will〉의 표시로서 법의 계속성은 주권의사의 계속성에 좌우되는 것이나 영토에 대한 주권의 변동으로 주권의사의 계속성은 단절된다고 하며, 따라서 승계가 이루어질 경우에도 그 승계는 국가승계 이론에 의해서가 아니라 승계국의 자발적인 의사에 따른 것이라고 한다.[13] 여기서는 우선 전통적인 계속성 이론과 비계속성 이론을 차례로 검토해 보기로 한다.

2. 계속성 이론Theories of Continuity

가. 보편적 승계이론The Universal Succession Theory

그로티우스는 상속에 의해 재산권에 관한 법인격이 계속된다는 로마법의 개념을 국제법에 도입, 정치적 변화의 문제를 해결하려 했다. 이러한 법인격의 계속성 이론에 따르면 선임국의 재산권뿐만 아니라 권리와 의무도 법적으로 *ipso jure* 승계국에 이전되는데, 이는 영토주권의 변동에도 불구하고 국가의 법인격은 계속 유지되며, 따라서 국가의 동일성identity에는 아무런 변화가 없기 때문이라고 한다. 통치군주의 교체는 영토의 할양, 혁명 또는 사망 등 어떤 방식으로 발생하든지 승계군주가 선임군주의 권리와 의무를 대체하는 것이 아니라 단순히 군주가 통치하는 신민subjects을 대체하는 것이라 한다. 또 통치자가 사적으로 행한 행위에 관해서는 그의 죽음 또는 추방 등에 따라 그 행위에 의한 계약이 소멸되지만, 그가 공적으로 행한 행위에 대해서는 군주와 신민 사이의 사회계약이론에 의해 공적 행위의 결과가 국

---

13 Ibid., p. 595.

민에게 직접 귀속된다고 한다.[14] 재산권은 통치자가 행한 법적 조치에 의해 영향을 받으며, 영토는 재산권의 일부이므로 통치자가 공적 행위의 수행 시 지게 되는 채무는 통치자가 바뀌더라도 계속해서 그러한 법적 조치의 구속을 받는다.

이와 같은 보편적 승계이론은 19세기 중순까지 계속 영향을 미쳐 왔는데, 이는 실정법이 제정되기 이전에 이미 국가승계 문제가 규율되어 왔음을 보여 주는 사례이기도 하다. 보편적 승계이론은 필리모어Phillimore, 휘튼Wheaton, 오펜하임Oppenheim과 푸펜도르프Pufendorf, 바텔Vattel, 블룬칠리Bluntschli 등의 국제법학자들에 의해 계승됐으나, 블룬칠리는 처음으로 국가승계와 정부승계를 구분하려 시도했으며, 바텔은 군주의 〈물적real〉 의무와 〈인적personal〉 의무의 구분을 시도했다.[15]

나. 일반 계속성 이론The Popular Continuity Theory

19세기 후반 독일과 이탈리아의 통일 이후 보편적 승계이론의 한 변형으로서 일반 계속성 이론이 등장하게 된다. 이 이론은 가바Gabba, 애플톤Appelton, 지델Gidel 등이 주장했는데 국가는 2개의 인격, 즉 정치적 인격과 사회적 인격을 가지고 있다고 한다. 국가승계가 발생할 시 국가의 정치적 인격은 영향을 받게 되나, 일반인의 법적 상황은 변함이 없으며, 영토와 주민은 불가피하게 연결되어 항구적인 사회적 인격을 이루고 있으므로 사회

---

14 D. P. O'Connell, *State Succession in Municipal Law and International Law*, Vol.1 (1967), pp. 9~11; Yilma Makonnen, *International Law and the New States of Africa* (1983), pp. 129~13; Yilma Makonnen, "State Succession in Africa: Selected Problems", *Hague Recueil*, Vol. 200 (1986), pp. 104~105.

15 Y. Makonnen, *International Law and the New States of Africa* (1983), p. 130.

적 인격은 국가승계로 인해 영향을 받지 않는다고 한다.[16] 일반 계속성 이론은 바텔이 주장한 군주의 〈물적〉의무와 〈인적〉의무의 구분을 발전시킨 것으로서 국가승계와 정부승계를 구분하고 있으며, 정치적 성격을 지닌 의무의 〈비계속성non-continuity〉을 인정하고 있다.

이 이론에 따르면 국가승계는 단순히 국가의 정치적 조직에만 영향을 미치는 의제(擬制, fiction) 또는 비유metaphor로서 간주되고 있으며, 권리와 의무가 귀속되는 국가의 〈주권적 동일성sovereign identity〉은 국가승계 후에도 단절되지 않고 계속 유지된다고 한다.

다. 유기적 대체 이론 The Theory of Organic Substitution

유기적 대체의 개념에 입각한 계속성 이론은 막스 후버Max Huber가 기에르케von Gierke가 발전시킨 〈법인체corporate association〉의 이론에서 국가승계 이론을 추출해 낸 것이다. 후버에 의하면 국가승계의 경우에 주민과 영토라는 사실적 요소가 새로운 조직체organic being에 통합되며, 이에 따라 조직체의 법률적 요소에 변화가 생긴다고 한다. 그렇기 때문에 국가는 동일성을 상실하더라도 선임국을 지배했던 조직체는 영향을 받지 않는다. 승계국은 새로운 인격체이지만 선임국의 모든 잔존하는 사실적 요소를 흡수하여, 선임국의 소멸된 인격을 대체하고, 선임국의 모든 권리·의무를 마치 승계국 자신의 권리·의무처럼 승계한다고 한다.[17] 이 이론에 따르면 승계국은 선임국의 기본적인 정치적 권리와 의무를 제외하고는 사실상 모든 권리와 의무를 승계함을 의미하며, 승계국이 선임국의 재산권과 관련해 선임국을 대체한다면 그 재산권에 부과되는 의무에 대해서도 선임국을 대체해

---

16 *Ibid.*, pp. 130~131.
17 *Ibid.*, p. 131.

야 한다고 본다.[18]

3. 비계속성 이론Theories of Non-Continuity

　보편적 승계이론이 국가관행과 일치하지 않게 되자 19세기 후반 및 20세기 초반에 보편적 승계이론을 전면적으로 부인하는 비계속성 이론 또는 〈백지위임의 원칙〉이 대두됐다. 승계국이 선임국의 영토를 병합하면 그 영토에 대한 선임국의 주권은 포기된 것으로 간주되기 때문에 일국의 주권의 상실과 타국의 주권의 확장 사이에는 법적 공백이 생기게 된다. 비계속성 이론에 의하면 승계국은 선임국으로부터의 권력 양도에 따라 어느 영토에 대한 관할권을 행사하는 것이 아니라, 승계국 자신의 의사에 따라 그 주권을 확장하는 것이라고 한다. 따라서 선임국의 모든 권리·의무가 승계국에 이양되는 것이 아니라 승계국은 선임국의 권리·의무 중에서 원하는 것만 승계하고, 원하지 않는 것은 폐기할 수가 있으며, 모든 국가는 절대적으로 평등하기 때문에 병합하는 국가가 소멸되는 국가가 행한 행위의 법적 결과를 부담해야 한다는 법규칙은 존재하지 않는다고 한다.

가. 고전적 백지위임의 원칙The Classical Clean-Slate Doctrine

　〈백지위임의 원칙〉(*tabula rasa* 또는 clean-slate doctrine)은 19세기 국제법 이론의 산물로서 가레이스Gareis, 카발리에리Cavaglieri, 포쉐린Focherin, 스트룹Strupp, 케이스Keith, 조른Zorn과 쉔보른Schonborn 등이 선임국의 권리·의무가 승계국에 승계된다는 국가승계 이론을 부정하기 위

18　O'Connell, *supra note* 14, p. 13.

해 발전시킨 것이다. 케이스에 의하면 국가승계 시 선임국의 법인격과 동일성은 완전히 소멸되며, 전적으로 새로운 국제적 주권을 가진 법인격이 등장하는 것이기 때문에 선임국과 승계국 사이에는 아무런 법적 관계가 없다고 한다.[19] 국가승계는 또한 승계국의 자유의사에 따른 행위이기 때문에 승계국은 선임국의 어떤 의무에도 구속되지 않으며, 권리와 의무를 승계할 경우에도 법규칙에 의해서가 아니라 자발적인 의사에 따라 승계하는 것이라고 한다. 케이스는 그러나 선임국의 권리는 의무와는 달리 승계국에 이전된다고 했다.[20] 다른 국제법학자들은 케이스의 이론을 수정해서 국가승계 시 선임국의 영토 또는 재산권이 승계국에 이전되는 것이 아니라고 주장했다. 이 이론에 의하면 선임국의 권리·의무뿐만 아니라 영토도 즉시 〈무주물 vacantia bona〉이 되며, 승계국은 모든 권리와 영토를 그 자신의 의사표시에 의해 〈전용appropriate〉할 수 있는데, 이와 같이 전용할 수 있는 권한은 승계국의 주권적 의사에서 나오는 것이라고 한다. 고전적 백지위임의 원칙은 국가승계에 있어서 완전하게, 그리고 자동적으로 모든 권리와 의무의 계속성을 부인하고 있으나, 이 원칙이 실제로 그대로 적용된 국가승계 사례는 거의 찾아볼 수 없다.

나. 사회주의 백지위임의 원칙

20세기에 접어들어 1917년의 러시아혁명, 1949년 중화인민공화국의 중국 본토 점령 등 사회주의 혁명에 따른 국가 정체의 변경으로 국가승계 분야에서 새로운 사회주의 이론이 대두됐다. 사회주의 백지위임의 원칙은 고

---

[19] A. B. Keith, *The Theory of State Succession with Special Reference to English and Colonial Law* (1907), pp. 3~6.
[20] Makonnen, *supra note* 15, p. 132.

전적 백지위임의 원칙과 근본적으로 차이가 없으며, 오히려 국제법의 현대적 이론과 원칙을 강조하면서 기존의 백지위임의 원칙을 강화하고 있다. 이는 국제공동체의 법률관계에 있어서 신생 국제법 주체에게 최대한의 자유를 주기 위해 실정법의 기본적 원칙과 자결권 원칙을 강조하기 위한 것이었다. 사회주의 법학자들은 탈식민화에 따른 국가승계와 관련, 식민지 본국의 의무가 신생독립국에 승계된다는 것에 대해 더욱 급진적이고 부정적인 태도를 취했다. 이러한 법적 견해는 사회주의국가들이 탈식민운동에 따른 국가승계를 전혀 새로운 국제법 주체를 창설하는 국가승계의 〈특별한 사례〉라고 보기 때문이다.[21]

사회주의국가에 있어서 국가승계와 사회주의혁명에 따른 신체제의 수립은 분명히 구분된다. 사회주의혁명에 따르는 변화는 정상적인 정부가 변동되는 경우보다 사회의 정치·경제·법률 구조에 더욱 큰 혼란을 가져오며 여러 측면에서 국가의 〈법인격personality〉에 영향을 미치고 있으나, 그렇다고 해서 국가의 국제법적 법인격이나 동일성을 손상시키는 것은 아니다.[22] 과거 소련 법학자들은 사회주의혁명이 국가의 동일성을 파괴했기 때문에 소련은 전혀 새로운 국제법 주체라고 주장한 적이 있으나, 소련 정부의 입장은 사회주의혁명이 국가의 법적 동일성 또는 계속성을 파괴하지 않았으며, 국제법 주체로서의 국가의 존재도 중단시키지 않았다고 보며, 따라서 혁명 이후 국가승계의 상황이 발생했다고 공식적으로 주장한 적이 없다. 그러나 신생 사회주의국가들은 혁명 이전에 부과된 법적 의무를 재검토할 수 있는 주권적 권리가 있음을 주장하고, 과거의 국제적 의무의 계속성이 추정되어서는 안 된다고 했다. 또한 이러한 의무를 재검토한 다음에는 이 의무는 신체제의 명시적 또는 묵시적 동의에 의해서만 승계될 수 있다고 했다. 이는 사회주의국

21 *Ibid.*, p. 133.
22 *Ibid.*, p. 134.

가들이 국가 체제가 재편되고, 이념과 국가의 목표가 재정립되는 혁명적 상황에서 자결권 원칙을 효율적이고 급진적으로 적용하려는 시도라고 볼 수 있다. 1967년 소련 과학원이 발행한 국제법 교과서에 의하면 사회주의혁명 기간 동안의 승계 문제는 사회적 구조가 급격히 변동되는 시기에 소련의 실정에 적합하지 않은 조약을 폐기하는 문제에 국한된다고 했으며, 소련은 새로 설정된 국가 목표와 양립되지 않는 조약을 폐기했으나, 사회적 변혁 또는 혁명 때문에 조약이 자동적으로 소멸했다고 주장하지는 않았다.[23]

4. 현대의 국가승계 이론 및 국가관행

보편적 승계이론은 로마법상의 상속의 개념을 국가승계에 유추 적용해 개인의 권리·의무가 국가의 권리·의무와 동일하다는 전제하에서 출발했으나, 개인과 국가의 권리·의무는 동일시 될 수 없기 때문에 많은 국제법학자들과 국가관행에 의해 부인되었다. 병합된 영토 또는 국가의 동일성이 국가승계 후에도 승계국에 의해 계속 유지된다고 하는 이론은 영토주권의 변동 후에 그 영토 또는 국가에 속한 권리·의무를 승계국에 모두 그대로 귀속시킬 수 있다는 점에서 국가의 관행을 정확히 반영하지 못하고 있다. 반면에 고전적인 백지위임의 원칙은 국제법이 적어도 그 영토에 대한 조약상 권리·의무의 일부를 승계국에 귀속시켜 왔음에 비추어 볼 때 관습법 및 국가관행과 반드시 일치한다고 할 수도 없다.[24] 국가승계의 경우 승계국은 선임국의 영토주권을 대체해 그 주권을 계속 유지한다고 할 수는 없으나, 이러한 사실은 승계국이 선임국의 행위로 인한 어떤 책임에 대해서도 구속되지 않는

23 *Ibid.*, p. 136.
24 Schaffer, supra note 12, pp. 595~596.

다거나, 전적으로 어떤 의무도 부담하지 않는다는 것을 의미하지 않는다.[25] 맥네어McNair가 주장한 바와 같이 신국가는 원칙적으로 선임국의 조약상 의무에 대해서는 백지위임의 원칙을 따르지만, 선임국의 영토에 부속돼 있는 순전히 〈지역적local〉인 또는 〈물적real〉인 의무가 승계국에 승계된다는 원칙은 국제법의 일반 원칙으로 인정돼 왔기 때문이다.[26]

그러나 조약의 국가승계에 관한 국가, 국제기구, 다자조약의 수탁국의 관행이나 사법적 결정 또는 국제법학자들의 견해를 분석해 볼 때 〈1978년 조약의 승계에 관한 비엔나협약〉의 채택 이전에는 국가승계에 관한 일관된 uniform, 그리고 일반적으로 수락된 법규칙을 찾아낼 수는 없었으며,[27] 다양한 국가관행으로부터 어떤 규칙을 추출해 낸다는 것이 거의 불가능했다. 신생독립국들은 독립 후 국내적 또는 국제적 안정을 확보하기 위해 어느 정도의 법적 계속성을 유지할 필요가 있음을 인정하기는 했으나, 다른 한편으로 이들 국가들은 어떤 경우에도 신생독립국들이 선임국의 조약상 의무를 자동적으로 승계한다고 간주하지도 않았다.[28] 오히려 신생독립국들은 신생독립국들에 대해 적용하는 것이 가능하고, 적합한 조약을 〈취사선택pick and choose〉해서 승계할 수 있다고 주장해 왔으며, 조약을 승계할 경우에도 법규칙에 의한 승계가 아니라 승계국의 자발적인 의사에 따른 승계라고 했다.

---

25 Ibid., p. 596.

26 Lord McNair, *Law of Treaties* (1961), p. 601. 원문은 다음과 같다.

The general principle is that newly established States which do not result from a political dismemberment and cannot fairly be said to involve political continuity with any predecessor, start with a clean slate in the matter of treaty obligations, save in so far as obligations may be accepted by them in return for the grant of recognition to them or for other reasons, and except as regards the purely local or "real" obligation of the State formerly exercising sovereignty over the territory of the new State.

27 Y. Makonnen, "State Succession in Africa: Selected Problems", *Hague Recueil*, Vol. 200 (1986), pp. 114~115.

28 Schaffer, supra note 12, p. 596.

〈1978년 조약의 승계에 관한 비엔나협약〉은 식민지로부터 독립한 신생독립국의 경우에는 신생독립국들이 선임국의 조약체결 시 참여하거나 의견을 제시할 기회가 없었다는 이유로 제16조에서 백지위임의 원칙을 인정했다. 기존 국가의 분리, 분열, 국가의 결합 등의 경우에는 이들 신국가들이 선임국의 조약체결 및 수락 시 발언권을 가지고 있었을 것이라는 가정하에 〈조약 계속성의 원칙〉을 적용하기로 했다.[29] 그러나 현재 적용되고 있는 백지위임의 원칙은 승계국이 선임국의 어떤 조약도 승계하지 않는다는 고전적인 백지위임의 원칙과는 다른 의미를 가지고 있다. 1978년 비엔나협약의 백지위임의 원칙은 신생독립국에게 선임국의 조약을 승계할 의무를 부여하지는 않았으나,[30] 양자조약의 경우에 신생독립국이 조약의 관계당사국과 조약의 계속 적용에 명시적 또는 묵시적으로 동의하는 경우 이를 승계할 수 있도록 했다. 또한 다자조약의 경우에는 신생독립국에 대해 다자조약의 당사국이 될 수 있는 〈일반적인 선택권general right of option〉을 부여하고 있다.[31]

---

29 Schachter, supra note 11, pp. 256~257.
30 1978년 비엔나협약은 신생독립국에 대해 〈백지위임의 원칙〉이 적용되지 않는 경우로서 제11조의 〈국경 및 국경체제에 관한 권리와 의무〉 및 제12조의 〈기타 영토체제의 권리와 의무〉는 승계국의 의사와 관계없이 승계된다는 예외 규정을 두고 있다.
31 Louis Henkin et al., *International Law, Cases & Materials*, 4th ed. (2001), p. 578.

제2장
영토의 변동과 조약의 국가승계

제1절 영토주권의 변동과 조약의 승계

1. 서론

국가승계는 영토의 취득, 상실, 이전에 의한 국가의 생성, 발전, 소멸 등에 따라 승계국이 선임국의 권리·의무를 승계하는 것이다. 오펜하임 Oppenheim에 의하면 〈국제적 법인격의 승계는 하나 또는 그 이상의 국제적 법인격체가 다른 국제적 법인격체의 상황의 변화에 따라 다른 국제적 법인격체를 대체할 때 이루어진다A succession of international persons occurs when one or more international persons takes the place of another international person, in consequence of certain changes in the latter's condition〉고 한다.[1] 〈1978년 조약의 승계에 관한 비엔나협약〉은 국가승계를 어느 한 국가가 다른 국가의 〈영토상의 국제관계에 대한 책임을 대체하는 것the replacement of one state by another in the responsibility for the international relations of territory〉이라고 정의한다. 따라서 국가승계가 이루어지기 위해서는 먼저 영토주권이 변동되어야 하는데, 영토주권의 변동

---

1 Jennings and Watts, *Oppenheim's International Law*, 9th ed., Vol. I (1992), p. 208.

형태는 대체로 아래와 같이 구분할 수 있다.²

1) 할양cession
2) 병합annexation
3) 합병fusion with another state
4) 연방국가의 형성entry into a federal union
5) 분열 또는 분할(dismemberment 또는 partition)
6) 독립 또는 분리(separation 또는 secession)

국가승계를 초래하는 이와 같은 영토주권의 변동 형태는

첫째, 독립 또는 분리와 같이 전에 존재하지 않았던 새로운 국제법 주체를 형성하는 것,

둘째, 분열 및 합병과 같이 다른 국제법 주체를 소멸시키고 새로운 국제법 주체를 형성하는 것,

셋째, 병합과 같이 2개 이상의 국제법 주체 사이의 합의에 의해 1개 이상의 국제법 주체가 소멸되는 것,

넷째, 할양 또는 부분적 병합과 같이 2개 이상의 국제법 주체 사이의 합의에 의해 영토주권의 변동 후에도 기존의 국제법 주체를 계속 존속하게 하는 것 등으로 대별할 수 있다.³

그러나 영토주권의 변동 형태는 항상 고정적이거나 정형화된 것은 아니며, 앞에서 설명한 형식 이외에 다른 여러 형식의 영토주권 변동이 있을 수 있다. 영토주권은 또한 국가 간에만 변동되는 것이 아니라 국가로부터 비국

---

2 J. Mervyn Jones, "State Succession in the Matter of Treaties", *BYIL*, Vol. 24 (1947), p. 361.

3 Karl Zemanek, "State Succession after Decolonization", *Hague Recueil*, Vol. 116 (1965), p. 190.

가적 실체non-state entities인 국제기구로 이양될 수도 있는데, 이러한 사례로는 1920~1935년간 국제연맹이 독일 자르Saar 지역에 대해 잠정적으로 주권을 행사한 경우가 있다.[4] 또한 영국이 1997년에 중국으로 주권을 양도한 홍콩의 경우와 같이 조차국(租借國)으로부터 조대국(租貸國)으로의 영토주권 이양의 경우도 있고, 비국가적 실체인 신탁통치령 등이 독립함에 따라 신국가가 형성될 수도 있다. 어느 국가가 위임통치지역 또는 신탁통치지역에 대한 시정책임을 맡는 경우에는 그 지역에 대한 영토주권을 이양하는 것이 아니라 〈특별한 형태의 법적 권능a special type of legal competence〉을 이양하는 것이기 때문에 국가승계의 정의를 신축적으로 적용할 필요가 있다. 1978년 비엔나협약은 앞에서 설명한 바와 같이 국가승계를 〈영토상의 국제관계에 대한 책임의 대체〉라고 정의함으로써 위임통치, 신탁통치, 피보호국, 종속국 등에서 일어나는 시정책임의 변경을 모두 국가승계에 포함시키고 있다. 이 장에서는 영토주권의 변동 형태와 이에 따른 조약의 승계 문제를 관습법 및 국가관행에 따라 검토한다.

2. 영토주권의 변동과 조약의 승계

가. 할양Cession 및 병합Annexation

할양은 어느 국가가 자국 영토의 전부나 또는 일부에 대한 주권을 다른 국가에 이양하는 것이며, 병합은 다른 국가의 영토 일부나 또는 전부를 자국의 영토로 취득하는 것이다. 어느 국가가 다른 국가에게 흡수 또는 병합된 경우, 즉 1910년 일본의 한국병합, 1845년 미국의 텍사스Texas 병합,

---

4 I. A. Shearer, *Starke's International Law*, 11th ed. (1994), p. 292.

1990년 서독의 동독 흡수통일의 경우나 또는 어느 국가가 다른 국가에 복속subjugated될 때 흡수 병합하는 국가는 국제법상 동일한 법인격을 유지하나, 병합되는 국가는 소멸하게 된다.[5]

할양 또는 병합의 경우 소멸되는 국가가 체결한 조약 중에 순전히 정치적 조약으로부터 야기되는 권리와 의무는 승계국에 승계되지 않는다. 따라서 동맹조약, 중재조약, 중립조약 또는 다른 정치적 성격의 조약은 이 조약을 체결한 국가의 소멸과 함께 폐기된 것으로 간주된다.[6] 통상조약, 범죄인 인도조약 등의 경우에 이 조약이 승계국에 계속 유효한지 여부는 논란이 있으나, 흡수병합의 경우에는 이 조약들이 정치적 조약은 아니더라도 정치적 성격을 지니고 있기 때문에 승계되지 않는다는 것이 다수설이다. 선임국의 영토, 하천, 도로, 철도 등과 관련된 〈처분적dispositive〉 조약상의 권리·의무가 승계국에 승계된다는 것은 국제법상 확립된 원칙이다. 즉 처분적, 영토적territorial 또는 지역적localized 조약은 토지와 함께 이전된다는 원칙 *res transit cum suo onere*에 따라 국경선, 도로의 보수, 하천의 항행 등과 관련된 선임국의 조약상의 권리·의무는 승계국에 승계된다. 그러나 이 경우에 승계가 조약 그 자체의 승계인지 아니면 조약의 이행에 의해 초래되는 상황에 대한 승계인지에 대해서는 이견이 있다. 한편, 흡수 또는 병합하는 국가의 조약은 병합되는 영토에 확장 적용된다.

나. 합병Fusion 및 연방국가의 형성Entry into a Federal Union

합병 및 연방국가의 형성은 같은 범주에서 취급될 수 있으며, 실제로 가장 많이 일어나는 합병은 연방국가의 형성으로서 합병의 방식은 다시 다음과

---

5 Jennings and Watts, *supra note* 1, p. 210.
6 *Ibid.*, p. 211; Jones, supra note 2, p. 362.

같이 세분할 수 있다.

첫째, 구국가가 소멸되고, 신국가가 생성되는 완전한 합병으로서 1958년 이집트와 시리아가 합병해 통일아랍공화국United Arab Republic(UAR)을 형성한 경우 및 1964년 탕가니카와 잔지바르가 합병해 탄자니아를 형성한 경우에 이들 국가의 법인격이 새로운 단일국가의 법인격으로 대체됐다.[7] 그러나 대부분의 경우에는 합병하는 국가 중 어느 1개 국가의 동일성이 계속 유지된다.[8]

둘째, 2개 국가의 합병으로서 그중에 1개국이 주도적인 지위를 가지고 국가의 동일성을 계속 유지하면서 영토 재획정으로 영토를 확대하는 경우로서 구 유고슬라비아는 세르비아가 확장된 결과이며, 구 독일제국은 프러시아가 확장된 결과로 간주되기 때문에 이들 국가들은 신국가로 취급되지 않았다.

셋째, 〈실질적 연합real union〉 또는 〈동군연합personal union〉의 형태를 취하고, 합병하는 국가들이 각각 국제적 인격을 유지하는 경우로서 과거 스웨덴-노르웨이왕국 및 오스트리아-헝가리제국이 이에 속한다.

넷째, 국가연합confederation of states 형성의 경우 및

다섯째, 연방국가federal union의 형성이 있다.

이와 같은 합병의 경우에 합병되는 국가가 국제적 법인격을 계속 유지하는 경우에는 그 국가가 체결한 조약도 효력을 계속 유지하나, 국제적 법인격을 상실하는 경우에는 합병되는 영토의 특정 지역에 부속되어 있는 처분적 조약상의 권리·의무가 합병하는 국가에 승계되는 것을 제외하고는 합병되

---

7 Jennings and Watts, *supra note* 1, pp. 210~211.
8 UAR 및 탄자니아 이외에 기존 국가가 합병되어 신국가가 된 사례로는, 1815년 네덜란드연합United Netherlands이 형성됐을 때 네덜란드 정부는 신국가가 구 홀란드Holland와 다른 신국가라는 견해를 취한 바 있다. D. P. O'Connell, *State Succession in Municipal and International Law*, Vol. II. (1967), pp. 27~28.

는 국가의 조약은 병합되는 국가의 경우와 같이 효력을 상실하고, 합병하는 국가의 조약체제에 종속된다.[9] 그러나 국가의 결합uniting of states이 이루어지는 경우에는 결합 이전에 적용되어 오던 비정치적 조약은 결합이 이루어지기 전에 적용되던 영토에 대해서는 계속 적용된다는 국가관행이 유력하며, 1958년 통일아랍공화국의 형성과 1964년 탄자니아의 형성의 경우에 이들 국가가 결합하기 전에 체결한 조약은 결합 후에도 전에 적용되던 영토에 대해 계속 적용되도록 했다.[10]

다. 분열(Dismemberment 또는 Dissolution)

1개 국가가 2개 이상의 지역으로 분열되어 그 지역 자체가 국가가 되거나 또는 다른 국가에 의해 병합되는 경우에 그 국가는 국제적 법인격체로서 더 이상 존재하지 않게 된다. 이 경우에 흡수 또는 병합의 경우와 마찬가지로 소멸된 국가가 체결한 정치적 성격의 조약이나 그 조약의 성격상 국가의 개별적 법인격의 계속적인 존재를 전제로 한 조약은 승계국에 승계되지 않는다.[11] 그러나 영토의 특정 지역에 부속되어 있는 처분적 조약상의 권리·의무는 그 영토에 대한 책임을 지게 되는 국가에 승계된다. 기타 조약의 권리·의무에 대해서는 그 조약이 분열 이전의 연방국가 전체에 적용되었거나, 연방을 구성했던 지분방국가의 영토에 적용되어 온 경우에는 연방국가의 분열 이후에도 승계국이 조약을 승계한다고 보는 것이 일반적이다.[12] 1978년 비엔나협약은 국가의 영토가 분리되어 1개 또는 그 이상의 국가를 형성하는 경우에는 선임국의 계속 존재 여부와 관계없이 승계 당시 선임국의 전체

9 Jones, supra note 2, p. 366.
10 M. N. Shaw, *International Law*, 6th ed. (2008), p. 973.
11 Jennings and Watts, *supra note* 1, p. 219.
12 *Ibid.*, p. 220.

영토에 유효한 조약은 분리된 모든 신국가에 유효하다고 했으며, 승계 당시 선임국의 일부 영토에만 적용되어 오던 조약은 그 일부 영토가 신국가가 된 경우 그 신국가에 대해서만 계속 유효하다고 규정했다.

라. 독립 또는 분리(Separation 또는 Secession)

어느 국가의 영토 일부가 분리되어 별도의 국가로 독립하는 경우에 1945년 이전의 관행은, 신국가는 그 영토에 부속된 처분적 조약상의 권리·의무를 제외하고는 선임국의 조약을 승계하지 않고 자유롭게 국제적 법인격을 가지게 된다는 〈백지위임의 원칙〉을 따라 왔으며,[13] 이 원칙은 1978년 비엔나협약 체결 시에 식민지로부터 독립한 신생독립국에 대해 그대로 인정됐다. 그러나 1978년 비엔나협약은 앞에서 설명한 바와 같이 신생독립국이 아닌 기존 국가의 분리에 의한 신국가의 경우에는 백지위임의 원칙이 아닌 〈조약의 계속성의 원칙〉을 적용하기로 했다. 신국가는 또한 선임국이 가입한 〈입법적 성격의 일반적 조약general treaties of law-making nature〉 특히, 인도적 성격의 조약에 구속되거나 또는 그러한 조약에 가입할 수 있으며, 파키스탄과 미얀마는 1949년 국제노동기구International Labour Organization 헌장 의무 수락 시 이들 국가가 인도로부터 분리, 독립하기 이전에 선임국인 인도의 구성국으로서 이들 국가에 적용됐던 다수의 국제노동협약에 구속됨을 인정했다.[14] 선임국으로부터 영토의 일부가 분리, 독립한 경우에 선임국은 그 영토의 축소에도 불구하고 원칙적으로 기존 조약상의 권리·의무에 계속 구속된다.

---

13 *Ibid.*, p. 222.
14 *Ibid.*

마. 영토의 이전 Transfer of Territory

할양 또는 다른 방식으로 어느 국가의 영토 일부가 다른 국가로 이전되는 경우에 승계는 대개 관련당사국 간의 합의에 의해 해결되는 것이 원칙이나, 합의가 없는 경우에는 영토주권이 일국에서 타국으로 이전될 때 조약의 승계와 관련해 〈조약국경이동의 원칙 moving treaty-frontiers rule〉이 적용된다. 이 원칙에 의하면 이전되는 영토는 선임국의 조약체제로부터 자동적으로 이탈되어 승계국의 조약체제 속으로 자동적으로 편입된다.[15] 승계국은 전에 선임국의 영토에 적용되었던 선임국의 조약상의 권리·의무를 승계하는 것이 아니라 승계국의 조약을 새로 취득한 영토에 확장 적용하는 것이다. 그러나 그 영토에 부속되어 있는 처분적 조약상의 권리와 의무는 승계국에 승계된다. 또한 영토를 이전하는 국가는 영토의 이전에 따라 기존 영토가 축소되더라도 그 국가가 체결한 조약에 계속 구속된다.

바. 식민지의 독립에 의한 신생독립국의 수립

제2차 세계대전 이전에는 식민지의 독립과 기존 국가로부터 분리된 신국가의 형성을 법적으로 구분할 필요가 없었으나, 제2차 세계대전 이후의 민족자결권 원칙과 탈식민화 운동의 영향으로 식민지에 대한 종래의 인식이 바뀌었다. 이에 따라 식민지의 독립에 의한 신생독립국의 수립과 기존 국가로부터의 분리에 의한 신국가의 형성이 국제법상 구분되게 되었다. 식민지에 대한 이와 같은 인식의 변화는 다음과 같은 관점에 근거한 것이었다.[16]

첫째, 식민지 및 기타 〈속령 dependent territories〉은 일정한 수준의 영토

---

15 *Ibid.*, p. 225.
16 *Ibid.*, pp. 227~228.

적 동일성territorial identity을 보유하고, 독립하기 이전에 별도의 국제적 지위를 가지고 있었으며,

둘째, 그러한 동일성과 지위는 식민지 본국정부의 동일성 및 지위와 다른 것으로 인정되었고,

셋째, 상당수의 속령은 독립 이전에 별도의 자치정부를 가지고 있었으며, 어느 정도의 국제적 지위도 가지고 있었다.

탈식민화 운동에 따라 식민지 등 속령이 독립해 신생독립국이 수립되었을 때 다수설과 대부분의 국가관행은 신생독립국은 선임국의 어떤 조약에도 구속되지 않는다는 〈백지위임의 원칙〉의 적용을 지지했으며, 1978년 비엔나협약도 이를 인정했다. 그러나 이러한 백지위임의 원칙은 고전적인 백지위임의 원칙과 다른 의미를 가지고 있는데 그 특징은 다음과 같다.

첫째, 영토에 직접 부속되어 있는 처분적 성격의 조약은 승계국의 의사와 관계없이 그대로 승계된다.

둘째, 국제사법재판소는 1952년 〈모로코에 있는 미국인의 권리 사건 *Rights of Nationals of the United States in Morocco Case*〉에서 신생독립국은 식민지 본국이 식민지를 위해 특별히 체결한 조약에 구속된다고 판결했는데,[17] 이 판결의 결론에 따르면 신생독립국은 식민지 본국이 식민지를 위해 특별히 체결한 조약에 의해서뿐만 아니라, 식민지 본국이 특별히 식민지에 확장 적용해 왔던 일반적 조약에도 구속된다고 볼 수 있다.[18]

셋째, 신생독립국들은 법적 확신에 의해서보다는 법률관계의 안정성과 계속성을 위해 독립 이전에 적용돼 왔던 상당수의 조약을 계속 적용하고 있으며, 특히 다자조약의 경우에는 신생독립국들에 대해 정식 가입 절차에 따른 가입 대신에 승계에 의해 다자조약을 승계할 수 있는 선택권을 부여하고 있다.

17 *ICJ Reports* (1952), p. 212.
18 Jennings and Watts, *supra note* 1, p. 229.

식민지 본국과 신생독립국 사이에 조약의 승계문제에 대한 불확실성을 제거하고 법적 안정성과 계속성을 확보하기 위해 식민지 본국 및 신생독립국은 일반적으로 〈승계협정devolution agreement〉을 체결해 조약의 승계를 규정해 왔으나, 일부 신생독립국들은 승계협정의 대안으로서 〈일방적 선언 unilateral declaration〉을 통해 선임국에 의해 적용되어 왔던 조약을 잠정적으로 일정 기간 계속 적용하며, 그 기간 중에 조약의 계속 적용 여부에 대한 결정을 관련당사국 등에 통보하겠다고 했다. 일방적 선언 형식에 의한 조약의 잠정 적용은 신생독립국이 계속 적용하고자 하는 조약만을 일방적으로 〈취사선택pick and choose〉하게 하는 문제점은 있으나, 조약의 관계당사국과의 관계에 있어서 신생독립국들이 조약의 승계 조치를 취하는 기간 동안 조약을 잠정적으로 계속 적용할 수 있도록 한다는 데 의의가 있다.

제2절 조약의 승계 방식

1. 서론

〈1978년 조약의 승계에 관한 비엔나협약〉은 제16조 내지 제30조에서 식민지로부터 독립하거나 또는 2개 이상의 영토가 결합해 형성된 신생독립국의 승계원칙으로서 〈백지위임의 원칙principle of clean-slate〉을 채택했다. 앞에서 설명한 바와 같이 이러한 백지위임의 원칙은 승계국이 선임국의 일체의 조약상 권리·의무를 승계하지 않는다는 고전적 백지위임의 원칙과는 다른 의미를 가지는 것으로서 신생독립국이 선임국의 조약을 승계할 의무가 없다는 것을 의미한다.[19] 그러나 실제로 신생독립국은 선임국이 체결한 대부분의 조약을 승계하고 있는데 백지위임의 원칙에 따르면 이는 법의 적용에 의한 승계가 아니라, 승계국이 자발적으로 형평equity, 편의convenience 또는 정치적 이해관계에 대한 고려에서 승계하는 것이라고 한다. 그러므로 승계국이 어떤 고려에 의하든 선임국의 조약을 대부분 승계하

---

19 Rosalie Schaffer, "Succession to Treaties: South African Practice in the Light of Current Development in International Law", 30 *ICLQ* (1981), p. 597.

기 때문에 선임국과 승계국 사이에 〈조약의 공백treaty-vacuum〉은 거의 발생하지 않는다.

선임국이 신생독립국을 위해 체결한 조약의 승계를 확보하기 위한 방식으로는 〈승계협정devolution agreement〉 또는 〈상속협정inheritance agreement〉의 체결과 〈일방적 선언unilateral declaration〉의 2가지 방식이 있으며, 승계협정에 의한 조약의 승계는 신생독립국에 대해서만 적용되는 것이 아니라 기존 국가의 분열, 분리 등에 의해 형성되는 신국가의 경우에도 동일하게 적용될 수 있다.

2. 승계협정Devolution Agreement

승계협정은 원래 영국이 위임통치국mandates으로서 위임통치 종료 시 국제적 의무를 면하기 위한 방안으로 고안됐으나, 추후 모든 형태의 영국 식민지에 대한 식민통치 종료 시 영국이 체결한 조약상의 의무를 면하기 위한 일반적인 방법이 됐다. 영국은 버마(미얀마), 세일론(스리랑카), 말라야연방(말레이시아), 가나, 사이프러스, 나이지리아, 시에라리온, 자메이카, 트리니다드토바고 등과 승계협정을 체결했다.[20] 영국 이외에는 네덜란드가 1949년 인도네시아와, 프랑스가 1953년 라오스, 1954년 베트남과 승계협정을 체결했으며, 또한 이탈리아가 소말리아 신탁통치령과 그리고 뉴질랜드가 서사모아 신탁통치령과 승계협정을 체결한 바 있다.

승계협정은 동 협정에 의해 선임국이 체결한 조약상의 권리·의무가 신생독립국에 양도assign되거나 승계devolve되도록 하기 위한 것이며, 승계협정의 표준 문안으로서 아래와 같은 내용의 영국과 가나와의 각서교환을 들

20　Zemanek, supra note 3, p. 213.

수 있다.[21]

(i) 어떤 국제조약으로부터 발생하는 영국 정부의 모든 의무와 책임은 그러한 조약이 가나에 적용될 수 있는 한 이제부터 가나 정부에 승계된다.

(ii) 어떤 국제조약의 가나에 대한 적용으로 인해 영국이 현재까지 향유해 온 권리와 이익은 이제부터 가나 정부에 의해 향유된다.

승계협정은 이와 같이

첫째, 식민지 본국정부에 대해 현재까지 식민지에 적용해 온 조약의 타방 체약 당사국에 대한 조약 이행 책임으로부터 면제될 수 있도록 하고,

둘째, 신생독립국이 이제부터 그 자신의 책임하에 동 조약 의무를 이행하고, 그 권리를 향유하게 함을 목적으로 한다.

승계협정의 체결로 상기와 같은 첫째 목적이 달성되었는가 여부는 불확실하지만 이 협정은 적어도 식민지가 독립한 이후에 전 식민지에 적용되는 조약에 관한 한 선임국은 식민지가 조약을 이행하도록 보장하는 의무로부터 면제되는 효과를 가질 수 있다.[22] 실제로 영국의 식민지였던 탕가니카와 우간다가 독립하면서 영국과 승계협정 체결을 거부했을 때 영국은 유엔 사무총장에게 이들 국가에 관한 영국의 조약상의 의무가 소멸lapse됐음을 선언

---

21 Ibid. 원문은 다음과 같다.

(i) All obligations and responsibilities of the Government of the United Kingdom which arise from any valid international instrument shall henceforth, in so far as such instrument may be held to have application to Ghana, be assumed by the Government of Ghana.

(ii) The rights and benefits heretofore enjoyed by the Government of the United Kingdom in virtue of the application of any such international instrument to the Gold Coast shall henceforth be enjoyed by the Government of Ghana.

22 Schaffer, supra note 19, p. 599.

하는 내용의 공한을 유엔 회원국에 회람circulate해 줄 것을 요청했다.[23] 그러나 실제로는 〈조약국경이동의 원칙principle of moving-treaty frontiers〉이 관습법으로 확립돼 있기 때문에 승계조항 또는 승계협정이나 영국의 위와 같은 선언은 단지 선언적 효력을 가진다. 승계협정은 이미 유효한 관습법의 원칙을 확인하는 것으로서, 문제는 제3국이 선임국과 체결한 조약상 권리·의무를 무효화할 수 있느냐 하는 데 있다. 제3국은 승계협정이 유엔에 등록된 때에 승계협정의 체결을 통보받은 것put on notice으로 간주된다. 레스터A. P. Lester는 단순히 유엔에 등록하는 것만으로 승계협정이 구속력이 있다고 주장했으나,[24] 승계협정이 유효하기 위해서는 승계국이 승계협정을 이행하고 조약을 승계할 의사를 입증해야 한다. 승계협정이 대외적으로 일단 발표된 후에는 승계협정은 당사국 간의 조약승계에 관한 의사표시 a serious statement of intention라고 간주되며,[25] 이 협정 체결에 의해 영향을 받을 수 있는 다른 국가들은 승계협정의 효력 확인 시 그 조약을 원용할 수 있다. 승계협정의 체결은 신생독립국들이 적어도 일부 조약에 계속 구속되고 있음을 보여 주는 것으로서, 승계협정의 존재는 조약의 계속성이라는 추정을 가능하게 한다.

승계협정이 협정의 당사국이 아닌 제3국에 미치는 효과에 대해서는 여러 다른 견해가 있다. 일반적으로 조약의 제3국에 대한 효력은 〈조약은 제3자에게 해롭지도 않고 이롭지도 않으며, 조약은 제3자에게 의무를 부과하지도 않고 권리를 설정하지도 않는다Pacta tertiis nec nocent nec prosunt〉라는 〈조약 상대성의 원칙〉에 따라 승계협정의 당사국이 아닌 제3국은 승계

---

23 Zemanek, supra note 3, p. 215.
24 A. P. Lester, "State Succession to Treaties in the Commonwealth", 12 *ICLQ* (1963), p. 504.
25 Schaffer, supra note 19, p. 599.

협정 체결을 묵인acquiesce하지 않는 한 이 협정에 구속되지 않는다.[26] 따라서 신생독립국이 승계협정을 이행하지 않았을 때 신생독립국은 선임국에 대한 의무불이행에 따른 국제책임을 지게 되나, 제3국에 대한 의무불이행으로 제3국에 책임을 지는 것은 아니다.[27] 제3국은 승계협정을 선임국이 제3국과 체결한 조약에 대해 신생독립국이 일정한 조건과 제한에 따라 그 조약에 구속될 것이라는 의사표시 또는 제의라고 간주할 수 있다. 제3국이 신생독립국의 이 제의를 수락할 경우에 원래 제3국과 선임국이 체결한 조약과 동일한 새로운 조약이 성립되는 것으로서 이는 결국 〈조약의 경개a novation of treaties〉에 해당된다고 할 수 있다. 제3국이 명시적으로 승계협정을 수락하지 않더라도 계속해서 이 협정상의 권리를 행사하고 의무를 이행하는 경우에는 조약의 경개가 추정된다. 제3국이 묵시적으로 승계협정을 수락했는지의 여부가 불분명한 경우에는 조약법상 조약의 목적과 양립할 수 없는 유보에 대해 적용되는 〈단순한 침묵은 묵시적 동의에 해당된다Mere silence amounts to tacit consent〉라는 원칙을 승계협정에도 준용하는 것이 가능하다고 본다.[28]

실제로 영국의 관행을 보면 승계협정은 유엔에 등록되고, 유엔 회원국에 회람됐다는 사실만으로 직접적으로 제3국을 구속할 수 없으나, 유엔 등록에 의해 승계협정에 대한 신생독립국의 의사를 제3국에 고지할 수 있다. 또 어느 국가가 합리적인 기간 내에 반대 의사를 제기하지 않는 한 이 협정 내용을 수락하는 것으로 간주한다.[29] 영국이 승계협정 체결을 선호해 온 이유는

첫째, 제3국은 신생독립국이 국제조약상 책임을 수락할 경우에 신생독립국을 승인하고, 조약상의 이익을 향유하게 해왔다는 점,

26 Lester, supra note 24, p. 504.
27 Zemanek, supra note 3, p. 215.
28 Schaffer, supra note 19, p. 601.
29 Commonwealth Office Note, *ILA Report* (1968), pp. 619~620.

둘째, 신생독립국과 영국 간의 관계가 명료해진다는 점,

셋째, 다자조약의 수탁국 및 수탁기구는 조약의 당사국 목록을 정리하기 위해 승계협정을 승계의 증거로서 수락할 것이라는 점,

넷째, 제3국이 승계협정에 대해 반대하지 않는 한 제3국과 신생독립국 사이에 〈조약관계의 경개novation of treaty relations〉가 이루어진다는 점에 있다.

그러나 〈1978년 조약의 승계에 관한 비엔나협약〉은 승계협정에 대한 제3국의 명시적 또는 묵시적 동의에 관해 규정하지 않고 있다. 동 협약 제8조는 제3국이 선임국과 승계국 간의 승계협정을 묵인할 가능성을 배제하고 있으며, 승계국이 제3국과의 조약관계에 있어서 조약에 구속될 수 있음을 부인하고 있는데, 이는 승계협정이 많은 국가들과 유엔의 태도 및 행태에 직접적인 영향을 미쳐 왔음을 간과하는 것이다.[30] 특히 제8조 규정은

첫째, 많은 승계국 또는 신생독립국이 다자조약의 수탁국 또는 수탁기구에 승계선언을 통보하고, 동 승계선언이 인정되어 왔다는 점,

둘째, 유엔 사무총장이 신생독립국의 영토에 전에 적용되어 온 다자조약으로부터 발생하는 의무에 관한 승계조항devolution clause의 중요성을 언급하고 이 규정에 큰 관심을 보여 왔음에 비추어, 승계협정은 다자조약의 수탁자로서 사무총장의 관행에 영향을 미쳐 왔다는 점,

셋째, 미국의 경우에 영국이 승계국과 체결한 승계협정을 미국의 조약 목록에 등재할 때 등재에 필요한 설명의 근거로서 승계협정을 인정하여 온 점 등에 비추어 승계협정에 관한 그간의 관행을 적절히 반영하지 못한 것으로 평가된다.

---

30 Schaffer, supra note 19, pp. 601~602.

3. 일방적 선언Unilateral Declaration

다수 신생독립국의 조약승계 방식으로서의 일방적 선언은 신생독립국이 제3국과의 관계에서 선임국이 체결한 양자조약 또는 다자조약 중 어느 조약을 계속 적용하고, 어느 조약의 효력을 배제할 것인지를 결정할 잠정기간 동안 이 조약들이 계속 적용됨을 선언하는 일방적 행위이다. 일정한 경과기간transitional period 동안에 조약의 잠정 적용을 규정한 것은 원래 〈관세 및 무역에 관한 일반협정GATT〉의 관행에서 그 선례를 찾을 수 있다.[31] GATT 협정 제16조 제5항(C)은 일종의 승계조항으로서 체약 당사국들에게 완전한 자치를 취득한 어느 영토에 대해 자치가 부여된 날로부터 2년의 기간 동안 GATT 협정을 사실상 *de facto* 적용할 것을 권고하고 있다. 일방적 선언은 기존 조약의 효력 지속 여부와 적용 방식에 따라 다음과 같이 구분할 수 있다.

가. 조약의 종료선언 방식Opting-in Formula

탕가니카는 1961년 영국으로부터 독립하면서 영국과 승계협정 체결을 거부하고 1961년 12월 9일자로 일방적 선언을 유엔 사무총장에게 공한으로 발송했는데, 이는 당시 탕가니카의 총리인 니에레레Nyerere의 이름을 따서 이른바 〈니에레레 원칙〉으로 알려지게 됐다. 〈니에레레 원칙〉의 요점은

첫째, 영국이 탕가니카를 위해 체결했거나, 탕가니카에 적용해 온 양자조약에 관해 탕가니카는 조약이 폐기되었거나 상호합의에 의해 수정되지 않는 한, 상호주의 원칙에 따라 독립일로부터 2년의 기간 동안 조약을 계속 적

---

31 Tatsuro Kunugi, "State Succession in the Framework of GATT", *AJIL*, Vol. 59 (1965), pp. 273~275.

용한다.

둘째, 탕가니카 정부는 2년의 잠정기간이 경과한 후에 관습법 규칙의 적용에 의해 유효한 것으로 인정되지 않는 조약들을 종료된 것으로 간주한다.

셋째, 다자조약의 경우에 탕가니카 정부는 모든 조약을 개별적으로 검토한 후 조약의 종료, 승계, 가입 등 취할 조치를 수탁국 또는 수탁기구에 통보할 것이며, 이 조약의 당사국들에 대해서는 잠정기간 동안 상호주의 원칙에 따라 탕가니카가 이 조약을 계속 적용할 것임을 확인한다는 것이다.[32]

탕가니카는 이 선언에 따라 1962년에 탕가니카에 관한 영국의 권리와 의무 중 GATT와 관련된 42개 조약을 독립일로부터 탕가니카의 권리와 의무

---

32 Schaffer, supra note 19, pp. 602~603. 원문은 다음과 같다.

The Government of Tanganyika is mindful of the desirability of maintaining to the fullest extent compatible with the emergence into full independence of the State of Tanganyika, legal continuity between Tanganyika and the several States with which, through the actions of the United Kingdom, the territory of Tanganyika was prior to independence in treaty relations. Accordingly, the Government of Tanganyika takes the present opportunity of making the following declaration:

As regards bilateral treaties validly concluded by the United Kingdom on behalf of the territory of Tanganyika or validly applied or extended by the former to the territory of the latter, the Government of Tanganyika is willing to continue to apply within its territory, on a basis of reciprocity, the terms of all such treaties for a period of two years from the date of independence (i. e. until December 8, 1963) unless abrogated or modified earlier by mutual consent. At the expiry of that period, the Government of Tanganyika will regard such of those treaties which could not by the application of the rules of customary international law be regarded as otherwise surviving, as having terminated.

The Government of Tanganyika is conscious that the above declaration applicable to bilateral treaties cannot with equal facility be applied to multilateral treaties. As regards these, therefore, the Government of Tanganyika proposes to review each of them individually and to indicate to the depositary in each case what steps it wishes to take in relation to each such instrument — whether by confirmation of termination, confirmation of succession or accession. During such interim period of review any party to a multilateral treaty which has prior to independence been applied or extended to Tanganyika may, on a basis of reciprocity, rely as against Tanganyika on the terms of such treaty.

로서 간주하며, 1946년의 〈유엔의 특권과 면제에 관한 협약〉, 1947년의 〈전문기구의 특권과 면제에 관한 협약〉이 탕가니카에 계속 유효하다고 유엔 사무총장에게 통보했다.[33] 이 선언의 해석에서 탕가니카는 모든 〈인적 조약 personal treaties〉은 2년의 기간이 경과된 후에 소멸lapse되며, 단지 국경조약과 통신조약 등을 포함한 〈물적 조약real treaties〉만 승계된다고 보고 있다. 탕가니카 내각은 또한 1964년 12월 31일자로 모든 범죄인 인도조약과 일부 사법공조조약을 계속 적용하도록 의결한 후에 이러한 조약들이 관습법에 의해 소멸됐기 때문에 관련당사국에 대해 이 조약의 〈부활revival〉에 합의할 필요가 있다고 통보했으며, 조약의 모든 체약 당사국들은 이 조약들의 부활에 동의했다.[34]

탕가니카의 일방적 선언에 대해 영국 정부는 유엔 사무총장에게 영국은 탕가니카가 독립한 날로부터 영국이 탕가니카에 대한 시정 당시 가지고 있던 모든 권리와 의무를 더 이상 가지고 있지 않다는 공한을 발송, 이를 유엔 회원국에 회람시켜 줄 것을 요청했다.

〈니에레레 원칙〉은 고전적인 〈백지위임의 원칙〉에 근거하고 있으나 이 원칙은 아래와 같은 몇 가지 특징을 가지고 있다.[35]

첫째, 독립 이전의 모든 조약은 독립국의 생성에 따른 국가승계의 발생에 의해 종료된다. 그러나 당사국 간에 상호 이익이 되는 조약을 중단시키지 않고 이를 갱신renewal할 수 있는 가능성을 배제하는 것은 아니며, 조약이나 의무의 갱신은 승계국과 관련당사국 간에 자유로운 선택과 명시적 동의에 의해 이뤄질 수 있다.

둘째, 이 원칙은 승계국이 선임국의 조약상 의무를 계속 적용하는지 여부

---

33 Ibid., p. 603.
34 Ibid.
35 Yilma Makonnen, "State Succession in Africa: Selected Problems", *Hague Recueil*, Vol. 200 (1986), pp. 122~123.

에 중점을 두고 있으나, 그렇다고 해서 승계국이 선임국의 조약상 권리를 주장할 수 있는 권한을 배제하는 것은 아니다.

셋째, 이 원칙은 승계국이 처분적dispositive 또는 지역적localized 조약의 경우에 이를 승계하거나 승계를 거부할 수 있는 법적 의무를 명시하지 않았으나, 그렇다고 해서 이런 조약에 관한 관습법 규칙을 무시하는 것은 아니다.

넷째, 이 원칙은 국가승계 시 계속성의 정의에 문제를 제기하는 것이며, 승계는 결국 양자조약에 있어서는 경개novation, 다자조약에 있어서는 가입accession이라고 주장한다.

이에 대해 오코넬O'Connell은 잠정기간 동안 조약의 계속 적용은 승계국이 국제법상 조약을 승계했거나 또는 조약의 관계당사국이 명시적 또는 묵시적으로 그 계속 적용에 동의할 때만 가능하다고 한다. 그런데 승계가 이뤄진 경우 조약은 2년 후에 모든 당사국의 동의에 의해서만 종료될 수 있는 것이지 일방적 선언에 의해 종료될 수 없기 때문에 이는 결국 법적 논리의 비약이라고 본다.[36] 또한 이 선언은 신생독립국이 계속 적용하고자 하는 조약과 적용을 거부하는 조약을 선택할 자유가 있다는 것을 함축imply하고 있는데, 그런 경우 조약의 관계당사국도 동일한 선택의 자유와 조약 검토기간period of review 동안에 조약을 계속 적용할 것인지 여부를 약속하지 않을 자유가 부여돼야 한다고 한다.

이와 같은 〈조약의 종료선언 방식〉은 탕가니카 외에 우간다, 케냐, 말라위 등이 채택했다. 우간다가 1962년에 영국으로부터 독립했을 때 행한 일방적 선언은 〈니에레레 원칙〉과 유사하나, 다만 조약 검토기간이 양자조약 및 다자조약 모두 14개월이라는 차이가 있다. 우간다 정부는 1966년 12월 31일에 대부분의 조약에 대한 검토를 완료한 후 모든 범죄인 인도조약을 계속

---

36 D. P. O'Connell, "Recent Problems of State Succession in Relation to New States", *Hague Recueil*, Vol. 130 (1970 II), p. 173.

적용하기로 하고, 조약의 관계당사국에게 각서교환 형식으로 조약이 계속 적용되도록 할 것을 요청했으며, 모든 통상조약 및 영사조약에 대한 효력 인정을 거부하고, 기존의 모든 다자조약에 새로 가입할 것을 결정했다.[37] 우간다 정부는 일방적 선언에 따라 각서교환에 의해 계속 적용되지 않는 모든 조약은 종료됐다고 주장했으며, 조약의 계속 적용을 희망할 경우에만 이를 관계당사국에게 통보했다. 우간다와 탕가니카가 취한 조치의 차이점은 우간다가 일방적 선언에 따라 종료된 조약을 갱신하기를 희망할 때에만 관계당사국과 협의한 반면, 탕가니카는 모든 관계당사국에게 조약을 갱신할 것인지 여부에 대한 의견을 문의한 데 있다고 하겠다.[38]

나. 조약의 계속적용 선언 방식(Opting-out Formula 또는 Zambia Formula)

일방적 선언의 둘째 유형으로서 잠비아의 경우를 들 수 있다. 1964년 9월 잠비아 정부는 일방적 선언을 유엔 사무총장에게 공한으로 발송, 이를 회원국에 회람해 줄 것을 요청했다. 이 선언은 북 로디지아Northern Rhodesia(잠비아의 독립 전 명칭)에 관한 영국 정부의 많은 조약상 권리와 의무가 관습법에 의해 잠비아의 독립 당시 잠비아에 승계됐음을 인정했으며, 일부 조약은 관습법에 따라 종료됐을 가능성을 우려하면서, 이들 개별 조약에 대한 법적 검토가 필요하다고 했다.[39] 잠비아 선언은 니에레레 원칙과는 달리 법적 검토를 위한 구체적 기간을 명시하지 않고, 단지 검토 과정이 종료된 후 관습법에 따라 종료된 조약이 있다면 잠비아 정부가 그중

---

37 Schaffer, supra note 19, p. 604.
38 Ibid.
39 Ibid., pp. 604~605.

에 어느 조약을 종료된 것으로 간주하는지 여부를 관계당사국에 알리겠다고 했다. 잠비아 선언은 일방적 선언이 아닌 관습법에 계속성의 근거를 두고 있으며, 이에 대한 타방당사국의 동의를 얻고자 하는 데 그 특징이 있다. 또한 구체적인 기간을 설정하지 않았기 때문에 조약의 완전한 종료를 회피할 수 있게 하고, 관습법에 의해 조약이 종료되면 이를 관계당사국에 통보하도록 되어 있다. 그리고 그러한 통보를 할 때까지 또는 조약이 폐기조항에 따라 폐기될 때까지 관계당사국이 잠비아와 조약관계를 계속 유지할 것을 희망하고 있다.[40] 잠비아 선언 이후 가이아나, 바베이도스, 모리셔스, 통가, 피지 및 바하마가 잠비아와 유사한 선언을 발표했다.

잠비아 선언은 니에레레 원칙과 비교하여 다음과 같은 차이가 있다.[41]

첫째, 이 선언은 고전적인 〈인적-처분적 조약의 구분 personal-dispositive criterion〉에 따른 조약의 범위보다도 광범위한 조약이 관습법에 의해 승계된다는 것을 인정한 점,

둘째, 조약 검토기간이 제한되지 않았다는 점,

셋째, 잠비아가 타방 체약당사국에게 어느 조약이 종료된 것으로 통보할 경우 이 조약의 종료는 관습법에 의한 것이지 일방적인 선언에 의한 것이 아니라는 점과 잠비아가 조약이 종료되지 않기를 희망할 경우에는 조약의 계속 적용이 관습법에 의한 것이라는 점,

넷째, 잠비아가 관습법에 의해 승계한 조약을 종료시키고자 할 경우 그 종료 방식은 조약의 종료조항에 따른 통보에 의한다는 점,

다섯째, 잠비아가 어느 조약이 종료됐다고 통보할 때까지 잠비아 정부는 모든 수탁국과 다른 체약당사국이 이 조약이 유효한 것으로 간주하기를 희망한다고 볼 수 있다. 잠비아 방식은 이와 같이 관습법에 의한 조약의 계속

---

40 O'Connell, supra note 36, p. 174.
41 "State Succession", *ILA Report*, Helsinki (1966), pp. 581~582.

성 유지를 그 목적으로 하며, 조약의 타방당사국도 조약에 구속된다는 전제 하에 조약의 계속 적용을 추구하는 것이다.

다. 일반적 선언 방식General Declaration Formula

일부 신생독립국 특히, 브라자빌 콩고(콩고공화국), 레오폴드 콩고(콩고민주공화국), 르완다, 말라가시(마다가스카르)공화국은 선임국의 조약을 승계한 것으로 간주하는 일방적 선언을 발표했다. 르완다의 경우 1962년 7월 24일자 선언에서 〈국가승계의 선택적 원칙Optional Doctrine of State Succession〉에 따른 권리를 확인하고 있다. 그러나 이 선언은 너무 일반적이며, 특별히 상세한 내용을 포함하지 않고 있어 르완다가 선임국이 체결한 조약 중 어느 조약을 독립된 르완다에 계속 적용할 것인지를 결정할 때까지 제3국과의 관계에서 법적 불확실성이 상존한다.[42] 다만, 이 선언 방식은 양자조약 및 다자조약의 당사국들에게 르완다가 폐기하지 않은 선임국의 조약이 잠정 적용된다는 것을 제의하는 것이며, 조약의 검토기간도 확정하지 않았다는 점에 그 특징이 있다. 이 방식은 따라서 광범위한 조약들이 자동적으로 종료되는 것을 예방하기는 했으나, 특정 조약의 승계라는 문제를 해결하지도 못했다.

라. 특별 선언 방식Specific Declaration Formula

일부 신생독립국, 특히 카메룬, 기니, 아이보리코스트(코트디브와르), 니제 등은 특정 조약을 승계했다고 선언하는 것 이상의 다른 조치를 취하지

---

42 Yilma Makonnen, *International Law and the New States of Africa* (1983), p. 223.

않았다.⁴³ 이런 선언 방식은 신생독립국이 특정 조약을 승계하겠다고 선언할 때까지 수탁국이나 조약의 타방당사국에 대해 신생독립국이 특정 조약의 당사국이라는 전제하에서 취할 수 있는 어떤 조치도 취하지 못하게 하는 단점이 있다.

〈1978년 조약의 승계에 관한 비엔나협약〉은 제9조에서 승계국이 선임국이 체결한 조약상의 권리·의무에 대해 일방적 선언을 했다는 이유만으로 승계국이나 조약의 타방당사국의 권리·의무가 되는 것은 아니며, 일방적 선언의 경우에 조약에 관한 국가승계의 효력은 이 협약에 의한다고 규정하고 있다(제9조 제2항). 1978년 비엔나협약 제9조는 조약의 승계에 관한 〈백지위임의 원칙〉이 손상되어서는 안 되나, 승계국이 승계를 희망하는 조약을 선택할 수 있는 권리는 조약의 타방당사국의 태도 및 동의 여부와 관계없이 승계국이 마음대로 행할 수 있는 전적으로 일방적인 행위가 아님을 인정한 것이다. 이 조항은 양자조약 및 다자조약의 잠정 적용에 관한 이 협약 제27조 및 제28조와 함께 해석해야 한다. 즉, 승계 당시 효력이 있거나, 승계국의 영토에 잠정적으로 적용되는 양자조약 및 다자조약은 승계국과 타방당사국이 명시적 또는 묵시적으로 이에 동의한 경우에만 잠정 적용되는 것이며, 제3국의 명시적 또는 묵시적 동의가 뒤따르는 일방적 선언에 대해서만 조약의 잠정적 효력을 인정하는 것이다.⁴⁴

---

43 *ILA Report, supra note* 41, pp. 583~584.
44 Schaffer, supra note 19, pp. 605~606.

제3절 승계될 수 있는 조약의 범위

1. 조약의 승계에 관한 일반원칙

선임국이 소멸되지 않는 할양cession 또는 병합annexation과 같은 부분적 승계partial secession의 경우에는 승계국의 조약체제가 병합되는 영토에 확대 적용되는 〈조약국경이동의 원칙〉 이외에는 승계국이 선임국의 조약을 승계하지 않는다.[45]

2개국 이상의 합병에 의해 신국가가 형성되는 경우에 합병되는 국가가 국제적 법인격을 계속 유지하는 경우에는 그 국가의 조약은 효력을 계속 유지하나, 법인격을 상실하는 경우에는 합병되는 국가의 조약은 병합되는 국가의 경우와 마찬가지로 승계국에 승계되지 않고 효력을 상실하며, 합병하는 국가의 조약이 합병되는 국가에 확대 적용된다.[46] 그러나 기존 국가가 결합해 신국가가 형성되는 경우에 국가결합 이전에 적용되어 오던 비정치적 조

---

45 Ian Brownlie, *Principles of Public International Law*, 7th ed. (2008), p. 661.
46 J. Mervyn Jones, "State Succession in the Matter of Treaties", *BYIL*, Vol. 24 (1947), p. 366.

약은 결합 이전에 적용되던 영토에 대해 계속 적용된다는 유력한 관행이 있으며,[47] 1978년 비엔나협약은 국가결합 시 기존 조약이 결합 이전에 적용되던 지역에 계속 적용된다는 원칙을 채택했다(협약 제31조).

기존 국가가 분열되어 1개 이상의 신국가가 형성되거나 또는 다른 국가에 병합되는 경우에는 선임국이 소멸하게 되므로 선임국이 체결한 정치적 조약은 종료되나, 기타 조약의 경우에는 그 조약이 분열 이전에 연방국가 전체에 적용되었거나, 또는 연방을 구성하였던 지분방국가의 영토에 적용되어 온 경우에는 연방국가의 분열 이후에도 일반적으로 승계국에 승계된다고 본다.[48]

어느 국가의 영토 일부가 분리되어 별도의 국가로 독립하는 경우에 1945년 이전의 국가관행은 대체로 신국가가 선임국의 조약을 승계하지 않는다는 백지위임의 원칙을 인정해 왔으나,[49] 1978년 비엔나협약은 국가의 분열 및 분리를 별도로 구분하지 않고 국가의 분리에 의한 신국가의 형성 시 선임국의 계속 존재 여부와 관계없이 승계국은 선임국의 조약을 승계한다고 했다(협약 제34조).[50] 1978년 비엔나협약 제34조의 국가의 분리 시 승계국이 선임국의 조약을 승계한다는 일반원칙은 이에 대한 관습법을 반영한 것으로 간주되어서는 안 되며, 승계 여부는 당사국들의 의사에 따라야 한

---

47 Jennings and Watts, *Oppenheim's International Law*, 9th ed., Vol. I (1992), p.212.
48 *Ibid.*, p. 220.
49 *Ibid.*, p. 222.
50 Brownlie 교수는 백지위임의 원칙이 신생독립국에 대해서만이 아니라 국가의 결합이나 분열에 의해 형성되는 신국가에도 동일하게 적용된다고 하며, 1978년 비엔나협약은 국가관행을 정확히 반영하지 못하고 있다고 한다. Brownlie, *supra note* 45, pp. 661~662; 1987년 American Law Institute가 발간한 "The Restatement of the Foreign Relations Law of the United States"도 신생독립국 뿐만 아니라 분리, 분열 등에 의한 신국가의 경우에도 백지위임의 원칙이 적용된다고 했다. Detlev F. Vagts, "State Succession: The Codifiers' View", *Virginia JIL*, Vol. 23 (1993), pp. 275~298.

다.⁵¹ 이 경우의 조약의 계속성 여부는 최근 소련의 붕괴에 따른 CIS 국가의 분리, 유고슬라비아 및 체코슬로바키아 분열 등의 사례를 거쳐 일정한 국가관행이 형성될 것으로 보인다.

제2차 세계대전 이후 자결권 원칙 및 탈식민화 운동에 따라 식민지가 독립해 다수의 신생독립국이 수립되었을 때 다수설과 대부분의 국가관행은 신생독립국이 백지위임의 원칙을 적용하는 것을 지지했으며,⁵² 1978년 비엔나협약도 이를 재확인했다(협약 제16조 내지 제30조).

이 절에서는 국가의 병합, 국가가 합병되어 기존 국가의 법인격이 신국가의 법인격으로 대체되는 경우 및 신생독립국의 경우에 조약의 승계원칙으로서 거의 보편적이고 무비판적으로 수락되어 온 백지위임의 원칙 또는 〈비승계의 원칙rule of non-transmissibility〉⁵³에 중요한 예외를 구성하는, 관습법에 의해 승계국에 승계될 수 있는 조약으로 인정되어 온 처분적 조약과 국경조약의 승계문제 및 1978년 비엔나협약에서 신생독립국에 대해 당사국이 될 수 있도록 선택권을 부여한 일반적인 다자조약 또는 〈입법적 조약 law-making treaties〉의 승계문제를 검토한다.

2. 처분적 조약의 승계

가. 처분적 조약의 개념

영토의 특정 지역에 부속되어 있는 〈속지적territorial〉 성격의 조약은 영

---

51 M. N. Shaw, *International Law*, 6th ed. (2008), pp. 975~977.
52 Jennings and Watts, *supra note* 47, p. 228.
53 Brownlie 교수는 〈백지위임의 원칙〉 대신에 〈비승계의 원칙〉이라는 용어를 사용하고 있다. Brownlie, *supra note* 45, pp. 661~662.

토주권의 변동에도 불구하고 승계국에 승계된다는 원칙이 대부분의 국가 관행 및 다수 학자들에 의해 인정되어 왔다.[54] 이러한 조약은 〈물적real〉 또는 〈지역적localized〉 의무를 설정하는 것으로 일반적으로 〈처분적 조약 dispositive treaties〉이라고 한다.

조약이,

첫째, 1개 국가 또는 국제 공동체의 이익을 위해 설정된 〈객관적 영토체제 objective territorial regimes〉를 규정하는 성격을 가지고 있을 경우,

둘째, 영토적용조항에 의해 지역적으로 적용될 경우,

셋째, 특정한 지역에 관계되는 경우에 그 조약은 처분적 또는 지역적 조약으로 간주될 수 있으며,[55] 이러한 조약은 영토주권을 행사하는 국가의 법인격의 변동과 관계없이 조약에 규정된 속지적 의무가 승계국에 승계된다. 객관적 영토체제를 설정하거나 지역적인 조약으로는 영토 또는 지역의 중립지대화 또는 비무장지대화, 하천의 항행, 영토의 통과, 항구시설 이용권, 어업권 등을 들 수 있다.

나. 처분적 조약의 구분

처분적 조약은 학자들에 따라 국경조약(國境條約, Boundary Treaties), 〈국제지역(國際地役)을 설정하는 조약Treaties Establishing International Servitude〉과 〈외국거류민에 대한 특별대우조약Capitulation Treaties〉으로 구분된다.[56]

---

54 Brownlie, *supra note* 45. pp. 662~663. 처분적 조약의 승계를 지지하는 학자들은 O'Connell, Lord McNair, Zemanek, Oppenheim, Guggenheim, Rousseau, Sorensen 등이며, 법에 의한 승계를 부인하는 학자들은 Brownlie, Castren, Jennings 등이다.

55 Okon Udokang, *Succession of New States to International Treaties* (1972), pp. 327~328.

56 McNair, O'Connell, Fitzmaurice는 처분적 조약을 대체로 이와 같이 분류한다. Matthew

〈외국거류민에 대한 특별대우조약〉은 서구열강이 20세기 초까지 300여 년간 식민지 지배 시 터키 및 아시아 국가에서 자국민에 대한 〈치외법권적 권리extra-territorial rights〉와 〈영사관할권consular jurisdiction〉을 행사하기 위해 강요한 체제로서, 동 체제가 승계국에 계속 유효하고 구속력이 있는지 여부에 대해 일관된 국제관행을 찾을 수 없기 때문에 처분적 조약이라고 보기에는 문제가 있다. 외국거류민에 대한 특별대우조약은 엄격한 의미에서 〈대세적erga omnes〉인 물적, 속지적 권리라고 하기보다는 2개 이상의 국가 사이에서 당사국들의 정치체제 및 사법제도의 차이 때문에 체결되는 불평등조약이다. 이는 당사국의 국내 사법제도가 변경될 경우 개정하도록 되어 있으므로 단순히 〈인적 의무관계personal obligatory relations〉를 설정하는 것으로 볼 수 있다. 실제로 일본이 1910년 한국병합 시 일방적 선언으로 서구열강이 한국과 체결한 외국거류민에 대한 특별대우조약을 폐기했을 때, 미국, 영국 등은 이를 묵인했으며, 이탈리아가 에리트리아 및 트리폴리를 병합했을 때에도 이러한 외국거류민에 대한 특별대우조약을 폐기한 바 있다.[57] 그러나 이 국가들이 다시 독립을 회복할 경우 외국거류민에 대한 특별대우조약이 자동적으로 재적용될 수 있으며, 또 이 조약이 폐기 또는 재교섭의 대상이 된다는 견해도 있다.[58] 이 조약은 결국 국제사회의 구성국가를 문명국과 비문명국으로 구분해서 소위 문명국가가 자국민에 대한 치외법권적 특혜를 비문명국가에 강요한 조약이므로 물적 조약이라고 볼 수는 없으며, 더욱 승계국에 자동적으로 승계되는 처분적 조약은 아니다.

〈국제지역을 설정하는 조약〉과 관련해 먼저 〈국제지역〉 또는 〈지역권 international servitude〉의 개념을 검토할 필요가 있다. 지역권이란 〈조약 또

Craven, *The Decolonization of International Law* (2007), Oxford, p. 179.
  57 Udokang, *supra note* 55, p. 337.
  58 Craven, *supra note* 56, pp. 191~192.

는 기타의 방법으로 일국의 영토주권에 예외적인 제한을 부여함으로써 그 영토의 일부 또는 전부가 다른 국가의 어떤 목적 또는 이익을 위해 제한적으로 사용되도록 하는 것exceptional restrictions made by treaty or otherwise on the territorial supremacy of a state by which a part or the whole of its territory is in a limited way made to serve a certain purpose or interest of another state〉을 의미한다.[59] 그 영토에 지역권이 설정된 국가는 예를 들어 외국 군대의 통행을 허용하거나 또는 다른 나라의 이익을 위해 국경 부근 특정 도시의 요새화가 금지되기도 한다. 지역권의 설정은 주로 영토주권에 관련된 것으로서 전통적으로 이에 대한 학계의 견해가 대립되어 왔다. 지역권에 대한 개념은 국제사법재판소 등의 사법적 판결에서도 인정되어 오기는 했으나, 국제재판소는 지역권을 승인하는 긍정적인 판결 또는 선언을 회피해 왔다. 1910년의 〈북대서양어업 사건The North Atlantic Fisheries Case〉에서 미국은 1818년 미국-영국 간의 조약에 따라 영국이 미국에 부여한 어업권이 지역권에 해당한다고 주장했으나, 상설중재재판소Permanent Court of Arbitration(PCA)는 현대 국제법에서 로마법의 〈토지권praedial rights〉과 동일한 권리를 인정하지 않았다. PCA는 어업권이 〈인적 성격의 경제적 권리economic rights of a personal character〉라고 하고, 〈주권의 배분apportionment of sovereignty〉은 국가의 관행상 인정할 수 없다고 판결했다.[60] 1920년의 〈올란드 제도 사건Aaland Islands Case〉에서 스웨덴은 올란드 제도를 비무장화하기 위해 1856년 영국, 프랑스, 러시아 간에 체결된 평화조약은 러시아의 승계국인 핀란드에게 지역권을 설정한 것이라고 주장했으나, 국제연맹 이사회에 의해 설립된 국제법률가위원회International Commission of Jurists는 국제지역은 일반적으로 인정되지 않는다고 했

---

59 Jennings and Watts, *supra note* 47, pp. 670~671.
60 Jennings and Watts, *Ibid.*, pp. 671~672; Udokang, *supra note* 55, pp. 344~345.

다.[61] 동 위원회는 그러나 올란드 제도의 비무장체제가 러시아의 승계국으로서의 핀란드 또는 올란드 제도에 주권을 행사하는 어느 국가에 대해서도 계속 구속력이 있다고 판결하면서, 그 판결의 근거로서 지역권이라는 개념이 아니라 〈유럽의 일반적 이익general interest of Europe〉이라는 개념을 원용했다.[62] 국제재판소 및 국제기구의 이와 같은 태도는 지역권이 궁극적으로 다른 국가들의 독립과 영토보전territorial integrity을 위태롭게 할 수 있다는 우려에 기인한 것으로 보인다. 그러나 〈국제지역〉의 개념을 인정하지 않은 것이 〈물적〉 또는 〈지역적〉 의무를 부여하는 조약의 존재를 부인하는 것은 아니며, 단지 그 남용 가능성이나 정치적 함의를 제한하려는 것으로 사료된다. 지역권이 이와 같이 국제법상 논란이 많은 개념이기 때문에 일부 학자들은 지역권이라는 용어보다는 〈순전히 지역적 의무를 설정하는 조약treaties creating purely local obligations〉이라는 용어를 사용하기도 한다.[63] 이 절에서는 1978년 비엔나협약의 체제에 따라 〈처분적 조약〉을 〈국경조약〉과 〈기타 영토체제에 관한 조약〉으로 구분해 각각의 경우의 승계문제를 검토한다.

다. 국경조약의 승계

국가의 구성요소 중 영토는 국민의 생활공간이며, 국가 영토의 외적 한계를 국경이라고 한다. 국가는 국제관계에서 특히 평화 시에 안정적이고 확정적인 국경을 중요시해 왔으며, 국경분쟁과 관련해 〈국경획정의 안정성과 명확성stability and definitiveness in boundary limitation〉에 대한 법적 중요성이 국제중재재판이나 사법적 결정에 의해 확인되어 왔다.[64] 국경조약

61 D. J. Harris, *Cases and Materials on International Law* (1991), p. 234.
62 *Ibid.*, p. 234; Udokang, *supra note* 55, p. 399.
63 Lord McNair, *The Law of Treaties* (1961), p. 656.
64 Udokang, *supra note* 55, p. 378.

boundary treaties은 처분적 조약의 일부로서 국가승계에 의해 영향을 받지 않고 승계국에 그대로 승계된다는 원칙이 관습법에 의해 확립되었으며, 처분적 조약이 승계국에 승계되는 것을 부인하는 학자들도 국경조약은 국경의 안정성이라는 고려에서 승계국에 승계되는 특별한 조약이라고 간주한다.[65] 국경조약은 다른 처분적 조약과 마찬가지로 체결과 동시에 이행되는 〈국제적 양도international conveyance〉로서의 성격을 가지고 있기 때문에 신국가가 국경조약을 승계하는 것인지 아니면 그 조약에 의해 확립된 국경을 승계하는 것인지는 분명하지 않다. 카스트렌Castren은 국경조약의 승계에는 동의하나, 승계의 근거로서 국경조약은 체결 시 효과적으로 〈이행된 조약executed agreement〉이 되며, 이와 같이 〈결정된 법적 상황une situation juridique déterminée〉이 다른 국가들에 의해 존중되어야 하는 것과 마찬가지로 승계국에 의해서도 존중되어야 한다고 주장한다.[66] 또한 유도캉Udokang에 의하면 국경조약의 이와 같은 특수성 때문에 이행된 국경조약은 조약의 존재와 관계없이 계속되는 〈객관적인 법적 상황objective juridical situation〉을 창설하는 것이며, 이행된 국경조약의 규정은 조약으로서의 계약적 성격을 상실하게 되고, 조약의 다른 규정으로부터 분리될 수도 있다고 한다.[67]

제2차 세계대전 이후 탈식민화 운동에 따라 독립한 많은 아시아, 아프리카의 제3세계 국가들은 독립 이전에 획정된 국경이 대개는 식민지 본국의 편의나 정치적 고려하에 식민지의 지리적 여건, 주민들의 사회, 문화적 배경 등을 무시하고 획정되었기 때문에, 독립 후에 이러한 국경조약의 승계에 의문을 제기하고 이를 인정하지 않으려 했다. 기존 국경의 승계는 또한 신생

---

65 Brownlie, *supra note* 45, p. 663.
66 Craven, *supra note* 56, pp. 179~180.
67 Udokang, *supra note* 55, p. 380.

독립국의 자결권 원칙에도 반하는 것이었다. 그러나 국경의 안정성이 파괴되는 경우에 전체 신생독립국에 파급될 국경분쟁을 고려해 국경조약의 승계원칙을 부인하지는 않았다. 어느 국가의 일방적인 〈영토적 주장territorial claim〉이 가져올 수 있는 국제관계에서의 위험과 불안정성을 고려할 때 국경조약은 승계국에 자동적으로 승계되는 것이 바람직하며, 또한 영미법상 〈속지적 조약은 토지와 함께 이전되는 원칙res transit cum suo onere〉에 따라 국경선, 도로의 보수, 하천의 항행 등에 관한 조약으로부터 야기되는 권리와 의무는 영토주권의 변동과 관계없이 계속 유효할 뿐만 아니라, 법적으로 ipso jure 승계국에 승계된다.[68]

국경조약의 승계에 관한 국가관행 및 사법적 결정은 일관해서 국경조약의 승계를 확인해 왔다. 현존하는 국경선을 인정하는 원칙, 즉 〈현재 소유하고 있는 것을 소유한다uti possidetis, ita possidetis〉는 원칙은 19세기 중남미국가들의 독립 시부터 인정되었으며, 미국은 1856년 국무장관 명의로 이를 확인한 바 있다.[69] 1904~1907년간 프랑스와 태국이 획정한 국경과 관련해 프랑스로부터 독립한 캄보디아와 태국 간에 〈프레어 비헤어 사원The Temple of Preah Vihear〉이 위치한 지역의 관할권 분쟁이 발생했을 때 국제사법재판소는 국경의 안정원칙doctrine of stability of territorial frontiers, 즉 국경선 획정시 안정성stability과 최종성finality을 강조하고, 캄보디아와 태국 간의 국경을 획정한 1904년의 프랑스-태국 간의 조약이 캄보디아와 태국 간에 계속 적용됨을 확인했다.[70] 아프리카 국가들의 연합체인 〈아프리카단결기구OAU〉도 1964년 결의를 채택, 모든 OAU 회원국이 기존 국경을 존중할 것을 약속했다. 또한 1986년 부르키나파소-말리 간의 국경분쟁

---

68 *Ibid.*, p. 386.
69 Shaw, "State Succession Revisited" 5 *Finn YIL* (1994), pp. 63~64.
70 *ICJ Reports* (1962), p. 14, (Judgement of June 15, 1962).

사건에서 국제사법재판소는 국가승계의 경우 획정된 국경을 존중할 의무가 있으며, 현재의 소유권 인정*uti possidetis* 원칙이 관습법화되었다고 확인했다.[71] 1994년 리비아-차드 국경분쟁 사건에서도 국제사법재판소는 〈조약에 의해 확립된 국경은 조약 그 자체가 반드시 향유하는 것은 아닌 항구성을 가진다〉고 판결해 국경은 국경조약의 지속 여부와 관계없다고 했다.[72] 또한 유고슬라비아 중재위원회도 유고슬라비아의 국경이 국제법에 의해 보호되는 국경이 된다고 결정한 바 있다.

1978년 비엔나협약은 제11조에서 조약에 의해 획정된 국경과 조약에 의해 확립된 국경체제에 관한 권리와 의무는 국가승계에 의해 영향을 받지 않는다고 규정했는데, 이는 〈국경의 신성함sanctity of frontiers〉에 관한 관습법을 재확인한 것이다. 이 조항은 승계가 국경조약의 승계인지 또는 조약에 의해 확립된 국경의 승계인지에 대한 구분과 이견을 입법기술상 모두 포함한 것으로 사료된다. 제11조는 또한 〈1969년 조약법에 관한 비엔나협약〉 제62조 제2항의 〈사정의 근본적 변경〉은 국경획정조약을 종료시키거나 동 조약에서 탈퇴할 수 있는 근거로 원용될 수 없다는 규정과도 관련된다.[73] 국가승계가 일어나는 영토주권의 변동은 조약법상 당연히 〈사정의 근본적 변경〉에 해당되는 것이기 때문이다. 국경조약의 승계를 부정하는 것은 궁극적으로 국제관계의 균형을 위태롭게 할 수 있는 위험성을 내포하고 있기 때문에 승계국은 국경조약을 승계하는 것이며, 이러한 원칙은 관습법과 1978년 비엔나협약에 의해 재확인되었다. 그러나 국경조약의 승계 시 당사국 간에 기존 국경에 대한 이견이나 분쟁이 있을 경우 이러한 분쟁 또는 이견도 승계되는 것이며, 또한 기존 국경조약의 무효, 종료 또는 개정 등을 위한 관련당

---

71 Shaw, supra note 69, pp. 63~64; *Case concerning the Frontier Dispute* (Burkina Faso v. Mali), *ICJ Reports* (1986), pp. 554~566.

72 Shaw, Ibid., pp. 64~65.

73 Shaw, *International Law*, 6th ed. (2008), Cambridge, pp. 968~969.

사국들의 외교적 교섭 권한을 부인하는 것은 아니라고 사료된다.[74]

라. 기타 영토체제에 관한 조약의 승계

영토체제에 관한 조약이 영미법상 〈속지적 조약은 토지와 함께 이전되는 원칙 res transit cum suo onere〉에 따라 승계국에 그대로 승계되는가 하는 문제를 검토하기 위해서는 먼저 국제법상 단순한 〈계약적 권리 또는 인적 권리 rights in personam〉와 〈대세적으로 유효한 물적 권리 valid erga omnes and thus rights in rem〉를 구분해서 검토해야 한다. 계약적 권리 또는 인적 권리는 그 권리, 의무의 당사자에게만 유효하지만, 물적 권리는 계약적 권리 또는 인적 권리와 달리 누구에게나 유효한 대세적 권리로서, 어느 국가가 그 영토에 대한 통행권, 하천의 항행권 또는 영해 및 내해에서의 어업권 등을 다른 국가에게 부여한 경우에는 그 영토가 제3국으로 이전될 때에 그러한 지역적 의무를 수락한 국가는 그 의무를 일방적으로 폐기한 상태에서 문제의 영토를 제3국에 이전할 수 없으며, 제3국은 영토의 취득 시 영토에 부속된 지역적 의무를 승계하게 된다.[75]

그러나 이러한 영토체제에 관한 조약의 승계는 조약 그 자체에 의한 의무가 아니라 모든 관련당사국이 조약의 규정을 일반적으로 수락하거나 묵인했기 때문에 승계되는 것으로서 이와 같은 법적 체제가 승계국을 구속한다는 사실은 반드시 계약적 성격으로서의 조약의 계속적인 효력을 전제로 하는 것은 아니다.[76] 영토체제에 관한 조약은 조약이 체결되면 바로 이행이 되는 영토에 대한 일종의 〈권리의 양도 conveyance〉로서 영토에 대한 주권의

---

74 Craven, *supra note* 56, pp. 183~184.
75 Lord McNair, *The Law of Treaties* (1961), p. 656.
76 Udokang, *supra note* 55, p. 328.

변동과 관계없이 그 해당 영토에 적용되는 것이며, 일정한 조건하에 영토국이 행사하고 있는 영토주권 또는 관할권을 제한하게 된다. 즉, 영토국은 속지적 또는 지역적 조약이 적용되는 영토에 대해 그 국가가 당연히 행사할 수 있는 권한을 행사하는 것이 제한되며, 또 한편 다른 국가가 해당 영토에 대해 행사하고자 하는 권한을 방해해서도 안 된다.

영토체제에 관한 조약이 승계국에 승계된다는 원칙은 국가관행 및 법 이론에 의해서뿐만 아니라 다수의 국제중재재판과 사법적 결정에 의해서도 확인되어 왔다. 앞에서 설명한 1910년 〈북대서양어업 사건〉과 1920년 〈올란드 제도 사건〉도 〈국제지역〉이라는 개념을 인정하지 않았지만 영토체제에 관한 조약의 승계 사례이다. 또한 국제사법재판소는 1960년의 〈인도 영토에 대한 통행권 사건 The Right of Passage over Indian Territory Case〉[77]에서 포르투갈이 인도의 영토에서 향유하고 있던 통행권이 영국의 인도 지배 시 〈계속적이고 일관된 관행 constant and uniform practice〉으로 확립되었으며, 인도가 독립한 이후에도 변화되지 않았음을 인정했다. 국제사법재판소는 처분적 조약으로 설정된 〈속지적 조약〉의 〈물적〉 및 〈지속적〉 성격을 확인하고, 이와 같은 권리는 오랜 기간 동안 체제의 변화에 의해 영향을 받지 않았기 때문에 승계국을 구속하는 〈물적〉 권리를 이룬다고 확인했다. 이에 대해 슈타크 Starke는 포르투갈의 인도 영토에 대한 통행권은 속지적 조약에 의해 설정된 권리가 아니라 영토에 관한 〈관습법적 권리〉이며, 이러한 권리가 승계국에 승계되는 것을 인정한다. 즉, 인도 영토의 통행권은 인도가 영국을 승계한 이후에도 관행으로 계속되어 인도와 포르투갈 간의 관행이 되었기 때문에 인도가 이를 인정해야 하는 것일 뿐이며, 영국과 포르투갈 간의 속지적 권리를 인도가 승계한 사례라고는 볼 수 없다고 한다.[78]

77 *ICJ Reports* (1960), pp. 37~39.
78 I. A. Shearer, *Starke's International Law*, 11th ed. (1994), p. 305.

영토체제에 관한 처분적 조약이 〈백지위임의 원칙〉의 예외로서 승계국에 승계된다는 다수설과 국가관행에 대해 브라운리Brownlie 등 일부 학자들은 처분적 조약의 승계를 부인하고 있는데, 특히 브라운리 교수는,

첫째, 처분적 조약의 승계원칙 또는 관행이 명확하지 않고, 승계의 경우에도 대부분 묵인acquiescence에 의한 경우가 많으며,

둘째, 처분적 조약을 정의하기가 어렵고, 이를 특별히 취급해야 할 이유가 없으며,

셋째, 승계를 주장하는 많은 학자들이 승계의 이유로 〈지역권state servitude〉을 원용하고 있음을 지적한다.[79]

〈1978년 조약의 승계에 관한 비엔나협약〉은 영토체제에 관한 처분적 조약이 승계국에 승계된다는 원칙을 확인했다. 이 협약 제12조는 국가승계는 〈영토의 사용과 관련하여relating to the use of territory〉 또는 〈외국의 영토의 이익을 위해 조약으로 확립되고, 그 영토에 부속된 것으로 간주되는 established by a treaty for the benefit of any territory of a foreign State and considered as attaching to the territories in question〉 권리와 의무에 영향을 미치지 않는다고 규정해 영토체제에 관한 처분적 조약의 승계를 분명히 성문법전화했다. 이 협약 제12조는 관습법을 성문법전화한 것으로 국제사법재판소는 1997년 헝가리와 슬로바키아 간의 〈가브치코보-나기마로스 사건Gabcikovo-Nagymaros Project Case〉에서 이를 확인한 바 있다. 이 사건에서 ICJ는 슬로바키아 측 주장을 받아들여 1977년 헝가리와 체코슬로바키아가 체결한 다뉴브 강 댐 건설에 관한 조약이 1978년 비엔나협약 제12조의 영토체제를 확립하는 조약이므로 국가승계에 의해 영향을 받지 않는다고 판결했다.[80]

---

79 Brownlie, *supra note* 45), p. 662.
80 Brownlie, *Ibid.*, p. 663; *Case Concerning the Gabcikovo-Nagymaros Project* (Hungary/

3. 다자조약의 승계

가. 문제의 제기 및 배경

신생독립국은 처분적 조약의 승계를 제외하고는 〈백지위임의 원칙〉에 따라 선임국이 체결한 어떤 조약도 승계하지 않는다는 이론이 다수설과 국가관행에 의해 일반적으로 인정되어 왔다. 그러나 이러한 이론은 〈입법적 성격의 다자조약multipartite instrument of a legislative character〉이 현재와 같이 국제관계에서 중요성을 인정받지 못했을 때 확립된 것으로서, 입법적 성격의 다자조약에는 〈백지위임의 원칙〉의 적용이 바람직하지 않다는 학설이 1950년대 초부터 대두되었으며,[81] 실제로 제2차 세계대전 후에 생성된 많은 신생독립국들은 상당수의 다자조약을 승계했다.

신생독립국이 다자조약을 승계한다면 모든 다자조약을 다 승계하는 것인지 아니면 이 중에 입법적 성격의 다자조약만을 승계하는지 하는 문제와 또한 다자조약 중에 경제적, 사회적, 인도적, 기술적 성격의 다자조약도 승계하는지 하는 문제가 제기된다. 〈입법조약이란 일반적으로 다자간의 행동에 의해 국가들이 구속되고자 하는 행위의 기준과 법적 행위의 규범을 설정하는 국제조약이다Law-making treaties are international engagement which, by their multilateral action, set up standards of behaviour and legal rules of conduct for those States which have bound themselves to observe them.〉[82] 조약이 당사국뿐 아니라 비당사국까지 구속할 때 보통 입법조약

Slovakia), 25, September, 1997.

81 C. Wilfred Jenks, "State Succession in Respect of Law-Making Treaties", *BYIL*, Vol. 29 (1952), p. 107.

82 Frank Krenz, "Newly Independent States and the Problem of State Succession", 33 *NTIR* (1963), p. 100.

이라고 할 수 있으나, 조약은 계약에 지나지 않기 때문에 조약 그 자체가 법을 창조하는 것이 아니며, 조약의 규정이 규범적 관습normative custom이 되었을 때에 법이 창조된다.[83] 조약은 또한 그 조약규정이 〈자기집행적self-executing〉인 경우에 입법조약이라고 할 수 있다.

20세기에 들어와 국제연맹 및 국제연합의 창설과 이들 기구의 국제법의 성문화 작업에 의해 많은 경제적, 사회적, 인도적, 기술적 성격의 다자조약이 체결되었다. 이러한 다자조약이 선임국에 의해 체결되어 신생독립국의 독립 이전에 신생독립국의 영토에 적용돼 왔을 경우 신생독립국이 이러한 다자조약을 법적으로ipso jure 승계하는지 하는 문제를 검토하기 위해서는 학설과 국가관행, 수탁국을 비롯한 국제기구의 관행을 살펴봐야 한다.

나. 다자조약의 승계에 관한 학설

입법적 성격의 다자조약을 승계하는 것이 바람직하다고 주창한 젠크스Jenks는 이와 같은 다자조약이 국제공동체의 완전한 협력의 일부분으로서, 신생독립국이 이 다자조약에 참여하는 것은 오히려 〈독립의 보증서 hallmarks of emancipation〉가 된다고 한다. 즉, 신생독립국이 다자조약을 승계하는 것은 과거의 예속 상태를 영구화하는 것이 아니라, 독립에 따른 법적 공백legal vacuum을 회피할 수 있는 방안으로서 필요하다고 한다. 또한 대부분의 다자조약이 종료 조항을 두고 있기 때문에 신생독립국은 언제든지 종료 조항에 따라 다자조약에서 탈퇴할 수 있다고 한다.[84] 젠크스에 의하면 〈지역적localized 의무를 설정하는 조약〉이 계속 이행되어야 할 계약적

---

83 D. P. O'Connell, "Independence and Succession to Treaties", *BYIL*, Vol. 39 (1962), p. 131.
84 Jenks, supra note 81, p. 108.

성격을 가지고 있다기보다는 이미 〈이행된 양도executed conveyances〉의 성격을 가지고 있는 것처럼 입법조약상의 의무도 계약적 의무라기보다는 법적 의무로 간주돼야 한다고 한다. 또한 신생독립국은 일반적으로 기존 관습법에 구속되기 때문에 다자간 입법조약이 국제법상 중요한 기능을 하는 현대와 같은 국제관계에서는 신생독립국이 관습적인 규칙에 의해서뿐만 아니라, 국제협약에 근거한 규칙에 의해서도 동일하게 구속되어야 한다고 주장한다.[85] 젠크스는 국제기구의 설립헌장constituent instruments을 제외하고는 입법적 성격의 다자조약의 승계문제는 당시의 국가관행, 국제중재재판이나 사법적 결정에 의해 확립되지 않은, 미해결의 문제open question임을 인정하고 있다. 따라서 그는 다자조약의 승계를 법적 근거보다는 사회학적 근거에서 접근하고 있으며, 국가 간의 상호의존성의 증대와 국제기구의 관할권이 확대되는 현재 〈백지위임의 원칙〉이라는 낡은 고전적 견해는 수정되어야 한다고 주장한다.[86]

이에 대해 제닝스Jennings는 제2차 세계대전 이후 많은 신생독립국들이 다자조약을 승계하는 것이 편리하고, 필요하다고 간주해 이를 승계했기 때문에 〈백지위임의 원칙〉이 변경되는 것이 아닌가 하는 우려가 있으나, 그럼에도 불구하고 〈백지위임의 원칙〉이 아직은 설득력 있는 원칙The older rule of the clean-slate is still a sound one이라고 주장한다.[87] 그는 국가승계는 승계국이 조약관계에 있어서 선임국을 대체하는 것이지 〈선임국과 함께 조약에 참여하는 것은 아니며not participating alongside it〉, 승계국의 다자조약 참여가 〈선임국의 우연한 참여accident of the participation of the

---

85 Ibid., p. 142.
86 Ibid., p. 110.
87 R. Y. Jennings, "General Course on Principles of International Law", *Hague Recueil*, Vol. 121 (1967 II), p. 442.

old〉에 의해 좌우되는 것은 바람직하지 않다고 지적한다.[88] 또한 입법조약이라 할지라도 계약적 성격을 가지고 있기 때문에 보편적인 또는 일반적인 법이라고 할 수 있는 다자조약은 거의 없으며, 오히려 신생독립국이 승계한 대부분의 다자조약은 인도적, 기술적, 행정적 성격의 조약으로서, 이러한 다자조약은 독립 즉시 이 국가들의 국제관계에서 〈필요한 유동자산necessary working capital〉이기 때문에 승계된 것이라고 한다. 따라서 다자조약의 승계는 기본적으로 정치적인 결정에 의해 이뤄지는 것으로서 신생독립국들은 필요한 조약을 〈취사선택pick and choose〉해 승계할 수 있다고 한다.[89] 또한 신생독립국들의 다자조약의 승계 사례를 검토해 볼 때 이러한 승계는 조약이 승계되지 않는다는 〈백지위임의 원칙〉이 수정된 것이 아니라, 단순히 〈자발적인 경개voluntary novation〉에 근거한 승계에 지나지 않는다고 한다.

다자조약의 승계에 관한 다수설은[90] 다자조약의 승계에 관한 국가관행과 수탁국 또는 수탁기구의 관행을 검토해 볼 때 선임국이 신생독립국의 독립 이전에 신생독립국의 영토에 적용해 온 입법적 성격의 다자조약에 대해서는, 신생독립국이 일방적 선언에 의해 다자조약을 승계할 수 있는 권리가 창설된다고 하며, 이와 같은 관행은 관습법화되어 가고 있다고 주장한다.[91] 제마넥Zemanek에 의하면 신생독립국이 입법적 성격의 다자조약을 승계하는 것은 신생독립국의 의무가 아닌 권리이며, 신생독립국이 다자조약을 자동적으로 승계하는 것은 아니라고 한다. 신생독립국은 가급적 최소한으로 독립 이전에 그 영토에 적용되어 오던 법질서를 혼란시키지 않으려 하고, 또한 다자조약에 의해 구체화된 국제법 규칙을 가급적 광범위하게 적용하는

---

88 Ibid., pp. 443~444.
89 Ibid., pp. 444~445.
90 K. Zemanek, F. Krenz, I. Brownlie, O. Udokang 등이 이를 주장한다.
91 Karl Zemanek, "State Succession after Decolonization", *Hague Recueil*, Vol. 116 (1965), p. 232.

것이 국제 공동체의 이익이 된다는 취지에서 다자조약을 중단 없이 계속 적용하려고 이를 승계하는 것이며, 이와 같은 신생독립국의 관행은 다자조약의 승계 권리에 관한 관습법의 형성에 중요한 동기가 되고 있다고 한다.[92] 헨킨Henkin도 신생독립국이 다자조약을 승계할 의무는 없으나, 제한적인 성격의 다자조약을 제외하고는 일반적 다자조약의 경우 타방당사국의 동의 여부와 관계없이, 그리고 조약의 최종조항과 관계없이 조약의 당사국이 될 수 있는 〈일반적인 선택권general right of option〉을 가지고 있음을 인정하며, 신생독립국의 이와 같은 승계의 권리는 신생독립국이 〈조약의 독립된 당사국이 되겠다는 그 자신의 동의를 수탁국에 통보하는 것notify its own consent to be considered as a separate party to the treaty〉이라고 한다.[93]

월독Waldock은 이와 같은 다수설과 신생독립국의 독립 시 국가관행을 검토한 후 1978년 조약의 승계에 관한 비엔나협약 초안 작성 시 신생독립국들이 〈조약의 다른 당사국의 동의 여부와 관계없이〉 그리고 〈그 조약의 가입 조건과 관계없이〉 기존 다자조약의 당사국이 될 수 있는 권리를 가지고 있다고 했다. 그러나 승계국이 다자조약을 승계하기 위해서는 승계국의 독립 이전에 선임국이 그 조약의 적용 등을 통해 그 조약과 승계국의 영토 간에 〈법적 관계legal nexus〉를 확립했어야 한다. 또 승계국은 선임국이 체결했으나 아직 발효되지 않은 다자조약에 참여할 권리를 가지며, 선임국이 제기한 유보를 계속 유지할 수도 있고, 선임국의 유보를 철회할 수도 있도록 했다.[94]

---

92 Ibid., p. 233.
93 Louis Henkin et al., *International Law, Cases & Materials*, 4th ed. (2001), p. 578.
94 Craven, *The Decolonization of International Law* (2007), Oxford, pp. 138~139.

다. 다자조약의 승계에 관한 국제관행

1) 수탁기구의 관행
가) 유엔 사무총장의 관행

다자조약의 수탁자로서의 유엔 사무총장의 관행은 다른 수탁자의 관행에 많은 영향을 미쳐 왔다. 유엔 사무총장은 신생독립국이 독립 후에 독립 이전에 그 영토에 적용되어 오던 다자조약의 당사국임을 인정하는지 여부를 확인할 때 해당 다자조약의 관계규정에 따라 조치를 취했다. 다자조약의 〈영토적용조항territorial application clauses〉은 조약마다 그 내용이 다른데, 일부 다자조약은 선임국이 국제관계에 책임을 지고 있는 영토에 〈선택적으로 적용optional application of the convention〉하도록 규정하고 있는 반면, 일부 다자조약은 식민지 영토에 대해 조약을 〈선택적으로 적용하지 않도록 optional exclusion of territories from the application of the convention〉 규정하고 있다.[95] 또한 일부 조약은 국내법에 의해 사전에 〈식민지 영토non-metropolitan territories〉의 동의가 필요한 경우를 제외하고는 협약이 〈명백히 de plano〉 식민지 영토에 적용된다고 규정하고 있다. 따라서 유엔 사무총장은 각 다자조약의 영토적용조항에 근거해 신생독립국이 관련 조항에 따라 취해야 할 조치 및 그 조약에 대한 효력에 주의를 환기시킨다.

사무총장이 영토적용조항이 있는 조약의 경우에 관련 신생독립국에 그 조약의 계속 적용 여부를 확인하는 행위는 신생독립국이 조약을 〈경개할 것이라는 추정presumption of novation〉에 근거하며,[96] 사무총장의 관행은 관련 조약의 규정뿐 아니라 동 조약규정에 대한 신생독립국의 해석에도 근거하는 것으로 조약의 승계 여부에 대한 신생독립국의 의사를 존중하려는 것

---

95 ILA Handbook, *The Effect of Independence on Treaties* (1965), p. 170.
96 Udokang, *Succession of New States to International Treaties* (1972), p. 232.

이다. 유엔 사무총장의 관행을 유형별로 분류해 보면,

첫째, 신생독립국이 선임국과 승계협정을 체결한 경우 사무총장은 이 승계협정의 규정에 근거해 신생독립국이 선임국에 의해 독립 이전에 그 영토에 적용되어 온 조약에 구속되는 것으로 이해하고 있으며, 신생독립국이 이를 확인해 줄 것을 요청한다.[97]

둘째, 선임국과 신생독립국 간에 승계협정이 체결되지는 않았으나 문제의 다자조약이 영토적용조항에 따라 독립 이전에 신생독립국의 영토에 적용되어 온 것이 분명한 경우 이러한 조약이 독립 이전에 신생독립국의 영토에 적용되어 온 사실과 다자조약상의 권리와 의무의 승계에 관한 관행에 주의를 환기시키고, 신생독립국이 이와 같은 다자조약에 구속되는지 여부를 확인해 줄 것을 요청한다.[98]

97 Zemanek, supra note 91, p.223. 원문은 다음과 같다.
It is the understanding of the Secretary-General, based on the provisions of the aforementioned agreement, that your Government recognizes itself bound, as from (the date of independence), by all international instruments which have been made applicable to (the new State by its predecessor) and in respect of which the S.-G. acts as depositary. The S.-G. would appreciate it if you would confirm this understanding so that in the exercise of his depositary functions he could notify all interested States accordingly.

98 Ibid., 원문은 다음과 같다.
It will be noted that certain of these instruments had been made applicable to your country, before it attained independence, by the Government of (the predecessor State), which was then responsible for the foreign relations of (the new state). In this connection, I have the honour to call to your attention the practice which has developed regarding the succession of new States to the rights and obligations arising out of multilateral treaties applied in their territory by the States formerly responsible for their foreign relations. Under this practice, the new States generally acknowledge themselves to be bound by such treaties through a formal notification addressed to the Secretary-General by the head of the State or Government or by the Minister for Foreign Affairs. The effect of such notification which the S.-G., in the exercise of his depositary functions, communicates to all interested States, is to consider the new State as a party in its own name to the treaty concerned as of the date of independence, thus preserving the continuity for the application of the treaty in its territory... The S.-G.

셋째, 다자조약에 영토적용조항이 포함되지 않았을 경우 사무총장은 조약의 성격 및 필요한 경우 조약참고자료 *travaux préparatoires*와 관행 등을 검토, 신생독립국이 동 조약에 계속 구속되는지 여부를 확인한다.[99] 영토적용조항이 없는 경우에 신생독립국은 문제의 다자조약이 그 영토에 적용된 적이 없다는 이유로 그 조약에 구속됨을 인정하지 않을 수 있다. 셋째 유형의 조약으로서 사무총장은 1946년 2월 채택된 〈유엔의 특권과 면제에 관한 협약〉과 1947년 11월에 채택된 〈전문기구의 특권과 면제에 관한 협약〉은 이 협약의 성격상 협약 가입국의 식민지영토에도 적용되는 것으로 간주하고 있다. 사무총장은 1962년 7월 콩고(현 콩고민주공화국 Democratic Republic of Congo) 정부에 공한을 보내 독립 이전에 벨기에가 콩고에 적용해 온 이 협약에 대한 콩고 정부의 입장을 확인했다.[100] 이에 대해 콩고는 이 협약이 벨기에에 의해 비준되었으나 협약의 어떤 규정에 의해서도 콩고에 적용된 근거가 없다고 하면서 협약의 승계를 거부했다.

사무총장은 승계국으로부터 승계의 통보를 접수했을 때 해당 승계국을 관련 다자조약의 당사국으로 등재한다. 일반적으로 조약상의 권리와 의무의 설정은 다른 당사국들로부터 반대가 없으면 승계국이 사무총장에게 다자조약의 승계를 통보한 순간부터 발효한다. 유엔의 관행은 승계국이 선임국이 선언한 유보를 계속 유지하거나, 또는 새롭게 유보를 선언할 수도 있고, 선임국의 유보를 철회할 수도 있음을 인정하고 있다.[101]

would be grateful if you would notify him of the position of your Government in regard to the treaties enumerated in the list referred to above, so that he may inform all interested States accordingly.

99 Udokang, *supra note* 96, p. 233; *ILA Handbook*, *supra note* 95, pp. 170~171.
100 Udokang, *Ibid.*, pp. 233~234.
101 Yolanda Gamarra, "Current Questions of State Succession Relating to Multilateral Treaties", in Koskenniemi et al. (ed.), *State Succession: Codification Tested Against the Facts* (2000), Martinus Nijhoff, pp. 392~393.

나) ILO의 관행

국제노동기구International Labour Organization(ILO)는 신생독립국이 국제노동협약International Labour Conventions을 승계하도록 하는 일관된 관행을 견지해 왔다. 신생독립국이 ILO에 가입하려 할 경우 ILO는 신생독립국의 독립 이전에 그 영토에 적용되어 온 국제노동협약이 있으면 그 노동협약상의 의무를 계속 이행하겠다는 신생독립국의 선언을 요구한다.[102] ILO는 ILO헌장에 규정된 바와 같이 〈사회정의social justice〉의 구현을 그 목적으로 하며, 신생독립국의 생성으로 그 영토에 적용되어 온 국제노동협약의 적용이 정지되는 것은 인권의 개념에 유익하지 않다고 간주한다.[103] 국제노동협약의 승계 문제는 1937년 미얀마(버마)가 인도에서 분리되었을 때 처음으로 제기되었다. 미얀마는 당시 ILO헌장 제35조에 규정된 〈식민지영토 non-metropolitan territory〉는 아니었으나, 인도로부터 분리된 후 1947년 독립 시까지 영국의 해외영토로서의 지위를 가지고 있었다. 1948년 4월 미얀마 외무장관은 ILO에 발송한 공한에서 1937년 4월 이전에 인도가 비준한 국제노동협약에 따른 의무는 동 협약의 규정에 따라 미얀마에 계속 적용됨을 선언했다. 또한 제2차 세계대전 이후 독립한 신생독립국들도 대부분 ILO 가입 시 국제노동협약을 승계했다. 국제노동협약은 사회정의의 구현을 위한 국제적인 행위규범으로서 인도적 성격을 가지고 있기 때문에 신생독립국들은 동 협약의 승계에 우호적인 태도를 견지해 왔고, 아프리카 지역 국가들은 1960년 12월 나이지리아의 라고스Lagos에서 개최된 제1차 ILO 아프리카지역회의에서 협약의 승계를 권고하는 결의를 채택했다.[104] 그

---

102 *ILA Handbook, supra note* 95, pp. 234~235.
103 Udokang, *supra note* 96, p. 246.
104 *Ibid.*, p. 250; O'Connell, *supra note* 83, p. 139. 결의문 내용은 다음과 같다.
 At the first regional conference of the I. L. O. in Africa in December 1960 it was resolved to draw the attention 〈de tous les pays et territoires africains qui, à l'avenir, adhéreront a l'O. I.

러나 이 같은 ILO의 관행을 모든 신생독립국들이 완전히 수락한 것은 아니며, 우간다와 말라위의 경우에는 ILO의 〈협약 및 권고 적용에 관한 전문가위원회Committee of Experts on the Application of Conventions and Recommendations〉의 승계 권고를 받은 후에 이를 수락한 바 있고, 또 일부 국가는 선별적으로 국제노동협약의 승계를 수락하기도 했다. 따라서 국제노동협약의 승계도 관습법화 되었다고 보기는 어려우며, 일부 신생독립국의 경우에는 국제사회의 승인을 받기 위한 방안으로서 국제노동협약을 승계하는 경우도 있는 것으로 보인다.[105]

다) IMF 및 IBRD의 관행

국제통화기금International Monetary Fund(IMF) 및 국제부흥개발은행International Bank for Reconstruction and Development(IBRD)에서의 국가승계는 동 기구의 회원국 지위 승계문제와 밀접하게 관련되어 있기 때문에 신생독립국의 독립으로 인한 승계가 배제된 것으로 보인다.[106] IMF의 회원국 지위는 이 기구에서의 투표권voting rights, 쿼터 및 대출권quota and borrowing rights과 긴밀히 관련되어 있으며,[107] 국가승계가 발생하는 경우에 IMF는 이에 대한 유엔의 관행에 따른다. 1947년 인도와 파키스탄이 분리되었을 때 IMF는 인도와 파키스탄의 IMF에 대한 승계협정을 각 회원국에 회람, 인도의 유엔 회원국 지위에 관한 유엔의 결정에 유의해 인도를 IMF의 원회원국으로 승인할 것을 권고했다. 파키스탄의 경우에는 IMF 규

T., sur l'importance de continuer à appliquer, comme point de départ pour leur politique future de développement social et économique, les conventions déjà déclarées applicables〉.

105 Udokang, *Ibid.*, p. 251.
106 *ILA Handbook*, *supra note* 95, p. 230.
107 Hans Aufricht, "State Succession under the Law and Practice of the IMF", 11 *ICLQ* (1962), p. 168.

정에 따라 새로 IMF에 가입해야 했으며, 쿼터에 대해서는 인도의 경우에는 기존 쿼터가 그대로 인정되고, 파키스탄의 경우에는 IMF 이사회가 새로운 쿼터를 결정했다.[108] 1958년 각각 IMF의 회원국이었던 이집트와 시리아의 합병에 의해 통일아랍공화국이 생성되었을 때 IMF는 단일국가 형성에 따라 투표권을 조정하게 되었는데, 새로운 투표권은 이집트와 시리아의 기존 투표권의 합산 방식이 아닌 IMF의 협정에 따른 새로운 방식으로 결정되었다. IBRD는 IMF와 긴밀히 협력하고 있는 국제기구로서 회원국 자격도 IMF 회원국에 국한되며, IMF의 관행을 따르고 있다. 따라서 국가승계의 경우에 차관협정loan agreement의 이행 문제는 IMF 이사회의 회원국 지위 결의membership resolution에 따라 결정된다.[109]

라) 기타 국제기구의 관행

세계보건기구World Health Organization(WHO)는 1951년 채택되어 수차 개정된 〈국제위생규정International Sanitary Regulations〉 등 보건관계 다자조약의 수탁기구이다. 국가승계의 경우 WHO는 신생독립국이 독립한 이후에 보건관계 다자조약의 계속성을 명시적으로 부인하지 않는 한, 그 조약을 신생독립국에 계속 적용하며, 신생독립국에 대해 조약의 계속성 인정을 공식적으로 요청하지도 않는다.[110] 이와 같은 WHO의 태도에도 불구하고 신생독립국들이 보건 관계 다자조약을 승계해 온 사실은 동 조약들이 인류의 보건 증진이라는 인도적 성격을 가지고 있음에 근거한다고 볼 수 있다.

〈관세 및 무역에 관한 일반협정General Agreement on Tariffs and Trade(GATT)〉은 국제무역에 관한 다자조약으로서 국제기구로서의 성격

---

108 Udokang, *supra note* 96, p. 253.
109 *Ibid.*, p. 254.
110 Zemanek, supra note 91, p. 224; Udokang, *supra note* 96, pp. 268~270.

을 가지지 못하다가 결국 1995년 1월 1일부터 출범한 세계무역기구World Trade Organization(WTO)에 의해 대체되었고, 1995년 12월 31일부로 발전적으로 해체되었다. GATT의 경우에는 이 협정 제XXVI조 제5항(C)에서 체약당사국이 관할하는 〈관세영역customs territories〉이 대외통상 관계에서 완전한 자치권을 취득하는 경우 관세영역은 책임을 지는 체약당사국의 보증하에 GATT의 당사국이 될 수 있다는 국가승계에 관한 특별 규정을 두고 있었으며,[111] 이 조항에 따라 카메룬 등 26개국이 GATT의 당사국이 되었다.[112] GATT는 1960년 11월 이 규정을 대체해 신생독립국의 GATT 가입을 용이하게 하는 권고를 채택했다. 즉, GATT는 체약당사국에 의해 신생독립국의 독립 이전에 신생독립국 영토에 적용되어 온 GATT 협정을 신생독립국과 기존 체약당사국 사이에 상호주의에 따라 신생독립국의 독립일로부터 2년 동안(또는 당사국이 요청할 경우 3년 동안) 사실상 *de facto* 계속 적용할 수 있다는 권고를 채택했으며, 동 권고는 알제리, 말리, 부룬디, 르완다, 레오폴드빌 콩고(현 콩고민주공화국)에 적용되었다.[113] 이와 같은 신생독립국에 대한 단순화된 가입형식은 회원국 가입 교섭의 장기화를 예방하고, GATT에 의해 창설된 법 체제의 계속성을 최대한 확보하려는 의도에서 비롯된 것으로서 국제통상 관계의 안정을 위해 바람직하다고 평가된다.

---

111 Tatsuro Kunugi, "State Succession in the Framework of GATT", *AJIL* Vol. 59 (1965), p. 270. 원문은 다음과 같다.
　If any of the customs territories, in respect of which a Contracting Party has accepted this Agreement, possesses or acquires full autonomy in the conduct of its external commercial relations and of the other matters provided for in this Agreement, such territory shall, upon sponsorship through a declaration by the responsible Contracting Party establishing the above-mentioned fact, be deemed to be a Contracting Party.
112 *ILA Handbook, supra note* 95, p. 237.
113 *Ibid.*, p. 238.

2) 수탁국의 관행

네덜란드는 1899년과 1907년의 〈국제분쟁의 평화적 해결에 관한 헤이그 협약〉의 수탁국으로서 1959년 헤이그 소재 상설중재재판소 행정위원회의 요청에 의해 그때까지 상설중재재판소의 활동에 참여하지 않고 있던 유엔 회원국들로서 과거 동 협약을 비준하거나 가입했던 국가의 일부를 이루었던 국가들에게 이 협약의 당사국인지 여부를 확인해 줄 것을 요청했다.[114]

미국이나 스위스는 수탁국으로서의 권한 행사 시 신생독립국의 입장을 적극적으로 확인하지 않고 신생독립국으로부터의 통보notifications를 기다리는 편이다. 스위스의 경우에는 신생독립국이 반대의 선언을 하지 않는 한 신생독립국이 〈전시 상병자의 처리 등을 위한 제네바협약〉을 승계한다고 간주했다.[115]

프랑스는 수탁국으로서 국제사회의 의견에 따르며, 정치적 언급을 자제한다. 프랑스는 신생독립국의 입장에 대해 적극적으로 문의하지 않으나, 신생독립국이 분명히 조약상 의무를 이행하는 경우 별도의 형식 없이 그 국가를 승계국으로 등재한다. 영국도 프랑스와 마찬가지로 신생독립국의 입장을 문의하지 않으며, 수탁국이 그 입장을 문의하는 것이 바람직하지 않다는 견해를 취하고 있다.[116]

신생독립국이 수탁국 또는 수탁기구에 대해 어떤 다자조약에 구속된다고 통보를 하는 경우 신생독립국은 그 통보일로부터 다자조약의 당사국이 되고, 수탁국에 의해 당사국으로 등록되며, 수탁국은 이러한 사실을 다른 당사국에 통보한다. 그러나 신생독립국이 다자조약을 승계하는 경우의 효력 발생일과 관련해 수탁국으로서의 미국의 관행은 다소 특이하다. 미국은 신

---

114 Zemanek, supra note 91, p. 224.
115 Ibid.
116 Gamarra, supra note 101, pp. 394~396.

생독립국이 승계를 통보한 날로부터 다자조약의 당사국이 되는 것이 아니라 선임국이 그 다자조약을 비준한 날로부터 신생독립국이 당사국이 된 것으로 등록하고 있다. 선임국이 체결한 다자조약은 신생독립국의 독립 이전부터 그 영토에 적용되어 왔지만 그 조약의 적용은 신생독립국이 당사국이었기 때문이 아니라, 선임국이 당사국이었고 또한 선임국이 그 다자조약을 식민지 영토에 적용해 왔다는 사실에 따른 것이기에, 미국의 조치는 승계의 개념을 잘못 해석한 것으로 보인다.

3) 신생독립국의 관행

제2차 세계대전 이후 독립한 많은 신생독립국들이 독립 이전에 그 영토에 적용되어 오던 다자조약을 일관되게 승계해 온 것은 아니다. 일부 신생독립국들은 모든 다자조약을 승계한 반면, 다른 신생독립국들은 다자조약을 선택적으로 승계했다. 모든 다자조약을 승계한 신생독립국들은 선임국과 체결한 승계협정에 따른 경우가 대부분이며, 승계협정을 체결한 신생독립국 중에서 다자조약의 승계를 거부한 국가는 없는 것 같다.[117] 승계협정을 체결하지 않고 다자조약을 승계한 국가로는 통일아랍공화국, 소말리아공화국, 탕가니카(탄자니아) 등이 있다. 선임국이 체결한 다자조약 중 일부만 선택적으로 승계해 온 국가들의 경우에도 여러 가지 유형이 있다. 일부 국가는 문제의 다자조약이 그 영토에 적용되었는지 여부를 확인할 때까지 유보적 입장을 견지한 반면, 다른 나라들은 이 문제에 관해 침묵을 지키기도 했고, 그중 일부 국가는 추후 다자조약의 승계를 인정하기도 했다. 탕가니카 등 동아프리카 국가들이 행한 일방적 선언으로 신생독립국이 조약의 검토를 위한 잠정기간 동안 승계선언을 하지 않은 경우에 수탁국은 그 다자조약이 신생독립국들에게 적용되지 않는다고 추정할 수 있다. 실제로 탕가니카의

---

117 Zemanek, supra note 91, p. 225.

경우 대부분의 다자조약을 승계하지 않았으나, 1962년 유엔 사무총장에게 보낸 공한에서 탕가니카는 전에 탕가니카에 적용되어 왔으며, 〈가입을 위해 개방된open for accession〉 조약에 새로 가입한다고 통보했다.[118] 또한 미국, 스위스 등 일부 수탁국들은 신생독립국들이 승계의 선언 대신에 〈가입서 instruments of accession〉를 기탁하도록 해왔다. 다자조약에의 가입은 동 다자조약이 가입을 위해 개방되었을 때만 가능하나, 승계는 그 조약의 가입 조건에 관계없이, 그리고 관계당사국의 동의 여부와 관계없이 이루어질 수 있다는 데 차이가 있다. 물론 신생독립국들은 독립과 주권회복 등을 이유로 승계 방식을 따르지 않고 가입 방식을 통해 다자조약에 가입할 수 있으며, 실제로 많은 신생독립국들이 승계와 가입 방식을 병용해 선임국이 체결한 조약을 승계 또는 가입했기에 다자조약의 승계에 대한 일관된 관행을 찾기가 쉽지 않았다.

이와 같이 대부분의 신생독립국들은 다자조약 또는 입법조약의 자동적 승계에 대해 일관되지 않은 관행을 보여 왔으나, 다자조약의 내용에 따라 아편, 마약, 도로교통, 노예제도, 음란간행물 규제, 유엔의 특권면제협약 등 인도적, 사회적, 기능적 다자조약은 대개 승계해 왔다.[119]

4) 인권관련 조약의 자동적 승계 문제

신생독립국 또는 기존 국가 간의 결합, 분리, 분열 등에 의해 형성된 신국가들이 선임국이 적용해 온 다자조약을 자동적으로 승계하지 않는다는 이론 및 관행에 대해 일부 학자들은 1990년대 이후 인권 관련 조약이나 국제인도법과 같이 일반적으로 승인된 국제법 규칙을 반영하는 다자조약은 그 승계국 국민에게 부여된 기득권과 같은 개념이기 때문에 자동적으로 승계

---

118 Ibid., p. 226.
119 O'Connell, supra note 83, p. 133.

국에 승계된다고 주장해 왔다. 인권관계조약의 자동승계론은 특히 유고슬라비아(유고연방)의 분열에 따른 승계국들 간의 관계에서 제기되었고, 〈시민적·정치적 권리에 관한 국제규약〉 관련 인권위원회Human Rights Committee도 이러한 견해를 취한 바 있으나, 법이론 또는 관습법으로 확립된 원칙이라고 할 수는 없다. 신생독립국 또는 신국가는 인권 관련 조약의 조항이 관습법이 되었을 때 그 조항에 구속되나, 이 경우에도 관습법에 의해 구속된다고 보는 것이 다수설이다.[120] 국제사법재판소ICJ도 1996년 〈보스니아에서의 제노사이드 협약 사건〉 관할권 예심에서 신유고연방(세르비아-몬테네그로)이 유고슬라비아가 당사국이었던 제노사이드 협약에 구속될 의사를 선언했기 때문에 제노사이드 협약의 당사국이라고 판결하면서, 이 협약의 자동승계를 인정하지 않았다. 그러나 승계국이 인권 관련 협약을 승계하거나 또는 가입할 경우에 수탁국이나 국제기구는 인권의 보호라는 국제사회의 법적 안정성을 확보하기 위해 필요할 경우 승계 또는 가입의 소급효력을 인정해 왔다.

라. 결론

다자조약의 승계에 관한 학설과 수탁국 및 수탁기구 등의 관행, 그리고 신생독립국의 관행 등을 검토해 볼 때 다자조약이 법의 적용에 의해 신생독립국들에게 승계된다는 소수설은 다자조약의 승계가 관습법화되었다고 볼 수 없기 때문에 적절하지 않으며, 유엔 사무총장도 신생독립국이 다자조약

---

120 Anthony Aust, *Modern Treaty Law and Practice* (2000), Cambridge, p. 308; M. N. Shaw, "State Succession Revisited", 5 *Finn YIL* (1994), pp. 79~84; Menno T. Kamminga, "State Succession in Respect of Human Rights Treaties", 7 *EJIL* (1996), pp. 469~484; Shabtai Rosenne, "Automatic Treaty Succession", in Klabbers et al., (ed.), *Essays on the Law of Treaties* (1998), Martinus Nijhoff, pp. 97~106.

을 승계하기 위해서는 승계협정 또는 계속 적용 선언이 필요하다고 인정하고 있다. 신생독립국은 스스로 다자조약을 승계하겠다는 의사를 표명할 때까지 다자조약을 승계하지 않으며, 〈그 자신의 권리로in its own right〉, 다자조약에 〈가입accession〉하거나, 또는 〈다자조약에 구속됨considers itself to be bound〉을 선언할 수가 있다.[121] 신생독립국은 다자조약을 승계할 어떤 의무도 없으며, 다자조약이 개별 체약당사국의 주관적 권리를 창설하는 것이 아니므로 신생독립국이 일방적 선언에 의해 다자조약을 승계할 수 있는 권리를 가지고 있다는 것이 다수설과 국제관행에 의해 뒷받침되고 있다. 1978년 조약의 국가승계에 관한 비엔나협약은 이와 같은 국제관행을 반영, 신생독립국의 다자조약 승계 의무에 대해 매우 제한적인 견해fairly restrictive view를 채택했으며, 신생독립국이 승계의 통보에 의해 다자조약을 승계할 수 있는 권리를 가지고 있음을 명시했다.[122]

다자조약이 그러나 기존 관습법 원칙을 선언하는 내용의 조약이라면 승계국이나 제3국은 그 조약에 구속되며 이 경우에 조약의 구속력은 조약 자체에서 나오는 것이 아니라 관습법에 따른 것으로 봐야 한다.[123] 또한 일반 국제법 원칙을 선언하는 내용을 포함하고 있는 것으로 인정되는 일부 다자조약도 승계국 및 제3국을 구속하는데, 이러한 다자조약에는 1958년의 〈공해에 관한 협약Convention on the High Seas〉 및 〈대륙붕에 관한 협약 Convention on the Continental Shelf〉의 일부 규정을 예로 들 수 있으며, 승계국은 다른 당사국과 동일하게 그러한 조약에 구속된다고 한다.[124] 신생독립국이 승계의 통보에 의해 다자조약을 승계할 수 있다는 원칙과 관련해

---

121 Krenz, supra note 82, p. 110.
122 Brownlie, *Principles of Public International Law*, 7th ed. (2008), Oxford, pp. 663~664.
123 D. P. O'Connell, *State Succession in Municipal Law and International Law*, Vol. II (1967), pp. 212~213; Udokang, *supra note* 96, p. 404.
124 Brownlie, *supra note* 122, p. 662.

서 다음과 같은 실제적인 문제가 있다.

첫째, 승계의 권리가 어느 정도의 기간 안에 행사되어야 하는가 하는 문제로서 신생독립국은 다자조약이 독립 이전에 자국영토에 적용되었는지 여부를 확인하고, 이에 대한 입장을 정립하기 위한 검토기간이 필요하다.[125] 탕가니카의 경우 일방적 선언으로서 2년의 기한을 설정했으며, 쿠누기Kunugi는 GATT에서의 조약 검토기간에 대한 통계를 검토해 3년의 조약 검토기간이 적당하다고 제시했으나,[126] 이에 관한 법 규칙과 관행의 미확립으로 이 문제는 앞으로 관습법에 의해 해결되어야 할 과제로 남아 있다. 또한 다자조약의 검토기간 동안에 다자조약은 〈정지된suspended〉 것으로 보아야 하며, 〈침묵이 자동적으로 묵인을 의미하는 것은 아니다Silence is not automatically construed to mean acquiescence.〉[127] 1978년 비엔나협약은 신생독립국의 독립과 다자조약의 승계통보 시까지의 법적 불확실성을 제거하기 위해 신생독립국과 다자조약의 다른 당사국이 동의하면 문제의 다자조약을 잠정적으로provisionally 적용할 수 있도록 규정하고 있다(1978년 조약의 승계에 관한 비엔나협약 제27조).

둘째, 선임국이 다자조약의 비준 또는 가입 시 행한 유보reservation에 대한 문제이다. 신생독립국은 선임국이 그 영토에 적용해 온 상태대로 선임국이 당사국인 범위 내에서 다자조약을 승계하는 것이므로 선임국이 행한 유보를 승계할 수 있다.[128] 신생독립국은 또한 그 자신의 권리로서 선임국이 행한 유보를 철회할 수 있으며, 〈1969년 조약법에 관한 비엔나협약〉 제19조에 의해 유보가 배제되지 않는 한 새로운 유보를 할 수도 있다(1978년 조약

---

125 Zemanek, supra note 91, p. 234.
126 Kunugi, supra note 111, pp. 284~285.
127 Emmanuel G. Bello, "Reflections on Succession of States in the Light of the Vienna Convention on Succession of States in Respect of Treaties 1978", 23 *GYIL* (1980), p. 314.
128 D. P. O'Connell, *International Law*, Vol. I (1970), pp. 375~376.

의 승계에 관한 비엔나협약 제20조).

셋째, 선임국이 다자조약을 비준 또는 가입했으나 신생독립국이 독립당시 아직 발효하지 않은 다자조약으로서 조약이 발효되기 위해 일정수의 비준 또는 가입국이 필요한 경우 신생독립국은 승계의 통보로 그 조약의 당사국이 되었으므로 신생독립국도 조약의 발효에 필요한 국가의 숫자에 포함되어야 한다(1978년 조약의 승계에 관한 비엔나협약 제18조 제5항).

제4절 조약의 국가승계에 관한 비엔나협약

1. 협약 채택 배경 및 과정

유엔 국제법위원회UN International Law Commission(ILC)는 1949년 제1차 회의에서 국제법의 성문법전화codification를 위한 주제 중의 하나로 국가 및 정부의 승계를 선정했다. 유엔총회도 1962년 결의 제1686호(XVI)를 채택해 국가 및 정부의 승계를 ILC의 성문법전화 작업의 우선순위 priority list에 포함시키도록 ILC에 권고했다.[129] 이 권고에 따라 ILC는 국가 및 정부의 승계에 관한 소위원회sub-committee를 설립해,[130] 이 소위원회가 이에 관한 주제의 범위, 접근 방법 및 필요한 문서화 방법 등을 연구해 차기 ILC 회의 시 보고하도록 했다. 1963년에 개최된 제15차 회의에서 ILC는 소위원회의 보고서를 토의하고, 국가승계 문제를 우선적으로 검토할 것과 정부승계 문제는 국가승계 문제를 보완하는 데 필요한 범위 내에서만 취급하

---

129 *The Work of the ILC*, 4th ed., United Nations (1988), pp. 66~67.
130 소위원회는 아래 10명의 위원으로 구성되었다. Manfred Lachs(의장), Milan Bartos, Herbert Briggs, Erik Castren, Abdullah El-Erian, Taslim Elias, Chieh Liu, Shabtai Rosenne, Abdul Hakim Tabibi, Grigory Tunkin.

기로 결정했다. ILC 회의에서 여러 위원들은 최근의 많은 신생독립국의 생성에 비추어 국가승계 문제가 신생독립국 및 국제공동체에 중요한 문제이며, 신생독립국의 관심 사항에 대해 특별히 주의를 기울일 필요가 있다는 소위원회의 인식에 동의했다. 위원회는 또한 조약의 승계문제는 조약법과 관계없이 국가승계와 관련해 검토되어야 한다는 소위원회의 권고를 수락했으며, 소위원회가 검토한 대강의 개요, 즉 조약의 승계, 조약 이외의 다른 문제에서 야기되는 권리와 의무의 승계 및 국제기구의 회원국 지위 승계라는 우선순위 및 목차 등을 승인하고, 만프레드 락스Manfred Lachs를 특별보고자special rapporteur로 임명했다.

유엔총회는 총회 제6위원회의 권고에 따라 다시 1963년 11월 결의 제1902호(XVIII)를 채택해 ILC가 국가 및 정부의 승계에 관한 작업을 계속해 나갈 것을 권고했다. 1967년 락스가 특별보고자의 직위에서 사퇴한 후 ILC는 1963년에 소위원회가 작성한 국가승계에 대한 개요에 기초해 국가승계 문제를 3개의 분야로 구분하고, 조약의 국가승계 분야에서 험프리 월독Sir Humphrey Waldock을, 조약 외 문제에서의 국가승계 분야에서 모하멧 베자위Mohammed Bedjaoui를 특별보고자로 임명했으며, 국제기구의 회원국 지위 승계문제는 당분간 그대로 두기로 하고 특별보고자를 임명하지 않았다.[131] 조약의 국가승계에 관한 특별보고자는 1968년부터 1972년까지 매년 제출한 보고서에서 용어의 정의 등 협약의 조항 초안draft articles을 작성했으며, 1972년의 제5차 보고서는 처분적, 지역적 또는 속지적 조약에 적용되는 규칙 등을 포함하고 있었다. ILC는 1972년의 제24차 회의에서 특별보고자의 보고서들을 검토하고, 1971년 12월 3일자 유엔총회 결의 제2780호(XXVI)에 따라 조약의 국가승계에 관한 〈잠정초안provisional draft〉을 채택했으며, 이 초안을 각 회원국에 회람해 이에 관한 각국의 의견observation

---

131 The Work of the ILC, supra note 129, p. 68.

을 청취하도록 결정했다. 1973년 제25차 회의에서 ILC는 월독 대신에 프란시스 발라트Sir Francis Vallat를 새로운 특별보고자로 임명했으며, 1973년 11월 30일자 총회 결의 제3071호(XXVIII)에 따라 각국의 의견 등을 종합해 작성한 발라트의 제1차 보고서를 검토하고, 조항 초안 문안을 채택했다.[132]

ILC는 이에 따라 유엔총회가 각 회원국에게 이 초안에 대한 평가 및 의견을 제출하도록 요청할 것과 〈전권대표회의conference of plenipotentiaries〉를 소집해 초안을 검토하고, 협약을 채택할 것을 총회에 권고했다. 유엔총회는 제6위원회의 권고에 따라 1974년 12월에 결의를 채택, 회원국이 조항 초안, 초안 작성 절차 및 방법 등에 대한 평가 및 의견을 제출하도록 요청하고, 1975년 12월 15일에 다시 결의를 채택해 이 초안을 협약으로 채택하기 위한 〈전권대표회의〉를 1977년에 소집하기로 결정했다. 1976년 11월 총회는 결의 31/18을 채택해 〈조약의 국가승계에 관한 유엔회의United Nations Conference on Succession of States in Respect of Treaties〉를 1977년 4월부터 5월간 비엔나에서 개최하기로 결정했다. 이에 따라 비엔나에서 유엔회의가 개최되었으나 시간관계상 조약의 채택이 어려워지자, 유엔회의는 국가승계에 관한 속개회의를 1978년 7월부터 8월간 비엔나에서 다시 개최하도록 결정했다. 1978년 7월부터 8월까지 100개국의 대표가 참석해 비엔나에서 개최된 속개회의는 1978년 8월 22일에 전문preamble, 50개 조항 및 부속서Annex로 구성된 〈조약의 국가승계에 관한 비엔나협약Vienna Convention on Succession of State in Respect of Treaties〉을 채택했다.[133] 이 협약은 ILC가 채택한 초안을 대부분 그대로 수용했으며, 부속서는 협약 제42조와 관련해 〈조정절차conciliation procedure〉를 규정하고 있다. 이 협

---

132 Sir Ian Sinclair, "Some Reflections on the Vienna Convention on Succession of States in Respect of Treaties", *Essays in Honour of Erik Castren*, Helsinki (1979), p. 156.

133 *The Work of the ILC, supra note* 129, p. 71.

약은 1978년 8월 23일부터 1979년 2월 28일까지 오스트리아 외무부에서, 그 후 1979년 8월 31일까지 유엔본부에서 서명을 위해 개방되었으며, 이 협약은 비준되어야 하고, 모든 국가의 가입을 위해 개방된다. 협약은 15번째의 비준서 또는 가입서가 기탁된 후 30일째 되는 날 발효하도록 되어 있으며, 1996년 10월 7일 마케도니아가 유고슬로비아가 체결한 조약을 승계해 1996년 11월 6일자로 발효되었다.[134]

2. 협약의 주요 쟁점 및 결과

협약 채택회의 시 논란이 되었던 쟁점은 무엇보다도
① 협약의 시간적 적용 범위 temporal application,
② 국경 및 기타 영토체제의 승계 문제와 이 승계와 천연자원에 대한 항구적 주권과의 관계,
③ 분리(국가 일부의 독립)문제,
④ 분쟁해결절차에 관한 규정이었다.[135]

첫째, 협약의 시간적 적용과 관련, 일부 국가들은 과거 선임국이 체결해서 신생독립국들에 적용해 온 불평등조약의 효력 지속에 대한 우려 때문에 일부 조항을 협약 발효 이전부터 발효케 하자고 주장했다. 그러나 〈1969년 조약법에 관한 비엔나협약〉 제28조의 조약효력의 불소급이라는 일반원칙

---

134 United Nations Treaty Collection, http://treaties.un.org. 1978년 비엔나협약은 2012년 1월 현재 22개국이 비준 또는 가입했으며, 소련, 유고슬라비아, 체코슬로바키아가 분리·분열되면서 형성된 신국가들이 이 협약에 새로 가입하거나 협약을 승계했다. 보스니아는 1993년 7월, 크로아티아는 1992년 10월, 슬로베니아는 1992년 7월에 각각 협약을 승계했고, 에스토니아는 1991년 10월, 우크라이나는 1992년 10월에 각각 협약에 새로 가입했다.

135 Matthew Craven, *The Decolonization of International Law* (2007), Oxford, p. 195.

을 존중해 결국 승계국이 그 자체의 승계와 관련해 협약 발효 이전에 협약 적용을 수락하는 선언을 할 수 있도록 하는 예외 규정을 신설했다(제7조 제2, 3항).[136]

둘째, 실질문제에 있어 최대의 쟁점은 국경 및 영토체제의 승계 문제로서 특히, 영토체제의 승계가 인정될 경우 개도국들은 식민지 본국이 체결한 외국 군사기지 설치협정과 천연자원의 이용에 관한 협정이 계속적으로 유효할 수도 있다는 점을 우려했다. ILC에서는 이 문제가 상세히 토의되지 못했으나 ILC는 외국 군사기지 설치가 비무장지대 설치와 관련되지 않는 한 외국 군사기지 설치는 영토체제가 아니라는 인식을 가지고 있었다. 그러나 천연자원에 대한 항구적 주권 원칙은 국제법상 기득권 보호 원칙 및 외국인 소유기업 및 재산의 국유화 또는 수용 시의 보상원칙과 관련 법적 견해가 대립되는 사안이었다. 협약채택회의는 논란 끝에 협약 제13조에 〈이 협약의 어떤 규정도 천연의 부와 자원에 대한 인민과 각국의 항구적 주권을 확인하는 국제법원칙에 영향을 미치지 않는다〉는 문안을 채택했다.[137]

셋째, ILC는 조약의 승계 시 백지위임의 원칙을 적용하는 신생독립국과 조약계속성의 원칙을 적용하는 〈국가의 분리〉를 구분하는 법적 어려움에 처해 있었다. ILC는 이를 개선하기 위해 국가의 분리 시 그 분리 상황이 본질적으로 신생독립국의 생성 시의 상황과 동일한 경우에 그 승계국은 모든 면에서 신생독립국으로 간주된다는 법적 계속성의 예외를 인정하는 최종

---

136 슬로바키아는 체코슬로바키아가 1979년 8월에 서명한 이 협약을 승계해 1995년 4월에 비준했으며, 이 협약 제7조 제2항 및 3항 규정에 따라 이 협약이 발효되기 이전에 발생한 슬로바키아의 국가승계와 관련, 슬로바키아의 선언을 인정하는 국가들에 대해 이 협약을 소급 적용하겠다고 선언했다. 체크공화국은 1999년 7월 비준 시 슬로바키아와 같이 협약을 체코의 국가승계 시까지 소급 적용하겠다고 선언하고 슬로바키아의 소급 적용 선언을 수락했다. *United Nations Treaty Collection*, http://treaties.un.org.

137 Craven, *supra note* 135, p. 197.

초안을 제33조 제3항에 포함시켰다.[138] 이 조항 초안은 자결권 원칙을 탈식민운동의 범주에 포함시키려고 하는 것으로 여러 나라에서 분리·독립 운동을 고취시킬 수 있다는 우려와 탈식민운동의 대의를 저하시킬 수 있다는 우려 때문에 논란 끝에 삭제되었고, 그 결과 식민지 독립에 따른 신생독립국과 식민지가 아닌 국가 또는 영토의 분리에 의한 신국가의 국가승계가 확연히 대치되는 결과를 초래했다.[139]

넷째, 분쟁해결절차와 관련해 ILC는 사전에 이 문제를 충분히 토의하지 못했으나, 협약 채택회의는 실무그룹을 구성해 제41~45조에 규정된 분쟁절차를 제안했고, 이 제안이 그대로 채택되었다.

3. 협약의 주요 내용

가. 협약의 적용 범위

1978년 〈조약의 국가승계에 관한 비엔나협약〉(이하 〈1978년 비엔나협약〉으로 약칭)은 국가승계를 〈한 국가가 다른 국가가 행사하고 있던 영토의 대외관계에 관한 책임을 대체하는 것〉이라고 정의한다(제2조). 이와 같이 주권 또는 조약체결 능력 등 다른 표현보다 국제관계의 책임이라는 중립적 표현을 사용한 것은 신탁통치, 위임통치, 보호국, 속령 등 여러 형태의

---

138 *Ibid.* 원문은 다음과 같다.
Notwithstanding paragraph 1, if a part of the territory of a State separates from it and become a State in circumstances which are essentially of the same character as those existing in the case of a newly independent State, the successor State shall be regarded for purposes of the present articles in all respects as a newly independent State.

139 *Ibid.*, pp. 197~198.

영토의 상황을 객관적으로 모두 포함시키려고 한 것이다.[140] 국가승계는 국가 간의 조약treaties between states에만 적용되며(제1조), 국가와 다른 국제법 주체 사이에 체결된 조약이나, 또는 문서 형태가 아닌 조약의 경우에는 적용되지 않는다(제3조). 따라서 이 협약에 규정되지 않은 사항에 대해서는 협약 전문에서 선언한 바와 같이 관습법 규칙이 계속 적용되어야 한다.[141] 1978년 비엔나협약은 국가승계가 국제법, 특히 유엔헌장에 규정된 원칙에 따라 발생하는 경우에만 적용된다고 규정해(제6조), 국제법상 강행법규jus cogens로서 확립된 무력사용의 금지와 자결권 원칙을 재확인하고 있으며, 군사점령military occupation으로 초래되는 조약의 경우에는 현행 관습법 규칙에 따라 협약이 적용되지 않는다고 규정하고 있다(제40조).[142] 또한 〈1969년 조약법에 관한 비엔나협약〉 제73조에 따라 국가책임으로부터 야기되는, 또한 전쟁의 발발에 의해 야기되는 국가승계의 경우에도 적용되지 않는다(제39조).

1978년 비엔나협약은 원칙적으로 이 협약이 발효된 후에 발생하는 국가승계의 경우에만 적용되나, 당사국들은 협약의 발효와 관련해 이와 다르게 합의할 수 있고, 협약의 발효 이전에 발생한 승계에 대해 이 협약을 적용하기 위해서는 승계국과 이를 수락하는 국가 간의 별도의 선언이 필요하다(제7조). 이와 같이 협약의 소급효를 인정한 것은 신생독립국들의 소급효 주장과 소급효 적용 시 조약의 승계에 관한 분쟁의 발생을 방지하기 위한 타협의 산물이며, 이러한 소급효의 인정은 당사국 간의 합의에 의한 선택적 방법에 의한 것으로, 법의 일반적 규칙이라기보다는 예외에 해당된다.[143]

---

140 P. K. Menon, *The Successon of States in Respect of Treaties, State Property, Archives and Debts*, The Edwin Mellen Press (1991). p. 3.
141 I. A. Shearer, *Starke's International Law*, 11th ed. (1994), p. 294.
142 Bernhardt (ed.), *Encyclopedia*, IV (2000), pp. 642~643.
143 Emmanuel G. Bello, "Reflections on Succession of States in the Light of the Vienna

1978년 비엔나협약은 국제기구의 설립헌장인 조약의 경우에는 국제기구의 회원국 가입에 관한 규칙 및 다른 관련 규정을 손상하지 않는without prejudice to 범위 내에서 설립헌장 및 국제기구에서 채택된 조약에 대해서도 적용된다(제4조). 1978년 비엔나협약은 또한 이 협약의 적용에 의해 어느 조약이 유효한 것으로 간주되지 않는다는 사실만으로 국가가 그 조약과 관계없이 국제법에 따라 부담하는 조약상 의무 이행책임을 손상시키는 것은 아니라고 규정하고 있다(제5조).

나. 조약의 승계에 관한 일반원칙

1) 승계협정 및 일방적 선언의 효력

선임국의 조약상의 권리·의무가 승계국에 승계되도록 하기 위해 선임국과 승계국이 〈승계협정devolution agreement〉을 체결했다는 사실만으로 승계국이 제3국에 대해 조약상의 권리·의무를 승계하는 것은 아니며, 승계협정의 체결에도 불구하고 조약상의 권리·의무의 승계는 1978년 비엔나협약에 의해 규정된다(제8조). 또한 승계국이 〈일방적 선언unilateral declaration〉에 의해 승계 이전에 그 영토에 적용되어 온 조약상 권리·의무의 계속 적용을 선언한다 하더라도 일방적 선언 그 자체만으로 승계국이 조약상의 권리·의무를 승계하는 것은 아니며, 이 경우에도 1978년 비엔나협약의 규정에 따라야 한다(제9조). 이와 같은 승계협정과 일방적 선언에 대한 효력의 제한은 승계국이 이런 방식으로 조약상의 권리와 의무를 승계하는 것이 법적으로 충분한 근거가 없음을 보여 주는 것이다.[144] 즉, 승계협정이나 일방적 선언은 조약의 승계를 위한 의사 표시에 불과하므로 조약의 승

Convention on Succession of States in Respect of Treaties 1978", 23 *GYIL* (1980), p. 305.
144 Bernhardt, *supra note* 142, pp. 643~644.

계를 위해서는 선임국과의 합의뿐만 아니라 조약의 다른 당사국의 동의가 필요하다는 관습법 규칙을 확인하는 것이다.[145] 국가승계의 발생 시 승계국이 당사국이 될 수 있는 권리가 있음을 규정한 조약의 경우에 승계국은 해당 조약의 규정 또는 1978년 비엔나협약의 규정에 따라 승계를 통보할 수 있으며, 승계국이 문서로 승계를 명확하게 통보했을 경우에만 승계국은 승계일자로부터 그 조약의 당사국이 된다(제10조).

2) 국경체제 및 기타 영토체제의 승계

국가승계에 의해 영향을 받지 않으며, 승계국을 자동적으로 구속하는 조약으로서 1978년 비엔나협약은 제11조 및 제12조에 국경조약 및 기타 영토체제에 관한 조약을 규정하고 있다. 제11조는 조약에 의해 획정된 국경 또는 조약에 의해 확립된 국경의 체제와 관련된 권리와 의무는 승계에 의해 영향을 받지 않는다고 규정해 〈국경의 신성함sanctity of frontiers〉에 관한 관습법을 재확인하고 있다. 이는 국경조약의 폐기 또는 탈퇴의 근거로서 〈사정의 근본적 변경〉을 원용할 수 없다는 1969년 〈조약법에 관한 비엔나협약〉 제62조 제2항에 의해서도 확인되었다.[146] 국경의 존중은 국제관계의 균형과 안정을 위해 필수적이며, 신국가가 선임국의 국경을 승계하는 것은 확립된 관습법 규칙이다. 제12조는 기타 영토체제에 관한 것으로 일부 학자들의 반대 의견이 있으나,[147] 영토의 이용 또는 영토의 이용 제한에 관한 권리와 의무로서 조약에 의해 확립되고, 영토에 부속된 것으로 간주되는 권리와 의무는 승계에 의해 영향을 받지 않는다고 규정하고 있다. 이와 같은 영토체제에 관한 권리와 의무로는 비무장지대 설치, 통행권, 항구시설 이용권

---

145 M. N. Shaw, *International Law*, 6th ed. (2008), Oxford, p. 979.
146 *Ibid.*, pp. 968~969.
147 Ian Brownlie, *Principles of Public International Law*, 7th ed. (2008), Oxford, pp. 662~663. 이에 대한 승계를 부인하는 학자는 Brownlie, Castren, Jennings 등이 있다.

및 기타 일반적인 지역권 등을 들 수 있다.[148] 그러나 영토체제에 관한 규정은 외국 군대의 기지foreign military base 설치를 위해 선임국에 부과된 조약상 의무에는 적용되지 않으며(제12조 제3항), 승계국의 영토에 군사기지를 보유하는 국가는 선임국과 체결한 군사기지 설치협정이 승계국을 구속한다고 주장할 수 없다.[149] 1978년 비엔나협약은 신생독립국의 〈자결권right of self-determination〉과 이에 근거해 제3세계 국가들이 주장하는 〈신국제경제질서new international economic order〉를 반영해 제13조에 1978년 비엔나협약의 어느 조항도 천연의 부와 자원에 대한 인민과 국가의 항구적인 주권을 확인하는 국제법원칙에 영향을 미치지 않는다는 〈일반적인 구제조항general saving-clause〉을 두고 있다.[150]

3) 조약국경이동의 원칙

1978년 비엔나협약은 제15조에서 〈조약국경이동의 원칙moving treaty-frontiers rule〉을 규정하고 있다. 즉, 그 자체가 국가는 아닌 영토의 주권이 변동되고, 그 영토의 승계국이 이미 존재하고 있는 국가인 경우에(국가의 결합 또는 신생독립국의 생성 등에는 적용되지 않음), 조약을 그 영토에 대해 적용하는 것이 조약의 목적 및 대상과 양립할 수 없거나 또는 조약 적용의 조건을 급격히 변화시키지 않는 한, 그 영토는 선임국의 조약 체제에서 이탈하여, 자동적으로 승계국의 조약체제로 편입된다. 〈조약국경이동의 원칙〉은 적극적으로는 승계국의 조약이 승계되는 영토에 자동적으로 적용된다는

---

148 Shaw, *supra note* 145, pp. 969~970.
149 Shearer, *supra note* 141, p. 295; L. Henkin et al. *International Law, Cases and Materials*, 4th ed. (2001), West Group, p. 576. 영국은 1941년 미국에게 서인도제도의 영국식민지에 미군 기지를 설치할 수 있도록 허용했으나, 이 식민지가 독립하게 되자 미국은 미군 기지의 장래에 관한 문제는 미국이 신생독립국과 합의해야 할 문제라고 선언했다.
150 Jennings and Watts, *Oppenheim's International Law*, 9th ed. (1992), p. 238.

의미이며, 소극적으로는 선임국의 조약이 승계되는 영토에 자동적으로 적용되지 않는다는 의미를 가진다. 조약국경이동의 원칙은, 1969년 조약법에 관한 비엔나협약 제29조의 조약이 각 체약당사국의 신규 취득영토를 포함한 〈당사국 전체 영토에 적용된다〉는 조약의 영토적 범위와도 일치하는 것이다.[151]

조약국경이동의 원칙은 기존 관습법을 재확인하는 것으로서 정치적 조약에는 적용되지 않으며,[152] 홍콩에 대한 주권의 양도에 관한 1985년의 〈영국-중국 공동선언〉의 부속서도 홍콩의 경우 조약국경이동의 원칙이 적용되지 않도록 규정하고 있다.

다. 신생독립국
1) 백지위임의 원칙

1978년 비엔나협약은 고전적인 국가의 결합, 분리 등의 경우 유효한 관습법과 조약의 계속성을 유지시키려고 하는 〈법적 계속성의 원칙principle of ipso jure continuity〉을 채택했으나,[153] 제2차 세계대전 이후 탈식민운동에 따라 생성된 신생독립국의 경우에는 제3부에서 언급할 〈백지위임의 원칙〉에 따라 많은 특별규정을 두고 있다. 신생독립국이란 국가승계 직전에 그 영토가 〈속령dependent territory〉이었거나, 선임국이 대외관계에 책임을 지고 있던 영토의 승계국을 의미하는데〔제2조 제1항(f)〕, 선임국의 조약의 승계 시 제16조의 〈백지위임의 원칙〉이 적용된다. 신생독립국에 대해 〈백지위임의 원칙〉을 적용하더라도 제11조의 국경 및 국경체제에 관한 권리와 의무 그리고 제12조의 기타 영토체제에 관한 권리와 의무는 신생독립국의 의사

---

151 Menon, *supra note* 140, p. 21.

152 D. P. O'Connell, *State Succession in Municipal Law and International Law*, Vol. II (1967), p. 25.

153 Sinclair, *supra note* 132, p. 174.

와 관계없이 신생독립국에 승계된다. 다만 제12조 제3항의 외국 군대의 기지 설치에 관한 선임국의 의무는 승계되지 않는다.

2) 다자조약의 승계

신생독립국은 독립 이전에 그 영토에 적용되어 온 다자조약과 관련해 수탁국 또는 수탁기구에 승계의 통보notification of succession를 함으로써 그 당사국이 될 수 있다(제17조 제1항). 다만, 신생독립국의 다자조약의 승계 권리는 조약규정 또는 기타 방법으로 그 조약을 신생독립국에 적용하는 것이 조약의 목적 및 대상과 양립할 수 없는 경우, 또는 조약적용의 조건을 급격히 변화시키는 경우에는 인정되지 않는다(제17조 제2항). 또 조약의 성격에 따라 어느 국가의 조약 참여에 대해 다른 당사국 모두의 동의가 필요한 경우 신생독립국이 그 조약에 참여하기 위해서는 먼저 다른 당사국의 동의를 얻어야 한다(제17조 제3항). 이와 같이 신생독립국은 독립 이전에 그 영토에 적용되어 왔던 다자조약을 승계할 의무는 없으나, 승계를 희망할 경우에 1978년 비엔나협약 규정에 따라 승계할 수 있으며, 신생독립국은 다자조약의 당사국이 될 수 있는 〈일반적인 선택권general right of option〉을 가지고 있다.[154] 1978년 비엔나협약은 신생독립국이 국가승계 당시 아직 발효하지 않은 다자조약과, 선임국이 비준·수락을 하기 위해 서명한 조약에 참여할 수 있는 특별규정을 두고 있다(제18조 및 제19조). 또 선임국이 다자조약의 체결과 관련해 제기한 유보에 대해 신생독립국이 이와 반대되는 의사를 표시하지 않는 한 그 유보는 신생독립국에게 그대로 승계되고(제20조 제1항), 신생독립국은 또한 다자조약의 승계통보 시 1969년 조약법에 관한 비엔나협약의 관련 규정에 따라 유보가 배제되지 않는 한 새로운 유보를 할

---

154 Menon, *supra note* 140, pp. 25~26; L. Henkin et al., *International Law, Cases and Materials*, 4th ed. (2001), p. 578.

수도 있다(제20조 제2항). 1978년 비엔나협약은 신생독립국이 조약이 허용하는 경우에 조약의 일부에만 구속된다는 동의를 표시할 수 있으며, 조약의 서로 〈다른 규정differing provisions〉 중에서 선택권을 행사할 수 있도록 하는 특별규정을 두고 있다(제21조).

3) 양자조약의 승계

양자조약은 두 당사국 간의 특별한 관계와 이해에 따라 양국 간의 권리와 의무를 규정하는 것을 그 목적으로 하며, 다자조약이 규범적인 성격인 데 비해 기본적으로 계약적이고 개별적인 조약이다. 따라서 양자조약은 조약의 다른 당사국의 의지, 동의 또는 묵인이 없으면 그 효력을 유지할 수 없다. 1978년 비엔나협약도 이런 법 논리에 따라 독립 당시 신생독립국의 영토에 적용되어 왔던 양자조약에 대해서는 신생독립국과 그 조약의 타방당사국이 조약의 계속 적용에 명시적으로 동의하거나 또는 그 행위에 의해 동의한 것으로 간주되는 경우에 계속 적용된다고 규정하고 있다(제28조). 즉 양자조약의 승계는 신생독립국과 조약의 타방당사국 간에 자발적으로 조약을 〈경개novation〉하려는 명시적 또는 묵시적 동의의 문제라고 보고 있다.[155] 실제로 많은 신생독립국들은 양자조약을 승계할 의무가 없음에도 불구하고, 항공운수, 무역, 기술원조, 조세, 비자면제 및 영사관계 등에 관한 협정을 승계해 왔는데, 국제법위원회ILC는 그러한 승계 사실에 유의하면서, 조약의 계속성이 법적 확신에 의해서라기보다는 〈경개〉 과정을 거쳐 상호 합의에 의해 확보되었다고 결론지었다. 양자조약의 경우에 조약은 원칙적으로 승계 일자로부터 관련당사국 간에 적용된다. 또한 승계 후에 문제의 양자조약이 선임국과 다른 당사국 사이에 종료, 정지되거나 수정된 경우에도 그 사실만으로 그 조약이 신생독립국과 다른 당사국 간에 종료, 정지되거나 수정되지

---

155 Menon, *Ibid.*, pp. 33~34.

않는다(제26조).

라. 국가의 결합 및 분리

1) 국가의 결합

승계 당시 별도의 국제적 법인격을 가지고 있던 2개 또는 2개 이상의 기존 국가가 결합해 1개의 신국가를 형성하는 경우에 승계 당시 그중 1개 국가 또는 어느 국가에 대해 유효한 조약은, 조약의 모든 당사국이 다르게 합의하는 경우, 또는 조약규정, 기타 방법에 의해 그 조약의 신국가에의 적용이 조약의 목적 및 대상과 양립할 수 없는 경우, 또는 조약 적용의 조건을 급격히 변화시키는 경우 이외에는 승계국에 대해 계속 유효하다(제31조 제1항). 그러나 승계국이 그 조약을 승계국 전체영토에 적용한다고 통보하지 않는 한, 또는 양자조약의 경우에 당사국들이 다르게 합의하지 않는 한, 그 조약은 승계 이전에 적용되었던 특정영토에 대해서만 계속 효력이 있다(제31조 제2항). 제31조의 국가의 결합은 신생독립국의 경우와 구분될 뿐만 아니라, 제15조의 국가를 형성하지 못하는 영토가 기존 국가에 이전되어 〈조약국경이동의 원칙〉이 적용되는 경우와도 구분된다. 또한 제31조의 국가승계는 승계국이 국가의 결합 후에 어떤 형태의 내부적 헌법 조직을 가지고 있는가 하는 문제는 전혀 고려하지 않으며, 신국가가 단일국가 또는 연방국가 등 어떤 정부조직을 가지더라도 제31조의 적용에는 아무런 차이가 없다.[156]

이와 같은 국가결합의 사례로는 1958년~1961년간 이집트와 시리아의 결합에 의한 통일아랍공화국UAR의 형성과 1964년의 탕가니카와 잔지바르의 결합에 의한 탄자니아의 형성을 들 수 있으며, 이들 국가들은 국가결합 시 각 구성국가component territories가 체결한 조약은 그 조약이 적용

---

156 Henkin, *supra note* 154, p. 581.

되었던 영토의 범위 내에서 계속 적용되도록 했다.[157] ILC는 1978년 비엔나 협약 초안 작성 시 국가결합의 경우에 그 구성국이 체결한 조약은 승계국에 법적으로 *ipso jure* 계속 적용된다고 결론지었는데, 이는 기존 국가들이 체결한 조약관계의 안정을 유지하려는 필요에 따른 것이다.[158] 1978년 비엔나 협약은 또한 국가결합에 의해 형성된 신국가는 조약의 승계 당시 그 구성국가 중 어느 국가가 체결했으나 아직 발효하지 않은 다자조약을 승계할 수 있으며, 또한 그 구성국가 중 어느 국가가 비준 또는 수락 등을 위해 서명한 조약을 승계할 수 있도록 하는 특별규정을 두고 있다(제32조 및 제33조).

2) 국가의 분리

국가의 영토의 일부가 분리되어 1개 또는 1개 이상의 국가를 형성하는 경우에는 선임국이 계속 존재하는지 여부에 관계없이 승계 당시에 선임국의 전체영토에 대해 유효한 조약은 분리되어 형성된 모든 신국가에 대해 계속 유효하다〔제34조 제1항(a)〕. 그러나 승계 당시 선임국의 일부영토에 대해서만 유효한 조약은 그 일부영토가 분리되어 승계국이 된 경우 그 승계국에 대해서만 계속 유효하다〔제34조 제1항(b)〕. 물론 제34조는 당사국들이 다르게 합의하는 경우 또는 조약규정, 기타 방법에 의해 그 조약을 신국가에 적용하는 것이 조약의 목적 및 대상과 양립할 수 없는 경우 또는 조약적용의 조건을 급격히 변화시키는 경우에는 적용되지 않는다(제34조 제2항).

국가의 분리의 경우에도 다른 경우와 마찬가지로 승계국은 승계 당시 아직 발효하지 않은 조약에 참여할 수 있으며, 또한 선임국이 비준·수락 등을 위해 서명한 조약에 승계국이 참여할 수 있도록 하는 특별규정이 있다(제36조 및 제37조). 그러나 국가의 분리 후에 선임국이 계속 존재하는 경우 선

---

157 Shaw, *supra note* 145, p. 973.
158 Henkin, *supra note* 154, pp. 581~582.

임국이 체결한 조약은, 당사국들이 다르게 합의하는 경우 또는 조약규정, 기타 방법에 의해 그 조약이 분리된 영토에만 적용되는 경우 또는 선임국에 대한 조약의 적용이 조약의 목적 및 대상과 양립할 수 없는 경우 또는 조약 적용의 조건을 급격히 변화시키는 경우 이외에는 선임국이 보유하고 있는 영토remaining territory에 계속 적용된다(제35조).

  순전히 이론적 관점에서는 〈국가의 분열dissolution〉과 〈국가의 일부의 분리separation of part of a state〉를 구분해서 분열의 경우에는 선임국이 소멸하고, 분리의 경우에는 선임국이 계속 존재한다. ILC는 국가의 분열 또는 분리 시 조약의 승계에 관한 국가관행이 일치하지 않는 것을 인정하고 있으나, 그럼에도 불구하고 분열 시 형성되는 각 신국가에 대해 선임국의 조약이 법적으로*ipso jure* 계속 유효하다는 관행이 일관성이 있다고 보고 있다.[159] 1965년 싱가포르가 말레이시아로부터 독립했을 때 싱가포르는 말레이시아의 〈속령dependent territory〉이 아니었기 때문에 신생독립국이라고 할 수 없었으나, 싱가포르는 국가의 분리에 의한 신국가의 형성이 아니라 신생독립국이라고 주장했으며, 이에 따라 선임국인 말레이시아가 체결한 조약상 의무에 구속되기를 거부한 사례가 있다.[160] 실제로 국가의 분열이나 분리가 일어난 사례는 아주 다양하다. 1961년 통일아랍공화국이 분열된 경우나 1960년 말리연방이 분열된 경우처럼 원래의 국가결합 이전의 상태로 환원되는 경우가 있는가 하면, 1919년 오스트리아-헝가리의 분열과 같이 다수의 승계국으로 와해되는 분열도 있다. 문제는 제34조에 규정된 선임국의 조약승계가 국가관행에 의해 보편적으로 일관되게 인정되어 오지 않았기 때문에 향후 국가의 분열 시 제34조가 어떻게 적용될 것인가 하는 데 있다.[161]

---

  159 *Ibid.*, p. 583.
  160 *Ibid.*
  161 Shaw, *supra note* 145, pp. 974~977.

4. 분쟁의 해결

1978년 비엔나협약은 제6부에서 협약의 해석과 적용에 관해 당사국 간에 분쟁이 발생한 경우 분쟁해결을 위해 적용할 방법과 절차를 제41조에서 제45조까지 규정하고 있으며, 이 분쟁해결 조항은 제42조에 따른 〈조정절차conciliation procedure〉를 상세히 규정하는 〈협약에 대한 부속서Annex to the Convention〉에 의해 보완되고 있다.

제41조부터 제43조까지의 조항은 협약의 부속서와 함께 분쟁해결을 위한 3단계의 절차를 규정한다. 첫째 단계로는 제41조에서 분쟁의 발생 시 당사국들은 그 당사국 중 어느 일방 당사국의 요청에 따라 〈협의consultation〉와 〈교섭negotiation〉에 의해 분쟁의 해결을 추구해야 한다.[162] 둘째 단계로서 협약은 제42조에서 협의 및 교섭 요청이 제기된 날로부터 6개월 이내에 협의와 교섭에 의해 분쟁이 해결되지 않는 경우에 분쟁의 일방 당사국은 유엔 사무총장에게 조정 요청을 제출하고, 분쟁의 관계당사국에게 이러한 요청 사실을 통보함으로써 분쟁을 협약의 부속서에 규정된 조정절차에 회부할 수 있으며, 이 조정절차는 강제적mandatory이다.[163] 셋째 단계로서 협약은 제43조에서 국제사법재판소 규약 제36조 제2항의 〈선택조항optional clause〉과 유사한 방식으로 국제사법재판소에 사법적 해결을 위한 관할권을 부여하고 있으며, 국제사법재판소에 회부하지 않는 경우에는 중재에 회부하도록 하고 있다. 제43조에 의한 국제사법재판소의 회부 방식은 현재까지 체결된 다자조약상의 분쟁해결 방법 중 가장 혁신적innovative인 방식으로서, 제41조 및 42조에 규정된 협의 및 교섭, 조정에 의해서도 분쟁이 해결

---

162 Roberto Lavalle, "Dispute Settlement under the Vienna Convention on Succession of States in Respect of Treaties", *AJIL*, Vol. 73 (1979), p. 408.

163 Ibid.

되지 않는 경우에 적용할 수 있다. 사법적 해결 및 중재를 위해서는 당사국이 사전에 수탁기구(유엔)에 대한 통보를 통해 이러한 방식의 수락을 선언해야 하고, 이는 동일한 선언을 한 다른 당사국과의 관계에서만 적용되며, 이 수락선언은 유엔헌장 제102조에 따라 유엔 사무국에 등록된다.[164]

제44조는 제41조 내지 제43조 규정에도 불구하고, 분쟁이 발생할 경우 당사국들이 〈공동의 합의common consent〉에 의해 분쟁을 국제사법재판소 또는 중재 또는 다른 적절한 절차에 회부하도록 규정하고 있다. 그러나 제45조는 1978년 비엔나협약의 분쟁해결 절차는 분쟁 당사국 간에 구속력이 있는, 다른 유효한 조항에 따른 당사국의 권리와 의무에 영향을 미치지 않는다고 규정해 당사국들이 이미 합의한 방법이 있으면 1978년 비엔나협약과는 다른 분쟁해결 방식을 이용할 수 있도록 허용한다. 협약 부속서는 제42조의 〈강제적 조정절차mandatory conciliation procedure〉에 따른 조정관conciliator의 선임, 조정 및 권고 등을 상세히 규정하고 있는데, 이 부속서는 〈1969년 조약법에 관한 비엔나협약〉의 부속서와 동일한 형식과 내용을 가지고 있다.[165]

5. 협약의 의의 및 평가

1978년 비엔나협약은 국가승계에 관한 관습법 규칙의 성문법전화를 시도했으나, 협약에는 관습법의 선언이 아닌 내용이 많이 포함되어 있다. 협약의 많은 규정은 엄격한 의미에서 법의 적용에 의한 승계와 관련이 없으며, 협약은 법의 적용에 의한 권리·의무의 승계와 〈양도assignment〉 또는

---

164 Ibid.
165 Ibid., p. 407.

〈경개novation〉에 의한 권리·의무의 승계를 명확히 구분하지 않고 있다.[166] 1978년 비엔나협약은 또한 신생독립국에 대해서는 고전적 〈백지위임의 원칙〉에 따라 선임국의 조약승계 시 선택의 자유를 부여하면서, 국가의 결합, 분리 등에 따라 형성된 신국가들의 승계의 경우에는 〈법적 계속성의 원칙〉을 규정하는 이원적인 접근방법을 택하고 있다.[167] 협약은 관습법 규칙에 따라 국경조약 및 속지적 또는 처분적 조약이 승계국의 의사와 관계없이 승계됨을 확인했으며, 속지적 또는 처분적 조약이라 할지라도 국가의 주권을 침해하는 내용을 가진 외국 군대의 기지 설치 조약은 승계되지 않도록 했다.

국가승계 분야에서 국제법은 유엔헌장에 규정된 바와 같이 국가의 평등이라는 전제에서 출발해야 하나, 협약은 신생독립국에 대해 특별대우를 함으로써 이들을 보호하고 있다. 1978년 비엔나협약 제3부(제16조 내지 제30조)에 규정된 신생독립국에 대한 특별규정은 엄격히 말한다면 승계의 원칙이 아니라 〈비승계의 원칙rule of non-succession〉이라고 할 수 있으며, 승계의 통보notification of succession 방식에 의한 다자조약의 승계는 권리·의무를 승계하는 승계국 측에서 볼 때 〈합의에 의한 조치consensual measure〉라고 할 수 있기 때문에 법의 적용에 의한 승계원칙은 아니다.[168] 신생독립국에 대한 이러한 특별규정은 제2차 세계대전 이후의 탈식민화 운동에 따른 아시아, 아프리카 대다수 국가의 독립으로 국가승계 문제가 서방국가와 제3세계 국가 사이에 법적, 이념적인 대결의 문제가 된 것에 기인하는 것이며, 신생독립국에 대해 〈특별대우preferential treatment〉를 부여한 것은 국가승계에 관한 콘센서스의 형성 및 일관된 국제관행의 발전을 저해하는 것으로 생각된다. ILC의 협약 초안 작성 및 채택 시 서방국가들은 원

---

166 Shearer, *supra note* 141, pp. 294~295.

167 Hans Treviranus, "Die Konvention der Vereinten Nationen über Staatensukzession bei Vertragen", 39 *ZaöRV* (1979), p. 278.

168 Shearer, *supra note* 141, p. 299.

칙적으로 〈조약의 계속성 원칙〉을 주장하고 있다는 인식과 제3세계 국가들은 이에 반대해 〈백지위임의 원칙〉을 주장하고 있다는 잘못된 선입견이 작용했고, 결국 이러한 상반된 입장은 국가승계에 관한 잘못된 〈통념myth〉과 〈감정emotion〉을 초래해 보다 객관적이고 보편적으로 적용될 수 있는 협약을 채택하지 못하게 했다.[169]

국가의 형성, 분열, 분리, 독립 등의 현상은 각자 특별한 상황하에서 발생하는 정치적인 사건으로서 국가승계의 모든 상황에 적용될 수 있는 일반적인 법의 제정은 가능하지 않다. 또한 국가승계의 문제는 〈입법적으로 개입 legislative intervention〉할 수 있는 문제가 아니라 관습법 규칙에 따라야 할 〈사법적 기능juristic function〉의 문제이기 때문에 성문법전화에 적합한 주제도 아니다.[170] 그럼에도 불구하고 1978년 비엔나협약은 관습법의 〈성문법전화보다는 국제법의 점진적 발전progressive development of international law rather than a codification〉을 추구한 것으로 간주된다.[171] 국가승계 문제는 또한 국가승계라는 〈사정의 근본적 변경rebus sic stantibus〉에 따라 조약의 계속 적용이 가능한가 하는 조약 해석의 문제로서 검토될 수도 있으며, 오코넬은 새로운 상황에 처한 〈조약의 생존가능성viability of treaties〉이라는 조약 해석의 측면에서 보면 협약의 채택은 법의 역사적 발전을 저해하고, 법을 특수한 시대와 특수한 이념적 환경 속으로 〈축약encapsulate〉한 것이라고 비판한다.[172]

1978년 비엔나협약은 원칙적으로 협약의 발효 이후에 발생하는 국가승계의 경우에만 적용되도록 했다. 1996년에 이 협약이 발효됐을 때에는 이

---

169 D. P. O'Connell, "Reflections on the State Succession Convention", 39 *ZaöRV* (1979), pp. 725~726.

170 Ibid., p. 729.

171 Treviranus, supra note 167, p. 278.

172 O'Connell, supra note 169, pp. 738~739.

미 탈식민화 운동에 의한 신생독립국은 더 이상 존재하지 않게 되었고, 앞으로의 국가승계는 주로 기존 국가의 결합 또는 분리, 분열에 의해 생성되는 신국가들을 중심으로 발생할 것이다. 이는 결국 국제사회가 오랜 논란 끝에 채택한 신생독립국에 대한 별도의 특별보호 조항이 그 의미를 상실했음을 의미한다. 결론적으로 1978년 비엔나협약의 이원적인 접근방법 채택은 국가승계 문제를 법적으로 명확하게 규정했다기보다 오히려 〈불안정하고, 일관성이 없는unsettled and full of inconsistencies〉 국가관행을 초래했으며,[173] 그 결과 국가승계 발생 시 당사국들이 관습법 규칙과 관련당사국 간의 조약에 의해 이 문제를 해결하고자 하는 경향이 증대되고 있다.

그러나 1978년 비엔나협약은 국가승계에 관한 방대한 자료를 수집하고 토의하는 과정을 통해 국가승계에 관한 오래된 여러 쟁점을 명확히 했을 뿐만 아니라, 국가승계라는 고전적인 분야에 국제법의 새로운 경향을 포함시킬 수 있었다는 점에서 그 의의를 찾을 수 있다. 협약 채택 당시 일부 ILC 위원들은 국가승계원칙이 현재 확립된 〈강행법규jus cogens〉원칙에 일치되어야 함을 지적했는데,[174] 이는 결국 현대 국제법의 새로운 현상인 〈자결권〉, 〈문화적 유산〉, 〈신국제경제질서〉 등의 개념이 국가승계 분야에서도 합리적으로 조화될 수 있는가 하는 문제이기도 했다.[175] 국제법의 성문법전화 작업을 어느 특정 국제법 분야에서 국가들 간에 대립되는 법적 이해관계에 대한 〈공통분모common denominator〉를 찾는 것이라고 본다면,[176] 1978년 비엔나협약이 국가승계 분야에 대한 공통분모로서 채택되었다는 사실 자체가 국가승계 시 상당한 영향을 미칠 것으로 보인다. 이 협약은 관습법이 아닌 내용이 포함되어 있음에도 불구하고, 일부 국가들은 최소한 국가관행에 의

173 Shearer, *supra note* 141, p. 293.
174 Brownlie, *supra note* 147, p. 666.
175 Bernhardt, *supra note* 142, p. 644.
176 Bello, supra note 143, p. 299.

해 입증된 기존 관습법의 선언으로 인정한다.[177] 이와 관련 미국 국무부 법률 고문은 1980년에 이미 〈미국은 1978년 비엔나협약이 일반적으로 기존 관습법을 선언한 것으로 간주한다〉는 의견을 표명했으며,[178] 1992년 7월 유고슬라비아에 관한 중재위원회도 조약에 관한 국가승계는 1978년 비엔나협약에 의해 규율된다고 확인했다.[179]

신생독립국의 생성에 따른 1950~1960년대의 국가승계 사례 이후 1990년대 들어와 소련, 유고슬라비아, 체코슬로바키아의 분리, 분열에 따른 신국가의 형성 시까지 국가승계 사례가 거의 없었기 때문에 국가승계 문제는 그동안 크게 주목을 받지 못했다. 그러나 기존 국가의 분리, 분열에 의한 신국가의 형성은 국가승계 문제를 새로운 관점에서 조명하게 한 계기가 됐으며, 소련 등 동유럽 국가들의 승계 사례는 지금처럼 끊임없이 변화하는 다원화된 국제관계에서 신국가들이 법적 안정성에 더 큰 중요성을 부여하고, 조약관계의 단절을 회피하고자 하는 경향이 있음을 보여 주고 있다.[180] 특히, 국제인권규약과 같은 보편적 성격의 다자조약은 일반적으로 승계국에 계속 적용되는 것이 바람직하다고 인식되고 있으며, 국제인권규약은 영국이 1997년 7월 1일 중국에 주권을 양도한 홍콩의 경우 홍콩특별행정구에도 계속 유효하다.[181] 그러나 국제사법재판소ICJ가 1996년 이래 〈보스니아에서의 제노사이드 협약 사건〉에서 내린 신유고연방의 국가승계와 관련된 판결과 1997년의 헝가리-슬로바키아 간 〈가브치코보-나기마로스 사건*The Gabcikovo-Nagymaros Project Case*〉 판결 사례를 분석해 볼 때 국가승계법

177 Sinclair, supra note 132, pp. 182~183.
178 Oscar Schachter, "State Succession: The Once and Future Law", *Virginia JIL*, Vol. 33 (1993), p. 257.
179 Opinion No. 9, Conference on Yugoslavia, Arbitration Commission, 92 *ILR*, p. 203.
180 Schachter, supra note 178, p. 259.
181 Shearer, *supra note* 141, p. 295.

은 1978년 비엔나협약의 발효와 동유럽 국가들의 승계 사례에도 불구하고 아직도 불확실하고, 예측가능성이 없으며, 계속해서 생성, 발전되어 나아가는 분야임을 재확인해 주고 있다.

결론적으로 1978년 비엔나협약은 앞으로 국가결합, 분리, 분열 등의 경우의 국가승계에 주로 적용될 것이다. 이와 같은 국가승계 시 승계원칙으로 채택된 〈법적 계속성의 원칙〉은 소련 등 동유럽 국가들의 승계 사례와 상기 국제사법재판소의 판례를 거쳐 점차 발전되어 나갈 것으로 보인다.

제3장

국제기구의 회원국 지위 승계

제1절 서론

승계국이 선임국이 가입한 국제기구의 회원국 지위를 승계할 수 있는지 여부에 대한 국제기구의 회원국 지위의 승계와 국제기구 간의 승계 succession between international organizations는 별도로 구분되어야 한다. 국제기구 간의 승계는 어느 국제기구의 기능, 권리 및 의무를 다른 국제기구가 승계하는 것으로서 주로 〈기능적 대체functional substitution〉에 중점을 두고 있으며, 이러한 승계의 관점에서 검토할 수 있는 것은 국제연합United Nations에 의한 국제연맹League of Nations의 승계, 국제사법재판소 International Court of Justice(ICJ)에 의한 상설국제사법재판소Permanent Court of International Justice(PCIJ)의 승계를 들 수 있다.[1] 그러나 두 개의 국제기구가 일정 기간 공존coexist하여 그 기능을 별도로 행사할 수 있기 때문에 신 국제기구가 기존 국제기구와 유사한 기능을 행사한다는 사실만으로 국제기구 간의 승계가 이루어졌다고 할 수는 없으며, 어느 기존 국제기구

---

[1] 국제기구 간의 승계를 다룬 단행본으로는 Patrick R. Myers, *Succession Between International Organizations* (1993), KPI이 있다.

의 소멸이 바로 신 국제기구에 의한 승계라고 할 수도 없다.[2] 또한 국제기구 간의 승계문제는 국가승계와 유사한 면이 있기는 하지만, 국제기구는 회원국이 설립헌장에 의해 위임한 사항에 대해서만 관할권을 행사하는 기능적인 국제법 주체이므로 국가와 다르며, 따라서 국제기구 간의 승계는 국가승계와 구분되어야 하고, 대부분의 경우에 해당 국제기구 간의 협정에 의해 승계가 이루어진다.[3]

국제기구의 회원국 지위 승계는 국가승계 원칙에 관한 문제라기보다는 국제기구 헌장의 해석에 관한 문제라고 할 수 있으며,[4] 과거 〈관세 및 무역에 관한 일반협정GATT〉과 같이 신생독립국의 회원국 지위 승계를 명시적으로 규정하고 있는 경우를 제외하고는 대부분의 국제기구 설립헌장은 회원국 지위의 승계를 배제하고 있다. 국제기구 설립헌장은 일반적으로 회원국의 투표권 행사, 투표권의 배분, 국제기구 예산에 대한 각 회원국의 분담금 산정 등 회원국의 권리와 의무를 규정하고 있으며, 국제기구의 관할권 행사는 다른 한편으로는 회원국의 주권적 권리를 제한하는 것이라고 볼 수도 있기 때문에 신생독립국의 명시적 동의가 없이는 신생독립국을 구속할 수 없는 것이다.[5] 따라서 국제기구의 회원국 지위는 일반적으로 신생독립국에 승계되지 않으나 그렇다고 하여 국제기구에 의해 형성된 법 체제 또는 다자조약이 신생독립국이 독립함으로써 자동적으로 소멸되는 것은 아니다.[6] 신생독립국은 국제기구에 의해 창설된 〈법 체제legal regime〉 또는 국제기구의 후원하에 체결된 다자조약을 승계할 수 있고, 특히 인도적이고 기술적인 성격의 다자조약을 보편적으로 승계해 왔다. 또한 일반 국제법원칙을 선언

---

2 D. P. O'Connell, *International Law*, Vol. I., pp. 396~399.
3 Hungdah Chiu, "Succession in International Organization", *14 ICLQ* (1965), pp. 83~120.
4 O'Connell, "Independence and Succession to Treaties", *BYIL*, Vol. 39 (1962), p. 135.
5 O. Udokang, *Succession of New States to International Treaties* (1972), p. 278.
6 O'Connell, supra note 4, p. 138.

하거나 또는 〈객관적 법 체제objective legal regime〉를 규정하는 다자조약은 신생독립국의 의사와 관계없이 신생독립국을 구속한다.[7]

국가가 국제기구의 회원국 지위를 계속 유지하기 위해서는 국가의 국제적 법인격이 소멸되어서는 안 된다. 반면에 다른 국가에 의한 영토의 완전한 흡수, 또는 수 개의 신국가로 분열하는 등의 결과로 기존 국가의 법인격이 소멸된다면 국제기구의 회원국으로서의 지위도 상실한다. 국제연맹 시절 그 법인격의 소멸로 국제연맹의 회원국 지위를 상실한 사례로는 에티오피아, 오스트리아, 체코슬로바키아, 알바니아 등의 경우가 있으며,[8] 최근에는 1990년 서독에 의한 동독의 흡수통일에 따라 동독은 국가로서 소멸하고, 유엔 등 국제기구에서의 회원국 지위도 상실했다.

---

7 Udokang, *supra note* 5, pp. 277~278; Ian Brownlie, *Principles of Public International Law*, 7th ed. (2008), p. 662.

8 Udokang, *Ibid.*, pp. 279~282.

제2절 유엔의 관행

유엔은 1947년 인도와 파키스탄이 분열되면서 파키스탄의 유엔 회원국 지위와 관련해 처음으로 신국가의 유엔 회원국 지위 승계문제를 다루게 되었다. 유엔 사무국은 고유의 행정적 기능에 따라 이 문제에 대처했는데 다음과 같은 실질적 문제점이 제기되었다.[9]

첫째, 인도의 분할은 기존 유엔 회원국의 소멸에 해당되는지 여부로서 법적 효과 면에서 볼 때 분열dismemberment인지 또는 단순한 분리secession나 영토 일부의 독립breaking away인지 여부,

둘째, 헌법의 개정, 주권의 양도가 회원국의 지위와 대표성representation에 미치는 영향,

셋째, 신국가인 파키스탄의 지위 문제로서 파키스탄은 유엔 헌장상의 회원국의 권리와 의무를 승계하는지 여부,

이러한 문제에 대한 법률담당 사무차장보 명의의 유엔 사무국의 의견은, 법적으로 인도의 분할partition은 분열dismemberment이 아니라 기존 국

---

9 Oscar Schachter, "The Development of International Law Through the Legal Opinions of the UN Secretariat", *BYIL*, Vol. 25 (1948), pp. 101~102.

가의 일부가 분리되어 신국가가 형성된 것이므로 인도의 국제적 지위는 변함이 없으며, 인도는 유엔 회원국의 권리와 의무를 지닌 국가로서 계속성을 유지한다고 하였으나, 다만 유엔총회에 참석하는 인도 대표는 새로운 신임장credential을 유엔에 제출해야 한다고 했다. 그러나 파키스탄은 유엔의 비회원국인 신국가로서 유엔 회원국이 되려면 유엔헌장 제4조에 따라 새로 가입을 요청해야 한다고 결론지었다.[10] 이와 같은 유엔 사무국의 법적 의견 제시 후에 인도, 파키스탄 양국은 1947년 8월에 〈인도 독립법Indian Independence Order〉이라는 국제적 권리, 의무의 승계에 관한 협정에 합의하였는데, 이 협정은 인도는 모든 국제기구의 회원국 지위를 계속 유지하며, 파키스탄은 가입하고자 하는 국제기구에 가입을 요청하도록 규정했다.[11] 이와 같은 양국 간의 협정 체결에도 불구하고 파키스탄 외무장관은 1947년 8월 15일에 유엔 사무총장에게 전문을 발송하여, 인도와 파키스탄은 자동적으로 유엔 회원국이 되어야 하며, 이와 같은 파키스탄의 입장이 수락되지 않을 경우에는 동 전문이 파키스탄의 가입신청서에 갈음한다고 주장했다.[12] 1947년 8월 18일에 소집된 유엔 안전보장이사회에서 일부 국가들은 인도와 파키스탄의 형성이 국가의 분열dismemberment에 해당된다는 주장을 했으나 결국 사무국의 법적 의견을 수락하여 인도의 회원국 지위를 확인함과 동시에 파키스탄의 가입 승인을 총회에 권고했다. 안보리의 권고에 따라 유엔총회 제1위원회에서 이 문제를 토의할 때 아르헨티나 대표는 인도가 2개의 신국가로 창설된 것은 기존 국가가 소멸되는 사례이기 때문에 그중 1개 국가만이 유엔의 회원국 지위를 승계하는 것은 법적으로 적합하지 않다고 했으나, 제1위원회는 아르헨티나의 반대의견에도 불구하고 안보리의

---

10 Ibid., pp. 102~103; Udokang, *supra note* 5, pp. 284~285.
11 Udokang, *Ibid.*, p. 285.
12 Zemanek, "State Succession after Decolonization", *Hague Recueil*, Vol. 116 (1965), p. 245.

권고를 승인했으며, 동 권고는 총회 본회의에서도 그대로 승인되었다.[13] 그러나 총회는 아르헨티나의 주장에 비추어 추후 회원국 지위 승계문제 발생시 적용할 지침에 대한 검토를 총회 제6위원회(법률위원회)에 의뢰했고, 제6위원회는 이에 따라 다음과 같은 원칙을 채택했다.[14]

1. 유엔 회원국은 단순히 그 나라의 헌법이나 국경이 변경되었다는 이유만으로 유엔 회원국으로서의 지위가 소멸되지 않으며, 법인격체로서의 국가의 소멸에 따라 그 권리와 의무가 소멸되기 위해서는 국가의 소멸 사실이 먼저 입증되어야 한다는 것이 일반적인 법의 원칙이다.
2. 신국가가 창설되었을 경우 신국가는 그 영토 및 인구와 관계없이 또한 신국가가 과거 유엔 회원국의 일부였는지 여부와 관계없이, 유엔헌장 규정에 따라 회원국으로 정식 가입할 때까지 회원국 지위를 주장할 수 없다.
3. 그 이외에는 각각의 경우에 그 주장에 따라 판단되어야 한다.

1960년 6월, 세네갈과 수단이 합병해 형성된 〈말리연방Federation of Mali〉은 정치적 자치를 획득한 후에 유엔 가입을 요청했고, 안전보장이사

---

13 Zemanek, Ibid., p. 246; Schachter, supra note 9, p. 104.
14 Schachter, Ibid. 원문은 다음과 같다.
1. That, as a general rule, it is in conformity with legal principles to presume that a State which is a member of the organization of the UN does not cease to be a Member simply because its Constitution or its frontier have been subjected to change, and that the extinction of the State as a legal personality recognized in the international order must be shown before its rights and obligations can be considered thereby to have ceased to exist.
2. That when a new State is created, whatever may be the territory and the population which it comprises and whether or not they formed part of a State Member of the UN, it cannot under the system of the Charter claim the status of a Member of the UN unless it has been formally admitted as such in conformity with the provisions of the Charter.
3. Beyond that, each case must be judged according to its merits.

회는 1960년 6월 28일자 결의에 의해 말리연방의 회원국 가입 승인을 총회에 권고했다.[15] 그러나 1960년 8월에 세네갈은 말리연방에서 탈퇴해 독립을 선언하고 유엔 회원국 가입을 다시 요청했으며, 말리연방을 구성했던 수단도 1960년 9월에 유엔 사무총장에게 공한을 보내어 수단이 〈말리공화국 Republic of Mali〉이라는 국명을 채택한 사실을 통보하고 유엔 가입을 재요청했다. 1960년 9월에 소집된 안전보장이사회는 세네갈과 수단의 가입 문제를 토의, 말리연방이 2개 국가로 분열됨에 따라 말리연방의 가입 승인을 권고한 1960년 6월 28일자 안보리 결의는 무효가 되었으므로 안보리는 2개 국가의 가입을 위한 별도의 결의를 채택했고, 총회는 이를 승인했다. 이 경우에는 연방의 분열로 초래된 상황과 어느 국가도 연방의 법인격의 계속성을 주장하지 않은 점을 고려한 것으로 보인다.[16]

1958년 2월, 유엔의 원회원국이었던 이집트와 시리아가 합병해 통일아랍공화국United Arab Republic(UAR)이 형성되었을 때에 UAR 외무장관은 유엔 사무총장에게 보낸 공한에서 〈UAR은 유엔헌장에 구속되는《단일회원국a single Member》임을 선언하고, 이집트 또는 시리아가 체결한 조약과 협정은 그 체결 당시 규정된 지역적 범위 내에서 국제법 원칙에 따라 계속 유효함〉을 통보했다.[17] 유엔 사무총장은 이에 따라 1958년 3월에 UAR의 공한을 각 회원국에 회람하고, 유엔 주재 UAR 상주대표로부터 신임장을 접수했으며, 동 신임장의 접수가 사무총장의 권한 내의 행위로서 유엔이 향

---

15 Udokang, *supra note* 5, p. 298.
16 *Ibid.*, p. 300; Zemanek, supra note 12, p. 248.
17 Udokang, *Ibid.*, pp. 287~288. 원문은 다음과 같다.

It is to be noted that the Government of the United Arab Republic declares that the Union is a single Member of the United Nations, bound by the provisions of the Charter, and that all international treaties and agreements concluded by Egypt or Syria with other countries will remain valid within the regional limits prescribed on their conclusion and in accordance with the principles of international law.

후 취할 조치를 손상시키는 것은 아니라고 통보했다. 동일 회의가 개최되었던 유엔 신탁통치이사회Trusteeship Council에서 이사회 의장은 사무총장의 공한을 낭독하고, 동 이사회의 차기 회의 시 필요한 행정적 조치가 취해질 것이라고 했다. 이에 대해 수 개 국가가 주로 의전적 문제에 관한 의견을 제시했으나 이집트 및 시리아를 UAR로 대체하는 행정적 절차에 대한 반대가 없었기 때문에 UAR은 유엔에서 이집트와 시리아를 대체하게 되었다.[18] 이와 같은 UAR의 유엔 회원국 지위 승계는 단순한 행정적 편의에 따라 결정된 것으로서, 새로운 법인격을 지닌 신국가 UAR이 파키스탄의 가입 당시 총회 제6위원회가 작성한 원칙의 적용을 받지 않은 이유는 명확하지 않다.[19] UAR의 형성은

첫째, 2개의 기존 국가가 소멸하고, 1개의 신국가가 수립된 것이라는 견해와,

둘째, 이집트에 의한 시리아의 흡수병합으로서 병합 후 국명을 UAR로 변경했다고 보는 견해가 있으나, 유엔은 두 번째 견해를 선택해 UAR을 신국가로서 취급하지 않았으며 UAR의 유엔 가입 신청도 요구하지 않았다.

그러나 UAR의 헌법 등을 검토해 볼 때 오히려 첫째 견해에 따른 이집트와 시리아의 소멸과 UAR의 형성이라는 국가승계의 사실이 발생했다고 보는 것이 적절하며, 유엔 회원국 지위 승계문제도 별도의 가입 절차에 따라 취급되었어야 했으나,[20] 다른 한편 UAR이 이집트 및 시리아가 결합하기 이전에 체결한 조약관계의 계속성을 보장하고 있었기 때문에, 유엔의 회원국 지위도 자동적으로 승계할 자격이 있다는 견해도 있다.[21] 어떤 견해를 선택

---

18 D. P. O'Connell, *State Succession in Municipal Law and International Law*, Vol. II (1967), p. 193~194.
19 Udokang, *supra note* 5, pp. 292~293.
20 *Ibid.*, pp. 293~294.
21 O'Connell, *supra note* 18, p. 196.

하든 UAR의 유엔 회원국 지위 승계 사례는 특별한 경우로서 취급되어야 하며 법의 적용에 따른 결정이 아니라 정치적인 편의에 의해 취한 결정이라고 생각된다.

시리아는 1961년 9월 혁명에 의해 UAR로부터 분리되어 독립을 회복했다. 시리아는 그 법인격이 이집트에 의해 계속 유지되는 UAR로부터 분리·독립한 것이기 때문에 유엔 회원국 지위와 관련해 파키스탄의 경우와 같이 유엔총회 제6위원회가 채택한 원칙이 적용되었어야 했다. 그러나 시리아는 구 시리아가 유엔의 회원국이었기 때문에 유엔에서는 신국가가 아니라 UAR에 양도된 법인격을 다시 회복하는 것이며, 구 시리아의 유엔 회원국 지위를 회복하는 것이 법적 계속성continuity을 확보할 수 있는 방안이라는 근거에서 유엔이 시리아의 〈회원국지위 회복resumption of membership〉에 유의해take note of 줄 것을 요청했다.[22] 이에 대해 유엔의 회원국들로부터 어떤 반대의견도 제기되지 않았기 때문에 시리아는 유엔 회원국 지위를 회복했다. 그러나 유엔의 이러한 묵인 조치는 시리아가 이집트와 UAR을 형성했던 시기에도 시리아의 유엔 회원국 지위가 계속되어 왔다고 추정하게 할 수 있으며,[23] 이와 같은 회원국 지위 회복 방식은 단순하고 실용적인 장점은 있으나, 법 규칙과 유엔헌장의 요건을 단순히 정치적, 실용적 편의에 종속되게 함으로써 법적 불확실성을 증대시키고, 일관된 관행의 형성을 방해할 수도 있다.

이와 같이 말리연방 및 UAR의 경우 등 일부 예외적인 조치도 있었으나 유엔은 국가승계 문제 발생 시 총회 제6위원회가 수립한 원칙을 일관되게 지켜 왔고, 이와 같은 원칙과 관행은 전문기구의 관행에도 영향을 미쳐 왔으며, 국제기구의 회원국 지위 승계에 관한 최근의 사례도 이러한 유엔의 원

---

22 *Ibid.*, p. 197.
23 Udokang, *supra note* 5, p. 297.

칙과 관행이 일관되게 적용되고 있음을 보여 주고 있다. 1990년 4월에 예멘이 통일되었을 때 예멘 외무장관은 유엔 사무총장 앞 공한으로 통일예멘이 예멘공화국이라는 국호로 유엔에서 단일회원국이 될 것임을 통보했고, 남·북 예멘은 통일 전부터 유엔의 회원국이었기 때문에 유엔은 이를 수락했다.[24] 1990년 10월 독일 통일의 경우에는 서독에 의한 동독의 흡수병합에 해당되기 때문에 동독의 유엔 회원국 지위는 소멸하고, 서독의 유엔 회원국 지위는 통일독일이 계속 유지하며, 통일독일 영토 전체에 적용되었다. 1991년 8월 소련이 붕괴된 후 소련방을 구성했던 각 공화국은 1991년 12월 카자흐스탄의 알마아타Alma Ata에서 개최된 〈독립국가연합Commonwealth of Independent States(CIS)〉 국가원수이사회에서 러시아가 소련을 대체해 유엔 안전보장이사회의 상임이사국 지위를 포함한 유엔 및 다른 국제기구에서 소련의 회원국 지위를 계속 유지할 것을 지지했고, 이에 따라 러시아는 유엔 사무총장에게 유엔에서의 소련의 회원국 지위를 승계하겠다고 통보했다. 러시아의 승계 통보에 대해 다른 회원국들이 이의를 제기하지 않았기 때문에 러시아는 유엔에서 소련의 회원국 지위를 승계하게 되었으며, 구소련 당시부터 이미 유엔의 회원국이었던 우크라이나와 벨라루스를 제외한 다른 CIS 회원국들은 유엔헌장에 따라 신국가로서 새로 유엔에 가입했다.[25] 1992년 유고슬라비아연방(유고연방)이 분열되었을 때 유고연방을 구성했던 슬로베니아, 크로아티아 등 4개국은 모두 새로 유엔에 가입했으며, 세르비아와 몬테네그로로 구성된 신유고연방은 유고연방과 동일한 국가이므로 유고연방의 유엔 회원국 지위를 승계할 것을 주장했으나, 유엔은 유고연방은 분열되어 소멸했기 때문에 신유고연방은 유고연방과 다른 신국가이므

---

24 Matthew Craven, *The Decolonization of International Law* (2007), Oxford, p. 221.
25 Yehuda Z. Blum, "Russia Takes Over the Soviet Union's Seat at the United Nations", 3 *EJIL* (1992), p. 355.

로 유엔헌장에 따라 유엔에 새로 가입해야 한다는 입장을 취했다.[26] 이에 따라 신유고연방은 유엔 총회 등 관련 회의에 참석하는 것이 정지되었으며, 신유고연방의 유엔 회원국 지위는 법적으로 불확실한 상태에 있었다. 신유고연방은 결국 2000년 10월 27일 유고연방의 회원국 지위를 승계한다는 주장을 포기하고, 안보리 결의 777(1992)에 따라 신회원국으로 유엔 가입을 신청했으며, 2000년 11월 1일자로 〈세르비아-몬테네그로〉로서 유엔에 가입했다.[27] 한편 몬테네그로도 2006년 6월에 독립을 선언하자 세르비아는 유엔 사무총장 앞 공한으로 세르비아-몬테네그로 헌법에 따라 세르비아가 세르비아-몬테네그로의 유엔 회원국 지위를 승계하겠다고 했고, 유엔총회는 이를 수락했으며, 몬테네그로는 신회원국으로 유엔에 가입하게 되었다.[28] 유엔 등 국제사회가 세르비아의 유고연방의 계속성 주장을 부인한 것은 유고연방 붕괴 과정에서 발생한 무력충돌 사태에 대해 세르비아가 도덕적, 정치적 책임이 있다는 인식하에 세르비아에게 다른 승계국보다 유리한 지위를 인정할 수 없다는 정치적인 고려도 작용한 것으로 보인다.[29] 1993년 1월 체코슬로바키아의 분열에 따라 형성된 체크공화국 및 슬로바키아의 경우에는 양국 모두 신국가로 인정되어 1993년 1월 19일자로 유엔에 새로 가입했다.[30]

그러나 이러한 국제기구의 회원국 지위 승계에 관한 원칙과 관행은 국제기구의 후원하에 체결되었거나 또는 국제기구의 산하기구에 의해 채택되어 회원국이 비준하도록 되어 있는 다자조약을 신국가가 승계하는 경우 그 조

---

26 Paul R. Williams, "The Treaty Obligations of the Successor States of the Former Soviet Union, Yugoslavia and Czechoslovakia: Do They Continue in Force", *Denver JILP*, Vol. 23 (1994), p. 6.

27 이순천, 「ICJ의 보스니아 Genocide 판결 및 평가」, 『국제법학회논총』 제52권 제2호(2007. 8.), p. 525.

28 Ibid., pp. 532~533.

29 Craven, *supra note* 24, p. 258.

30 Williams, supra note 26, p. 7.

약의 당사국이 되기 위한 요건으로서 관련 국제기구의 회원국이어야 한다는 규정이 없는 한 다자조약의 승계에는 영향을 미치지 않았으며, 국제기구의 후원하에 체결된 다자조약의 승계문제는 다른 다자조약의 승계와 동일하게 취급되어 왔다.[31] 1978년 〈조약의 승계에 관한 비엔나협약〉도 제4조에서 동 협약은 국제기구의 설립헌장인 조약의 경우에는 국제기구의 회원국 가입에 관한 규칙 및 다른 관련 규정을 손상하지 않는 범위 내에서 동 설립헌장 및 국제기구에서 채택된 어떤 조약에도 적용된다고 규정해 이러한 다자조약의 승계문제를 별도로 구분하고 있다.

---

31 Zemanek, supra note 12, p. 247.

제3절 기타 국제기구의 관행

1944년에 창설된 국제통화기금IMF과 국제부흥개발은행IBRD은 유엔과 마찬가지로 여러 차례에 걸쳐 회원국 지위의 승계문제를 다루어야 했다. 1947년 인도와 파키스탄의 분열 시 인도는 분열 전 인도의 회원국 지위를 계속 유지하도록 했으나, 파키스탄은 1950년 7월에 새로 회원국으로 가입했다. 1958년 이집트와 시리아가 통일아랍공화국UAR으로 결합했을 때, UAR은 IMF 및 IBRD에 새로 가입하지 않고 본래 회원국이었던 두 국가의 회원국 지위를 계속 유지했다. 1961년 시리아가 UAR에서 탈퇴했을 때 시리아는 시리아의 동일성이 UAR 존속 기간에도 유지되어 왔으며, UAR의 구성국인 이집트가 시리아의 별개 국가 수립에 반대하지 않는다는 근거로 UAR 형성 이전 본래의 회원국 지위를 유지하도록 허용됐다. 그럼에도 불구하고 시리아는 시리아의 원래 가입일로부터 IMF와 IBRD의 협정조항 articles of agreement 및 의무의 수락을 다시 확인했다.[32] 1990년 남·북 예멘의 통일 시에도 통일 이전에 각각 IBRD의 회원국이었던 두 나라는 별도

---

32 Paul R. Williams, "State Succession and the International Financial Institution: Political Criteria v. Protection of Outstanding Financial Obligations", *ICLQ*, Vol. 43 (1994), p. 790.

의 가입조치 없이 예멘공화국이라는 이름으로 단일회원국 지위를 유지했다.

　IMF 및 IBRD의 관행을 검토해 보면 국가 분할 시 계속성을 유지하는 국가는 회원국 지위를 계속 유지하게 되나 분할하는 국가는 새로 회원국으로 가입해야 했다. 또 국가 분열의 경우에는 승계국들이 모두 선임국의 회원국 지위를 승계하게 했다. IMF는 1992년 12월 유고슬라비아(유고연방) 분열 시 유고연방이 더 이상 존재하지 않으므로 유고연방을 구성한 5개의 승계국이 유고연방의 IMF 내에서의 자산, 부채, 쿼터의 승계국이라고 했으며, IMF의 조건을 충족한 슬로베니아와 크로아티아는 1993년 4월 21일, 보스니아는 1995년 12월 20일에 각각 유고연방을 승계했다. 그러나 신유고연방(세르비아-몬테네그로)의 승계는 거부했는데 결국 신유고연방은 유엔에 가입한 이후인 2000년 12월 20일에 세르비아-몬테네그로로서 유고연방의 회원국 지위를 승계했다. 이와 같이 5개의 승계국이 각각 다른 일자에 유고연방의 지위를 승계했지만 모든 승계국들의 승계 발효일은 1992년 12월 14일로 동일하다. 이후 2006년 6월 세르비아-몬테네그로가 다시 분할되었을 때 세르비아는 세르비아-몬테네그로의 회원국 지위를 계속 유지하게 되었으나, 몬테네그로는 2007년 1월 18일에 새로 IMF에 가입했다.[33]

　IBRD의 경우에는 IMF와 달리 유고연방의 분열을 선언하기 전에 모든 승계국들로부터 유고연방의 자산 할당에 관한 동의를 확보했다는 점에서 차이가 있으며, 세르비아-몬테네그로의 유고연방 회원국 지위 승계도 IMF의 회원국 지위 승계 시까지 보류되었으나,[34] 모든 5개의 승계국은 1993년 2월 25일자로 유고연방의 지위를 승계한 것으로 했다.

　지역기구인 〈아프리카 우편통신연합African Postal and Telecommunication Union〉은 그 설립헌장에 독립으로 인한 승계에 대해 명확히 규정하고 있지

33　IMF List of Members, http://www.imf.org.
34　Williams, supra note 32, pp. 803~804.

는 않으나 회원국지위의 〈상속〉(succession이 아닌 inheritance라는 표현을 사용)에 대해 규정하고 있으며, 이 규정에 따라 카메룬, 콩고(레오폴드빌), 중앙아프리카가 프랑스의 회원국 지위를 상속했다.[35]

〈산업재산권의 보호를 위한 국제연합International Union for the Protection of Industrial Property〉은 1883년 파리협약에 의해 창설되었는데 회원국은 수탁국인 스위스 정부에 대한 서면통보에 의해 동 협약을 회원국의 식민지, 보호국, 위임통치영토에 적용할 수 있도록 되어 있으며, 동 협약의 당사국이 아닌 국가는 협약에 가입할 수 있도록 되어 있다. 동 국제연합은 파리협약 이외에 〈제조상품의 국제등록에 관한 마드리드 약정〉 등 5개 협약을 관리하고 있는데 국가승계 문제에 대해서는 주권의 변동이 발생한 경우에 신국가가 스위스 정부에 공식적으로 협약 또는 협정의 계속적용 통보를 하지 않는 한 그 협약과 협정의 자동적인 계속적용이 추정되지 않는다고 한다.[36]

〈문학·예술작품의 보호에 관한 국제연합International Union for the Protection of Literary and Artistic Works〉은 〈산업재산권의 보호를 위한 국제연합〉과 공동으로 관리되는 기구이나, 동 기구는 〈산업재산권의 보호를 위한 국제연합〉과는 달리 협약 적용의 계속성은 〈경개novation〉 또는 〈가입adherence〉에 의해 이루어지는 것이 아니라 승계에 의해 이루어진다는 견해를 취하고 있다.[37] 동 연합이 관리하는 다자조약은 〈규정적인 조약(regulation treaty 또는 treaty-law)〉으로서 특별한 성격을 가지고 있기 때문에 영토주권의 변동이 그 해당 영토에 대한 협약의 계속적 적용을 종료시킨다는 견해를 부인한다.

---

35 O'Connell, supra note 4, p. 135; Udokang, *supra note* 5, p. 305.
36 Udokang, *Ibid.*, p. 307.
37 *Ibid.*, p. 310.

일부 국제기구 설립헌장은 〈속령dependencies〉에 대한 회원국 지위 또는 〈준회원국 지위associate membership〉를 규정하고 있는데, 회원국 또는 준회원국 지위에 부수되는 권리와 의무의 범위 내에서 속령도 국제적 법인격을 가지게 된다. 속령이 독립해 신생독립국이 수립된 경우 이러한 권리와 의무에 대한 신생독립국의 법인격은 구 속령의 법인격과 동일하므로 국제기구의 회원국 또는 준회원국 지위도 영향을 받지 않는다.[38] 그러나 준회원 자격을 〈속령dependent territories〉에만 부여하도록 제한할 경우에 준회원국이 독립했다고 하여 회원국으로 자동적으로 가입할 수 있도록 규정하고 있는 국제기구 설립헌장은 없으며, 국제기구의 실제 관행도 그렇다. 국제기구가 속령에 대한 준회원국 지위를 인정하고 있는 기본적 목적은 그러한 속령이 독립한 경우에 완전한 회원국으로 질서 있게 전환orderly transition되도록 하기 위한 것이다. 기존의 준회원국이 독립한 후 완전한 회원국이 되기 위해서는 회원국의 가입에 관한 정상적인 절차에 따라 가입이 이루어져야 하며, 신생독립국이 완전한 회원국으로 가입할 때까지 신생독립국은 계속하여 준회원국으로서의 권리를 행사하고, 의무를 부담하게 된다.[39] 이와 같은 준회원국 지위를 인정하고 있는 국제기구로는 유엔식량농업기구FAO, 세계보건기구WHO, 유엔교육과학문화기구UNESCO 등이 있다.

국제전기통신연합ITU은 1865년에 설립되었으며, 1959년에 서명된 국제전기통신협약International Telecommunications Convention에 근거해 운영되고 있는 유엔의 전문기구이다. ITU도 속령에 대한 준회원국 지위를 인정하고 있으나 신생독립국의 회원국 지위 승계문제에 대한 ITU의 공식적인 입장은 준회원국이 독립한 경우에 준회원국은 독립 당시까지 소속되어 있던 영토그룹에 더 이상 소속될 수 없으며, 협약규정에 따라 가입신청서를 새

---

38 Zemanek, supra note 12, p. 250.
39 Udokang, *supra note* 5, p. 318; Zemanek, Ibid., p. 251.

로 *de novo* 제출해야 하고, 신생독립국이 회원국 지위를 자동적으로 승계하는 것은 불가능하다고 한다.[40]

---

40 Udokang, *Ibid.*, pp. 322~323.

제4절 결론

유엔과 기타 국제기구의 관행을 검토해 볼 때 선임국이 가입한 국제기구의 회원국 지위는 원칙적으로 승계국이 승계할 수 없는 〈인적 권리personal right〉이다.[41] 따라서 영토의 일부가 기존 국제기구 회원국으로부터 분리되거나 또는 영토가 분열되어 수 개의 신국가가 형성된 경우에 모든 신국가들은 국제기구가 규정하고 있는 별도의 가입 절차에 따라 국제기구에 가입해야 한다. 다만, 국가결합 또는 연방국가가 분열되어 국가결합 이전 또는 연방을 구성하기 이전의 별도의 독립된 국가로서 법인격을 회복하고, 동 국가들이 국가결합 또는 연방국가 형성 이전에 해당 국제기구의 회원국 지위를 가지고 있었다면 동 국가들은 1961년 UAR의 분열 시 선례와 같이 다시 국제기구의 회원국 지위를 회복할 수 있다.[42]

〈국가결합unions〉의 경우에 회원국 지위 승계문제는 다소 논란이 있으나, 국가결합이 형성되기 이전에 그 구성국가들이 이미 해당 국제기구의 회원국이었다면 신국가는 별도의 새로운 가입 절차 없이 그 국제기구의 단일회원

---

41 Zemanek, supra note 12, p. 253.
42 Jennings and Watts, *Openheim's International Law*, 9th ed., Vol. I (1992), p. 220.

국 지위를 승계할 수 있다고 본다.⁴³ 이에 관한 관행은 1958년의 UAR의 경우와 1964년 탕가니카와 잔지바르가 결합하여 형성된 탄자니아의 유엔 회원국 지위 승계 사례에서 찾을 수 있다. 또한 1990년 4월 예멘의 통일 시 통일예멘은 예멘공화국이라는 국호로 유엔의 단일 회원국이 되었다. 흡수병합의 경우에는 다른 국가 또는 영토를 병합하는 국가의 법인격은 그대로 계속 유지되기 때문에 그 국가의 국제기구의 회원국 지위는 영향을 받지 않으나, 흡수병합되는 국가는 국가로서 소멸하기 때문에 당연히 국제기구의 회원국 지위를 상실한다.⁴⁴ 독일이 통일된 후 동독만이 가입했던 국제기구의 회원국 지위는 동독의 소멸로 종료되었으나, 서독이 당사국이었던 국제기구의 회원국 지위는 통일독일 영토 전체에 적용된다.

정치적으로 중요하지 않은 일부 전문적인 국제기구의 경우에는 회원국 지위의 승계에 관한 계속적이고 일관된 관행을 찾을 수 없는 경우도 있고, 또한 승계문제가 해당 국제기구의 헌장에 규정된 기능과 목적의 해석에 따라 결정될 수 있는 경우도 있으나, GATT협정과 같이 신생독립국의 회원국 지위 승계에 관한 명시적인 규정이 있는 경우에도 신생독립국의 의사가 승계 여부에 중요한 결정요소가 되어 왔으며, 신생독립국이 승계에 관한 선택권right of option을 행사하도록 하고 있다.⁴⁵

---

43 Zemanek, supra note 12, p. 254; Jennings and Watts, *Ibid.*, p. 213.
44 Jennings and Watts, *supra note* 42, p. 213.
45 Udokang, *supra note* 5, pp. 325~326.

제4장
국가승계의 국제실행

제1절 최근의 국제실행 및 ICJ 판결

1. 최근의 국제실행

1978년 〈조약의 승계에 관한 비엔나협약〉이 채택된 이후 국가승계 문제는 국제사회의 큰 관심을 끌지 못했다. 1978년 비엔나협약 채택 당시 신생독립국에 대해 특별대우를 부여한 것이 법에 의한 승계가 아니라 이념과 정치적 논리에 의한 승계라는 인식이 있었고, 또 더 이상 식민지로부터 독립할 신생독립국이 없었다는 것도 국가승계 문제가 관심의 대상이 되지 못했던 주된 이유였다. 이러한 사유로 1978년 비엔나협약은 협약 발효를 위해 다른 협약보다 더 적은 15개 국가의 비준 또는 가입을 필요로 했음에도 불구하고 자칫하면 협약이 발효되지 못할 상황이었다. 그런데 소련의 분리, 유고슬라비아 및 체코슬로바키아의 분열에 의해 형성된 신국가들이 이 협약을 승계하거나, 협약에 가입함으로써 이 협약이 발효하게 되었고,[1] 또 이 국가

---

[1] 2012년 1월 현재 22개 당사국 중 구소련, 유고 등의 승계 또는 가입국은 보스니아, 크로아티아, 체크, 에스토니아, 몬테네그로, 몰도바, 세르비아, 슬로바키아, 슬로베니아, 마케도니아, 우크라이나 등 11개국이며, 전체 당사국의 절반에 해당된다. http://treaties.un.org.

들이 대체로 협약 제34조에 따라 선임국의 조약을 승계해 조약의 계속성을 유지할 수 있었던 것이 국가승계법의 발전에 기여했다고 사료된다. 이와 같은 국가승계법의 발전은 국가승계법이 탈식민화에 따른 신생독립국의 문제에서 이제 기존 국가의 분리, 분열 및 국가의 결합, 통일에 따른 전통적인 국가승계의 문제로 전환되는 계기가 됐다.

또 1997년 영국이 중국에 홍콩에 대한 주권을 양도함으로써 국가승계가 국가 간에만 이루어지는 것이 아니라 조차국(租借國)에서 조대국(租貸國) 간에 이루어지기도 했다. 홍콩의 주권 이양을 위한 영국-중국 공동선언은 홍콩이 1997년부터 2047년까지 50년간 국제법상 지위를 가지는 중국의 홍콩특별행정구SAR로서 존재한다는 속지적 성격의 조약이므로 〈객관적 영토체제〉를 설립하는 조약이라고 할 수 있다. 홍콩에 대한 주권의 양도는 앞으로 비자치지역의 독립 또는 주권회복과 관련해 유용한 선례가 될 것으로 보이며, 중국-대만과의 관계에서도 향후 통일 시 〈일국양제(一國兩制)〉의 선례가 될 수 있을 것이다.

1991년 독일의 통일은 분단국의 통일 사례로서 1978년 비엔나협약 제31조에서 상정하고 있는 국가의 결합과는 차이가 있다. 1990년 남예멘과 북예멘이 예멘공화국으로 통합된 것은 국가결합에 해당되며, 예멘은 1978년 비엔나협약 제31조를 적용했으나, 통일독일의 경우와 같은 분단국의 통일 시에는 1978년 비엔나협약이 아닌 조약법상의 〈사정변경의 원칙〉과, 〈조약국경이동의 원칙〉 및 조약의 승계에 관한 관습법 규칙이 적용됐다.

한편 소련의 분열에 따른 러시아와 기타 독립국가연합CIS 국가들 및 발트 3국의 승계, 유고슬라비아의 분열에 따른 국가승계는 국가승계와 긴밀히 연관된 국가의 동일성 및 계속성의 문제 그리고 국가승인 문제와도 관련된다. 국가가 영토의 완전한 상실, 연방국가의 형성 등에 의해 국가의 법인격이 소멸되는 경우에는 국가승계의 문제가 되나, 영토의 일부 상실, 비헌법적 방법에 의한 정부의 전복, 타국에 의한 전시점령 등의 경우에는 국가의 법인격이 소멸되지 않고 그 국가의 동일성 및 계속성이 유지되므로 국가승계의 문제는 발생하지 않는다. 러시아의 경우에는 소련의 법인격의 계속성이 인정되어 유엔에서의 안보리 상임이사국 지위를 비롯한 회원국 지위를 계속 유지할 수 있었고, 소련이 체결한 조약의 승계문제도 원칙적으로 일어나지 않았다. 그러나 유고슬라비아의 분열 후에 수립된 신유고연방(세르비아-몬테네그로)은 유고슬라비아의 법인격의 계속성을 주장했음에도 불구하고, 유엔을 비롯한 국제사회는 신유고연방의 계속성 주장을 배척했다. 세르비아는 결국 유고슬라비아의 계속성 주장을 철회하고, 다른 승계국들과 같이 2000년 11월 유엔에 신국가로 가입해 앞으로의 법적 불확실성을 해소하게 됐다. 그러나 세르비아의 1991년부터 2000년 기간 동안의 법적 지위는 세르비아의 유엔 가입이 소급되어 적용될 수 없다는 사실로 인해 국제사법재판소ICJ의 〈보스니아에서의 제노사이드 협약 사건〉에서 논란의 대상이 되었다.[2]

체코슬로바키아는 유고슬라비아와는 달리 평화적으로 체코공화국 및 슬로바키아로 분리됐다. 양 승계국 간에 승계협정을 체결했을 뿐만 아니라, 선임국인 체코슬로바키아가 체결한 조약의 승계가 이루어져 1978년 비엔나협약에 규정된 조약의 계속성이 유지될 수 있었던 충실한 사례가 됐다.

에스토니아, 라트비아, 리투아니아 등 발트 3국의 경우에는 1991년 소련으로부터의 분리 당시 소련에서 분리된 신생독립국이 아니라, 1940년 소련에 의해 불법 점령됐던 〈주권과 독립의 회복〉, 즉 소련에 강제 병합되기 전의 국가와 동일성 및 계속성을 주장했으며, 미국, 유럽공동체EC 등 국제사회는 이를 승인했다. 발트 3국은 50년 이상 소멸했다가 국가로서 다시 부활한 독특한 sui generis 사례로서, 국제법이 더 이상 불법적 무력 점령에 의한 현

---

2 M. N. Shaw, *International Law*, 6th ed. (2008), Cambridge, pp. 962~963.

상 변경을 인정하지 않으며, 〈불법행위는 법을 창설할 수 없다ex injuria non oritur jus〉는 법언을 확인한 것이라 볼 수 있다.

이와 관련해 대한민국도 1986년에 대한제국이 1910년 일본에 강제병합되기 전에 체결한 6개의 다자조약 중 당시까지 유효한 3개의 다자조약이 대한민국에 계속 효력이 있음을 확인하는 선언을 행한 바 있다. 이 확인 조치도 대한제국과 대한민국의 법적 동일성 및 계속성 이론에 따른 것으로서 제5장에서 상세하게 설명한다. 대한제국과 발트 3국이 강제병합된 시기와 배경은 다르나, 대한민국이 1986년에 취한 조치와 1991년 발트 3국의 독립회복 시 법적 논리가 거의 동일한 것은 국제법상 국가의 부활과 관련된 중요한 사례가 될 것으로 사료된다.

2. ICJ의 국가승계 관련 판례

국제사법재판소ICJ는 그간 두 번에 걸쳐 국가승계와 관련된 판결을 내렸다. ICJ는 1993년 보스니아-헤르체고비나(이하 〈보스니아〉로 약칭)가 신유고연방(세르비아-몬테네그로)을 상대로 ICJ에 제기한 보스니아에서의 〈제노사이드 예방 및 처벌에 관한 협약〉(이하 〈제노사이드 협약〉으로 약칭)의 적용 문제에 관한 1996년 관할권 확인 예심, 2003년 관할권 확인에 대한 수정 요청에 관한 결정, 2007년 제노사이드 협약 적용에 관한 본안 판결을 통해 세르비아의 유엔 회원국 지위와 다자조약의 승계문제를 다뤄야 했다. ICJ는

첫째, 보스니아가 제노사이드 협약을 승계했는지 여부에 대해 보스니아가 1996년 7월 유엔에 가입한 때부터 협약의 당사국이 될 수 있다고 했다. 또 승계가 독립 일자에 이루어졌는지, 또는 승계의 통보 일자에 이루어졌는

지는 중요하지 않다고 했다.

둘째, 신유고연방이 2000년 11월 유엔에 가입할 때까지 유엔의 회원국이 아니었으며, 따라서 ICJ 규정 당사국, 제노사이드 협약의 당사국이 아니었다는 주장에 대해, ICJ는 1996년 관할권 확인 예심 시 신유고연방의 유엔 회원국 지위 및 ICJ 규정 당사국 지위와 관계없이 신유고연방이 ICJ 소송에 참여할 수 있는 지위에 있었다는 근거에서 관할권을 확인한 기판력 *res judicata*을 재확인했다.

셋째, 세르비아가 신규 회원국으로 유엔에 가입한 후 2001년 3월 제노사이드 협약에 가입한 것과 관련, ICJ는 세르비아가 1996년 관할권 결정 시 이 협약 당사국이었으며, 세르비아는 또한 유고슬라비아의 법인격의 계속성을 주장하고, 모든 조약을 준수할 것임을 선언했기에 1993년 소송 제기 시 이 협약 규정에 기속된다고 판결했다.[3]

ICJ의 상기 판결은 세르비아의 거듭되는 ICJ 관할권 부인 시도에 대해 관할권을 재확인하고, 제노사이드 사건을 재판하려는 정치적 의지를 보여 준 것이나, 그럼에도 불구하고 유고슬라비아 승계국들의 조약승계 문제를 다룸으로써 국가승계에 대해 중요한 판결을 내린 것으로 평가된다.

ICJ는 1997년 9월, 체코슬로바키아가 헝가리와 1977년에 체결한, 다뉴브 강에 댐을 건설하려는 조약에 관한 〈가브치코보-나기마로스 사건 *Gabcikovo-Nagymaros Project Case*〉(이하 〈가브치코보 사건〉으로 약칭)에서 다시 국가승계 문제를 다루어야 했다. 이 조약은 다뉴브 강을 따라 일련의 댐을 건설해 수력발전에 이용하고, 강의 항행을 개선해 범람을 방지하는 공동사업을 추진하려는 것이었다. 체크공화국은 국가승계 시 속지적 조약으로 그 조약상의 권리와 의무가 그 영토주권하에 놓여 있지 않은 경우 그

---

3 이순천, 「ICJ의 보스니아 Genocide 판결 및 평가」, 『국제법학회논총』 제52권 제2호(2007. 8), pp. 527~532.

조약을 승계하지 않는다고 선언했으며, 따라서 이 조약은 다뉴브 강이 흐르는 슬로바키아만 승계하게 됐다.

이 사건에서 헝가리 측 주장의 요지는 양자조약의 경우 자동적 승계는 존재하지 않으며, 슬로바키아가 이 조약을 승계하기 위해서는 헝가리의 동의가 필요하나, 헝가리는 슬로바키아의 승계를 거부했기 때문에 슬로바키아는 이 조약의 당사국이 아니라는 것이었다. 이에 대해 슬로바키아는 1978년 비엔나협약 제34조는 일반 국제법의 규칙으로 국가 분열의 경우 조약계속성의 원칙이 국가관행에 의해서 확인된다고 했다. 또 1977년의 양자조약은 1978년 비엔나협약 제12조가 규정한 객관적 영토체제를 창설하는 처분적 조약이라고 주장했다.

ICJ는 이 사건에서 조약의 승계와 관련 1978년 비엔나협약 제34조에 규정된 승계원칙의 성격이나 그 지위에 대해 검토할 필요는 없으며, 1977년 헝가리-체코슬로바키아 간의 양자조약은 1978년 비엔나협약 제12조가 의미하는 객관적 영토체제를 설립하는 조약으로 간주돼야 하고, 따라서 국가승계에 의해 영향을 받지 않는다고 판결했다.[4] ICJ가 1978년 비엔나협약 제34조의 조약계속성의 원칙보다는 제12조의 기타 영토체제를 적용한 것은 처분적 또는 지역적 조약의 승계가 관습법 규칙을 성문법전화한 것이기에 제34조를 적용하는 것보다 논란의 소지를 줄일 수 있다는 실용적 고려를 한 것으로 보인다. 그와 같은 고려에도 불구하고 ICJ가 아직도 국가의 관행에 의해 입증되지 못하고, 관습법의 성문화라고 보기 어려운 일부 규정이 있는 1978년 비엔나협약을 적용한 것은 앞으로 국가승계법의 발전에 있어 중요하고 의미 있는 사례가 될 것으로 보인다.

탈식민화의 완료에 따라 1978년 비엔나협약 채택 이후 국가승계 문제는

---

4 Jan Klabbers, "Cat on a Hot Tin Roof: The World Court, State Succession, and the Gabcikovo-Nagymaros Case", *Leiden JIL* (1998), pp. 345~355.

더 이상 국제법의 주요 문제가 될 것으로 예상되지 못했으나, 위와 같은 기존 국가의 결합, 통일 그리고 분리, 분열 등으로 국가승계 문제는 새롭게 조명되게 됐다. 국가승계 문제는 국가의 동일성 및 계속성과도 긴밀히 연관되게 됐고, 구소련 및 동유럽 국가들의 승계국들에게 유럽공동체EC가 국가승인을 위한 일련의 조건, 특히 선임국이 체결한 조약상의 권리와 의무의 승계를 제시하고, 이 국가들이 이 요건들을 충족함으로써 국가승계와 직접 관련이 없던 국가승인 문제와도 관계를 설정하게 된 바, 이는 국가승계법의 발전에 기여한 것으로 평가된다.

이 장에서는 위에서 간략히 설명한 바와 같이 홍콩에 대한 주권의 양도, 독일의 통일과 국가승계, 러시아, 발트 3국 및 동유럽 국가들의 국가승계 문제를 분석하고, ICJ의 두 번의 국가승계 판례 내용과 의의를 검토하고자 한다.

제2절 홍콩에 대한 주권의 양도

1. 역사적 배경

국가승계가 발생하는 영토주권의 변동은 국가들 사이에서만 발생하는 것은 아니며, 1997년 7월 1일에 영국이 식민지인 홍콩에 대한 주권을 중국으로 양도한 경우와 같이 조차국(租借國, lessee state)에서 조대국(租貸國, lessor state)으로 영토주권이 변동하기도 한다.[5] 홍콩에 대한 주권의 양도는 특정 영토의 국제관계에 대한 책임의 대체라는 점에서 영토주권 변동에 따른 국가승계를 초래한다. 홍콩은 영국의 식민지에서 그 주권이 중국으로 양도되는 것이나, 식민지로부터의 독립에 따른 〈백지위임의 원칙〉이 적용되지 않을 뿐만 아니라, 영토 일부의 이전에 따른 〈조약국경이동의 원칙〉도 원칙적으로 적용되지 않았다.[6] 홍콩은 영국의 식민지 중 경제적으로 가장 발전되고 민주적으로 통치되었던 식민지였다. 또 아시아의 금융, 경제 중심지로서의 역할을 해왔고, 이에 따라 1997년 7월 주권 양도 시 영국이 체

---

5 I. A. Shearer, *Starke's International Law* (1994), Butterworths, pp. 290~291.
6 Roda Mushkat, "Hong Kong and Succession of Treaties", *ICLQ*, Vol. 46 (1997), p. 192.

결해 홍콩에 확대 적용해 왔거나 홍콩 자체의 권한으로 체결된 200여 개 이상의 조약의 효력을 어떻게 할 것인지 여부가 중요한 문제로 대두되었다. 이와 관련 영·중 양국은 홍콩에 대해 1984년 12월 〈영·중 공동선언Joint Declaration〉을 채택하고 적어도 향후 50년간 홍콩의 자치 및 조약의 계속성을 인정하는 조치를 취하게 된다. 그러나 조약에 대한 국가승계와 관련, 중국은 과거 중국이 영국에 대해 홍콩을 유효하게 할양했다는 인상을 주지 않도록 공동선언에 국가승계라는 용어를 사용하지 않았다.[7] 따라서 국가승계 및 탈식민 과정과 관련해 홍콩에 대한 〈주권의 양도〉는 아주 독특한 사례가 될 것이다.[8]

홍콩은 홍콩 섬과 〈구룡(九龍, Kowloon)〉반도 남단 및 〈신계지(新界地, New Territories)〉로 구성되어 있는데, 홍콩 섬은 1842년 남경조약에 의해, 구룡반도는 1860년 북경협약에 의해 영국에 영구히 할양되었으나, 홍콩 전체 육지 면적의 92퍼센트를 차지하는 신계지는 1898년 제2북경협약Second Convention of Peking에 의해 1898년 7월 1일부터 99년간 영국에 조차되었다.[9] 영국은 1984년까지 이 조약들이 정당하고, 유효하다고 주장해 왔으나, 중국의 역대 정부(국민당 정부 및 공산당 정부)는 상기 3개 조약이 불평등조약이기 때문에 그 조약들은 중국을 구속할 수 없으며, 따라서 전체 홍콩 지역은 제반 여건이 성숙되었을 때에 중국에 반환되어야 한다고 주장해 왔다.[10] 영국은 중국〔당시의 청제국(淸帝國)〕과 체결한 조약에 따라 〈신계

7 Anthony Aust, *Modern Treaty Law and Practice* (2000), Cambridge, pp. 322~323.
8 Robert W. McGee, Danny Kin-Kong Lam, "Hong Kong's Option to Secede", *Harvard ILJ*, Vol. 33 (1992), pp. 427~440. 홍콩에 대한 주권의 양도는 홍콩 주민들이 의사를 표현하거나 자결권을 행사할 수 있는 주민투표가 실시되지 않았기 때문에 영국 및 중국 정부가 홍콩 주민들에게 일방적으로 강요한 〈명백히 부당한*prima facie* illegitimate〉 조치라는 의견이 있다.
9 Ibid., p. 428.
10 Georg Ress, "The Legal Status of Hong Kong After 1997", 46 *ZaöRV* (1986), pp. 652~654. 불평등조약의 효력에 대해서는 국제법상 일반적으로 확립된 원칙이 없다. 평화 시 체결된

지〉 이외에 홍콩 섬이나 구룡반도를 중국에 반환할 의무는 없었으나, 신계지를 제외한 홍콩의 나머지 부분만으로는 홍콩이 현실적으로 존속할 수 없다고 판단해 중국 정부와 홍콩 전체에 대한 주권의 양도 교섭을 해왔고, 그 결과 1984년 12월에 이에 관한 협정 체결에 합의했다.

2. 영·중 공동선언의 법적 성격

홍콩에 대한 주권의 양도에 관한 영-중 협정은 전문 및 8개 조항으로 된 〈공동선언Joint Declaration〉과 3개의 〈부속서Annex〉로 구성되었다. 공동선언은 홍콩에 대한 주권이 중국으로 양도되는 1997년 7월 1일부터 양도 후 50년이 되는 2047년까지 현재의 홍콩에 〈홍콩특별행정구Hong Kong Special Administrative Region〉(이하 〈홍콩 SAR〉로 약칭)를 설치해 세계 3대 금융 및 무역 중심지가 된 홍콩의 사회·경제체제와 생활방식을 적어도 향후 50년간 계속 유지하는 것을 목적으로 한다.[11] 제1부속서는 중국의 홍콩에 대한 2047년까지의 기본정책을 선언하고 있으며, 제2부속서는 〈영·중 공동연락그룹Sino-British Joint Liaison Group〉의 설치에 대해, 그리고 제3부속서는 토지임대차에 대해 규정하고 있는데, 공동선언과 부속서는 동등하게 구속력이 있다equally binding. 공동선언은 1984년 12월 19일, 북경에서 당시 대처Margaret Thatcher 영국 총리와 조자양(趙紫陽) 중국 총리에

조약은 당사자의 교섭능력 및 조약 자체에 의한 혜택과 부담의 평등, 불평등에 따라 구분될 수는 없으며, 조약의 당사국 간에 조약 의무의 〈균형〉 또는 〈평등〉이 있어야 한다는 국제법원칙은 존재하지 않는다. 따라서 조약은 당사국 간의 권리·의무의 불평등 때문에 무효가 되지는 않으며, 〈1969년 조약법에 관한 비엔나협약〉 제52조에 규정된 바와 같이 무력의 위협 또는 무력의 사용 등에 의한 국가에 대한 강박coercion 등으로 실제로 불평등을 초래한 경우에 그 조약은 무효가 된다(1969년 비엔나협약도 〈불평등조약〉이라는 용어를 사용하지 않았다).

11 Ibid., pp. 648~649.

의해 서명됐으며, 양국의 비준 절차를 거쳐 1985년 5월 27일자로 발효했다.[12]

공동선언은 〈선언〉이라는 표현에도 불구하고 〈조약〉의 성격을 가진다. 그러나 이 조약은 당사국들이 서로 다른 일방적 선언으로 타방당사국에 대해 약속을 하는 특별한 형식이다. 공동선언은 제1조에서 홍콩 지역(홍콩섬, 구룡반도 및 신계지)을 회복하는 것은 전체 중국인민의 공통 염원이며, 중국은 1997년 7월 1일부터 홍콩에 대한 〈주권의 행사를 재개resume the exercise of sovereignty〉하기로 결정했다고 규정하고, 제2조에서 영국은 1997년 7월 1일부터 홍콩을 중국에 〈반환restore〉할 것을 선언하고 있다. 홍콩은 공동선언에 의해 식민지로부터 독립하는 신생독립국이 되는 것이 아니라, 영국과 중국이 일종의 할양조약(중국의 입장에서 볼 때는 주권회복조약)의 성격을 가지는 공동선언을 채택함에 따라 홍콩에 대한 주권이 중국으로 양도되는 것이다.[13]

3. 홍콩특별행정구의 법적 지위

중국은 1997년 7월, 홍콩에 대한 주권행사의 재개 시 홍콩 주민으로 구성되는 홍콩특별행정구를 설치하며, 홍콩 SAR의 설립은 중국헌법 제31조 규정에 따른 것으로서,[14] 국가의 단결과 영토보전 및 홍콩의 역사와 현실을 고려한 것이라고 선언하고 있다〔공동선언 제13조 제(1)항〕. 국가의 단결이란 홍콩이라는 특별한 주민이나 국가가 따로 존재하는 것이 아니라, 홍콩인

---

12 Treaty Series No. 26 (1985), Cmnd. 9543.
13 Ress, supra note 10, p. 660.
14 Ibid., p. 661. 중국헌법 제31조는 〈국가는 필요할 경우 특별행정구를 설립할 수 있으며, 특별행정구의 체제는 그 특수한 상황에 비추어 《전국인민대표자회의》가 제정한 법의 적용을 받는다〉고 규정하고 있다.

도 중국인의 일부라는 의미이다. 영토보전은 홍콩 SAR이 별도의 행정, 입법, 사법권을 행사한다는 사실에도 불구하고 홍콩 SAR이 〈국제화된 영토 internationalized territory〉가 아니며, 중국 이외의 다른 나라가 주권이나 영토적 관할권을 행사하는 것이 아니라는 의미를 지니고 있다.[15]

홍콩 SAR은 국제법상 독립적인 실체는 아니나 영국 및 다른 나라들과 상호 호혜적인 경제관계를 수립할 수 있고, 이 국가들의 홍콩에서의 이해는 〈적절히 배려due regard〉된다〔공동선언 제3조 제(9)항〕. 홍콩 SAR은 〈홍콩, 중국Hong Kong, China〉이라는 이름으로 다른 국가, 지역 및 관련 국제기구와 경제적, 문화적 관계를 유지, 발전시킬 수 있으며, 이에 관한 협정을 체결할 수 있다〔공동선언 제3조 제(10)항〕. 홍콩은 영국의 식민지British Crown Colony로서의 지위를 가지고 있던 당시 〈세계기상기구WMO〉, 〈관세 및 무역에 관한 일반협정GATT〉, 〈아시아개발은행ADB〉의 회원국이며, 〈국제해사기구IMO〉와 〈유엔 아시아·태평양 경제사회위원회Economic and Social Commission for Asia and the Pacific(ESCAP)〉의 준회원국이었다.[16] 그러나 홍콩이 영국의 식민지에서 중국이 관할하는 홍콩 SAR로 변경된 후 국제기구에 계속 참여할 수 있는지 여부 및 주권의 양도 이전에 가지고 있던 법적 지위를 계속 유지할 수 있는지 여부는 관련 국제조약과 국제기구의 설립헌장을 충분히 검토한 후에 결정될 수 있는 문제였다. 홍콩 SAR은 2008년 현재 국가만이 가입할 수 있는 국제기구에는 중국 대표단의 일원으로서 24개의 국제기구에 참여하고 있고, 국가 이외의 단체도 가입할 수 있는 국제기구에 대해서는 32개 국제기구에 가입, 참여하고 있다.[17] 홍콩은 상기 공동선언에 근거해 1986년 4월 23일 영국이 행한 선언으로 〈관세

15 Ibid., p. 662.
16 Jennings and Watts, *Oppenheim's International Law*, 9th ed., Vol. I (1992), p. 279.
17 Sun Zhichao, "International Legal Personality of the Hong Kong Special Administrative Region", *Chinese JIL* (2008), Vol. 7, No. 2, pp. 348~349.

및 무역에 관한 일반협정GATT〉 제XXVI조 5항(C)에 따른 체약당사국이 되었다.[18] 중국도 동 일자로 홍콩이 1997년 7월 1일 이후에도 GATT 규정 제XXVI조 5항(C)에 규정된 〈관세영역customs territory〉의 지위를 유지하고, GATT 당사국이 될 수 있는 요건을 갖추고 있기 때문에 1997년 7월 1일 이후에도 계속해서 GATT 당사국으로서의 지위를 유지할 것이라고 GATT 사무국에 통보했다.[19] 홍콩은 이에 따라 1995년 GATT의 후신인 세계무역기구WTO의 원당사자가 되었다.

홍콩 SAR은 2047년까지 50년간 존속되며〔공동선언 제3조 제(12)항〕, 이 기간 동안 중국정부가 관할권을 행사하는 외교 및 국방 문제를 제외한 분야에서 홍콩 SAR은 고도의 자치권을 향유한다. 이 자치권에는 행정권, 입법권 및 최종 판결권을 가지는 사법권의 행사가 포함되며, 현행 법률은 기본적으로 계속 유효하고 현재의 사회, 경제체제와 생활방식도 계속 유지된다. 현재 시행 중인 해운관리제도도 계속 적용되며, 해운 등록과 관련된 해운증명서는 〈Hong Kong, China〉의 이름으로 발행된다. 홍콩 SAR은 또한 자유항 및 별도의 관세영역의 지위를 보유하고, 자유롭게 태환될 수 있는 통화를 가지는 국제금융센터로 계속 남아 있게 된다. 홍콩에서 설립되었거나 홍콩에 주 사무소가 있는 항공사는 계속해서 항공기를 운항할 수 있으며, 현재의 항공 관리 체제가 계속 적용된다.[20] 홍콩에 대한 주권의 양도 후에도

---

18 John H. Jackson et al., *Legal Problems of International Economic Relations*, 3rd ed. (1995), pp. 308~309. GATT와 달리 세계무역기구WTO는 전 식민지 본국의 보증*sponsorship*에 의해 신생독립국 또는 〈별도의 관세영역*separate customs territory*〉이 회원국 지위를 승계하는 규정을 두고 있지 않다.

19 Ress, supra note 10, pp. 663~664; Jackson et al., *Ibid.*, pp. 308~309. 중국은 1948년 GATT의 원회원국이었으나, 당시 GATT에서 중국을 대표하고 있던 대만(자유중국)은 1950년 GATT에서 탈퇴했다. 중국은 GATT의 회원국 지위를 회복하고 GATT의 후신인 WTO에 가입하기 위해 1986년 이래 GATT와 교섭을 계속해 왔으며, 2001년에 WTO의 회원국이 되었다.

20 Shaw, *supra note* 2, pp. 1008~1009.

기본적인 권리와 의무, 사유재산권, 기업의 소유, 정당한 상속권 및 외국인 투자 등은 법적으로 보호된다. 홍콩 SAR은 외국에 공식 또는 비공식 경제 무역 사무소를 설치할 수 있고, 외국의 홍콩 내의 영사관 설치도 기본법에 규정되어 있다. 외국의 (총)영사관 설치는 중국 정부의 동의를 요하며, 중국과 외교관계가 있는 국가의 영사관은 주권의 양도 이후에도 계속 유지될 수 있다. 2008년 현재 110여 개의 영사관 또는 영사사무소가 홍콩에 주재하고 있다.[21]

홍콩 SAR은 이와 같이 조약의 교섭 체결권, 국제기구 가입 및 참가, 홍콩에 상주하는 IMF, IBRD 등 주요 국제기구의 계속 주재를 위한 교섭 등 고도의 자치를 행사하고 있으며, 이를 위해 필요한 국제법인격을 보유하고 있다.[22]

4. 조약의 승계

〈1978년 조약의 승계에 관한 비엔나협약〉은 제15조에서 유효한 관습법 규칙을 선언하는 〈조약국경이동의 원칙〉을 규정하고 있다. 즉, 그 자체가 국가는 아닌 영토의 주권이 변동되고, 그 영토의 승계국이 이미 존재하고 있는 국가인 경우에 그 영토는 선임국의 조약체제에서 자동적으로 이탈되며, 승계국의 조약체제에 자동적으로 편입된다. 이와 같은 조약국경이동의 원칙에 따라 영국이 체결해 홍콩에 적용해 왔던 조약들은 1997년 7월 1일 이후에는 자동적으로 홍콩에 적용되지 않고, 중국이 체결한 모든 조약이 홍콩에 자동적으로 확장 적용되는 것이 관습법 규칙이라고 할 수 있다. 그러나 선

21 Sun, supra note 17, pp. 349~350.
22 Ibid., pp. 351~352.

임국이 체결한 조약을 승계국 영토에 적용하는 것이 조약의 목적 및 대상과 양립할 수 없는 경우, 또는 조약적용의 조건을 급격히 변화시키는 경우에는 조약국경이동의 원칙은 적용되지 않는다〔비엔나협약 제15조(b)〕. 조약국경이동의 원칙은 국제법상 〈강행법규*jus cogens*〉가 아니므로 당사국들은 이와 다르게 합의할 수 있고, 이 원칙은 또한 〈속령dependent territories〉에 대한 영토주권의 취득 시 당연히 적용되는 것이 아니며,[23] 정치적 조약이나 정기항공 운수권을 규정하는 항공협정 등에도 적용되지 않는다.[24]

따라서 조약의 당사국들이 새로운 조약 체결 등의 방식으로 이 문제를 해결하는 것이 정상적인 방법이며, 영·중 공동선언도 이러한 방식을 규정하고 있다. 제1부속서 IX부는 항공협정과 관련해 홍콩 SAR은 중국 정부의 위임 하에, 원칙적으로 전에 적용되어 왔던 항공협정상의 권리를 포함해 기존 항공협정을 개정해야 하며, 또한 새로운 항공협정을 교섭, 체결한다고 규정하고 있다. 제1부속서 XI부에서는 중국이 당사국인 조약을 홍콩 SAR에 적용하는 문제는 홍콩 SAR의 상황과 필요에 따라, 그리고 이에 대한 홍콩 SAR의 견해를 청취한 후에 중앙인민정부가 결정하며, 중국이 당사국은 아니나 홍콩에 적용되어 온 조약은 홍콩 SAR에 계속 적용될 수 있다고 규정하고 있다.

중앙인민정부는 필요할 경우 홍콩 SAR이 다른 국제조약을 계속 적용할 수 있는 조치를 취하도록 협조하며, 중국이 회원국인 국제기구에서 홍콩 SAR이 적절한 자격으로 그 지위를 유지할 수 있도록 한다. 중국은 또한 홍콩이 어떤 형식으로든 참여하고 있으나 중국은 회원국이 아닌 국제기구에서 홍콩 SAR이 적절한 자격으로 계속 참여할 수 있도록 협조한다. 그러나 제1부속서 XI부의 규정이 대세적으로 *erga omnes* 유효한 관습법 규칙이나

---

23 Ress, *supra note* 10, p. 672.
24 Shearer, *supra note* 5, p. 296.

조약이 아니므로 이 규정이 효력을 발휘하기 위해서는 이에 대한 제3국의 명시적 또는 묵시적인 수락이 필요하다.[25]

가. 다자조약의 승계

영·중 공동연락그룹은 홍콩에 적용되던 225개의 다자조약을 검토해 이 중 12개 조약을 제외한 모든 조약들을 홍콩에 계속 적용하기로 합의했다. 이들 조약들은

첫째, 영국이 당사국으로서 홍콩에 확대 적용해 오던 조약(중국이 당사국인지 여부와 관계없으며, 실제로 중국은 80개 이상의 조약에 당사국이 아니었다),

둘째, 중국은 당사국이었으나 영국은 당사국이 아닌 조약이었다.

중국은 이에 따라 주권의 양도 직전에 유엔 사무총장에게 공한을 보내 ① 중국이 당사국이며, 1997년 7월 1일 이전 홍콩에 적용되어 온 126개의 다자조약, ② 외교(유엔헌장 등), 국방(군축조약 등)에 관한 조약으로서의 성격상 중국 전 영토에 적용할 조약, ③ 1997년 7월 1일 이전에는 홍콩에 적용되지 않았으나, 중국이 새롭게 홍콩에 적용하기로 결정한 조약의 목록을 공한의 부속서 I로 통보했다. 또 공한의 부속서 II에는 홍콩에 적용되어 왔으나 중국은 당사국이 아닌 87개 조약 목록을 게재하고, 이 조약을 홍콩에 계속 적용할 것임을 통보했다.[26] 영국도 사무총장에게 공한을 보내 1997년 7월 1일부터 영국은 홍콩에 적용해 온 조약과 관련된 국제적 권리와 의무에 대한 책임을 지지 않는다고 하고, 이에 관한 231개 조약 목록을 제출했다. 이 조약목록은 중국 측이 유엔 사무총장에게 통보한 조약보다 17개의 조약

---

25 Ress, supra note 10, p. 672.
26 Aust, supra note 7, pp. 323~324.

이 많은 것인데 이는 홍콩 SAR에 적용되지 않을 조약을 포함했기 때문이다.[27]

중국은 또한 49개 국제노동협약ILO Convention의 계속 적용을 국제노동기구ILO에 통보하는 한편, 다른 다자조약의 수탁국에 별도의 공한을 보내 주권의 양도 이후에 ① 중국도 당사국인 조약은 홍콩에 적용되며, ② 중국이 당사국이 아닌 조약은 홍콩에만 계속 적용되고, ③ 중국은 홍콩 SAR에 대한 조약의 적용으로부터 야기되는 국제적 권리와 의무에 대한 책임을 질 것이라고 했다. 이 공한은 또한 홍콩에 적용되어 온 조약에 대한 유보와 선언에 대해서

첫째, 중국이 조약의 당사국이 될 때 행한 유보와 선언은 영·중 양국이 합의하지 않는 한 홍콩 SAR에 확대 적용되지 않으며,

둘째, 중국의 국제사법재판소의 강제관할권 규정에 대한 유보와 대만에 대한 선언은 홍콩 SAR에 확대 적용된다고 했다.

영국도 별도의 공한을 유엔 사무총장 이외의 다른 수탁국에 보내 영국이 1997년 7월 1일부터 홍콩에 대한 조약상 권리와 의무에 대한 책임을 지지 않는다고 통보했다. 영국이 보낸 공한의 조약 목록에는 〈시민적·정치적 권리에 관한 국제규약International Covenant on Civil and Political Rights(ICCPR)〉이 포함되어 있었다. ICCPR은 중국이 유엔 사무총장에게 보낸 부속서 II에는 포함되지 않았으나, 영·중 공동선언의 부속서 I에는 〈홍콩에 적용돼 왔던 이 규약의 규정이 계속 유효하다〉고 되어 있었으며, 중국은 1997년 6월 20일자로 유엔 사무총장에게 보낸 공한에서도 이를 확인했다.[28]

---

27 *Ibid.*
28 *Ibid.*, p. 325; 한편, 홍콩에 대한 ICCPR의 계속 적용은 영·중 공동선언을 국제사회가 승인했고, 인권위원회Human Rights Committee가 ICCPR의 계속 적용을 요구해 왔기 때문에 금반언(禁反言, Estoppel)에 의해 홍콩에 승계됐다는 주장이 있다. Peter K. Yu, "Succession by Estoppel, Hong Kong's Succession to the ICCPR", *Pepp. LR*, Vol. 27:53 (1999), pp. 89~93.

중국은 홍콩에 적용되어 온 2개의 인권규약 중 〈경제적, 사회적 및 문화적 권리에 관한 국제규약International Covenant on Economic, Social and Cultural Rights(ICESCR)〉에 대해서는 1997년 10월에 서명, 2001년 3월에 비준했다. ICCPR에 대해서는 1998년 10월 서명했으나, 아직 비준하지 않았다. 중국은 또한 유엔과 특별약정을 통해 홍콩 SAR이 1999년 홍콩에 대한 ICCPR 이행사항에 관한 정기보고서를 인권위원회에 제출할 수 있도록 협조했으며, 홍콩 SAR이 대표단을 파견할 수 있도록 했다.[29]

나. 양자조약의 승계

다자조약과 달리 양자조약의 승계는 조약의 타당사국과 합의해야 되기 때문에 공동연락그룹은 주권의 양도 이후 어느 양자조약도 홍콩에 적용되지 않는다고 합의했다. 이에 따라 영국은 홍콩이 장래에 필요한 양자조약을 제3국과 직접 교섭, 체결할 수 있도록 권한을 위임했다. 이러한 절차에 따라 주권의 양도 이전에 투자보장협정, 항공협정, 범죄인인도협정, 사법공조협정 등 상당히 많은 양자조약이 체결되었다. 항공협정 등의 경우에는 영국과 제3국과의 사이에 홍콩에 적용되어 온 조약을 대체했다. 이 조약들은 대개 조약 전문에 홍콩이 그 대외관계를 책임지고 있는 주권국가(영국)의 허가를 받아 조약을 체결했음을 명기하고 있다.[30] 주권의 양도 이후에 양자조약의 체결 건수는 더욱 증가되었다. 2006년 말 현재 홍콩 SAR은 약 60개국과 137개의 양자조약을 체결하고 있다. 홍콩 SAR은 기본법 제151조에 따라 자체적으로 양자조약을 체결하거나, 또는 중국 정부의 허가와 지원을 받아 외국과 조약을 교섭·체결할 수 있는데 이러한 조약에는 사법공조조약,

---

29 Peter K. Yu, Ibid., pp. 93~95.
30 Aust, *supra note* 7, p. 326.

항공협정, 비자면제협정 등이 있다.[31]

5. 결론

홍콩에 관한 영·중 공동선언은 〈객관적 영토체제objective territorial regime〉를 설립하는 조약으로 볼 수 있으며, 따라서 제3국의 동의와 수락이 필요하다.[32] 공동선언은 대세적 *erga omnes* 조약은 아니나 이 공동선언이 일반적인 국제공동체의 이익을 위해 체결되었고, 당사국이 아닌 제3국에도 유효하다고 수락될 때에만 객관적 영토체제에 관한 조약이 될 수 있기 때문에 제3국이 명시적 또는 묵시적으로 공동선언을 수락하는 것은 이 선언의 법적 지위 확보에 매우 중요하다고 하겠다.[33] 공동선언은 또한 홍콩이 1997년부터 2047년까지 50년간 국제법상의 지위를 가지는 중국의 SAR로서 존재한다는 속지적 성격의 조약이므로, 당사국은 〈1969년 조약법에 관한 비엔나협약〉 제62조 제2항에 따라 사정의 근본적 변경을 이유로 이 조약을 종료시킬 수 없으며, 특히 홍콩 SAR의 내부체제 등에 관한 규정은 재교섭하거나 개정될 수 없다.[34] 또한 공동선언은 일반적인 국가승계의 경우와는 달리 여러 분야에서 선임국의 사회·경제체제 등에 관한 포괄적인 승계를 규정하고 있으므로 이 선언은 향후 〈비자치지역non self-governing territories〉의 독립 또는 주권회복과 관련해 유용하고 모범적인 조약model-treaty으로서 선례가 될 수 있을 것으로 보인다. 실제로 홍콩 SAR은 마카오 SAR의 선례가

---

31 Sun, supra note 17, pp. 347~348.
32 Ress, supra note 10, p. 680; Mushkat는 공동선언이 대세적으로 적용될 수 있는 〈객관적 체제〉를 설립했다는 것은 논쟁의 여지가 있다고 한다. Mushkat, supra note 6, pp. 194~195.
33 Ress, Ibid., p. 680.
34 Ibid., p. 656.

되었으며, 이러한 중국의 일국양제(一國兩制, One Country, Two Systems) 채택은 장차 이루어질 대만과의 통일 시에도 적용될 수 있는 유용한 모델이 될 수 있으리라 본다.

다만 공동선언은 다른 다자조약과는 달리 조약의 이행에 관한 분쟁의 발생 시 해결 절차를 규정하고 있지 않다. 1997년의 순조로운 주권의 양도를 보장하기 위한 〈공동연락그룹〉이 2000년 1월 1일까지 활동을 계속하도록 되어 있으나(제2부속서 제8부), 그 이외에 특별한 분쟁해결 절차가 없어 조약의 이행과 관련해 문제가 야기될 수도 있다. 그러므로 홍콩의 번영과 발전이라는 공동선언의 목표를 달성하기 위해서 영국과 중국의 이에 대한 의지와 조약의 신의성실한 준수가 중요하다고 본다.[35]

---

35 Ibid., p. 681.

제3절 독일의 통일과 국가승계

1. 서론

1990년 10월 3일자로 이루어진 독일의 통일은 제2차 세계대전 이후 계속되어 온 유럽의 동서 냉전질서가 붕괴되고 새로운 국제질서가 형성되는 역사적·국제정치적으로 중대한 사건이었다. 독일의 통일은 국가승계라는 법적 측면에서도 관습법과 〈1978년 조약의 국가승계에 관한 비엔나협약〉 간의 상이점을 보여 준 중요한 사례를 제공하게 되었다. 독일법사에 있어서 국가의 계속성과 국가승계의 문제는 오랫동안 법률적 쟁점이었으며, 독일의 통일은 국가승계라는 끝없는 쟁점을 종식시킨 것이 아니라 오히려 새로운 장chapter을 열게 한 계기가 되었다.[36] 독일의 통일과 이에 따른 국가승계 문제를 검토하기 위해서는 우선 통일 이전의 동·서독의 법적 지위와 통일 과정에서의 〈독일문제German Question〉에 대한 법적 해결 방안을 살펴봐야 한다.

1945년 제2차 세계대전의 패전과 독일의 연합국에 대한 무조건 항복 후

---

36 Stefan Oeter, "German Unification and State Succession", 51 *ZaöRV* (1991), p. 351.

에 미국, 영국, 프랑스, 소련으로 구성된 연합국은 1945년 6월 5일자 공동선언에 의해 독일정부 및 주·지방정부가 가지고 있는 모든 권한을 포함한 독일에 관한 〈최고권supreme authority〉을 가지게 되었다.[37] 4개 연합국은 독일을 4개의 점령지역으로 분할해 각각 1개의 지역에 대한 행정을 담당하고, 이와는 별도로 베를린 지역을 공동 점령했다. 공동선언과 이를 이행하기 위한 제반 조치에 따라 연합국은 독일 전체에 대해서는 공동으로 독일의 대내적, 대외적 주권 및 권리의 행사를 담당하게 되었으며, 어느 1개 연합국이 관할하고 있는 지역에 대해서는 해당 연합국이 이에 관한 권한을 행사하게 되었다. 연합국은 그러나 이러한 점령 조치에 의해 독일을 병합할 의사가 없음을 분명히 했으며, 독일을 점령하고 있는 〈연합국 통제이사회 Allied Control Council〉가 독일 정부Government of Germany로서의 기능을 하는 것으로 인정되었으므로,[38] 독일은 1937년 12월 31일 이전의 영토 범위 내에서 국제법상 국가로서 계속 존속해 왔다고 간주된다.[39] 미국, 영국, 프랑스는 1949년에 이들 3개국이 관할하고 있는 영토에 〈독일연방공화국 Federal Republic of Germany〉(이하 〈서독〉으로 칭함)을 수립하기로 합의 했으며, 소련은 소련의 점령 지역에 〈독일민주공화국German Democratic Republic〉(이하 〈동독〉으로 칭함)을 수립하도록 했다.

이와 같이 독일은 국제법상 국가로서 계속 존속해 왔기 때문에 연합국은 독일의 궁극적 통일 및 전체로서의 독일과의 평화조약 체결 가능성을 고려해, 동·서독의 수립 및 승인 시 별도의 조치를 취했다. 미국, 영국, 프랑스 3국은 1955년 서독과 〈기본관계협약The Convention on Relations

[37] Jennings and Watts, *Oppenheim's International Law*, 9th ed., Vol. I (1992), p. 135.
[38] James Crawford, *The Creation of States in International Law*, 2nd ed. (2006), pp. 452~455.
[39] M. N. Shaw, *International Law*, 6th ed. (2008), pp. 964~965; Jennings and Watts, *supra* note 37, p. 136.

Between the Three Powers and the Federal Republic of Germany〉을 체결하고, 3개국의 점령체제를 종료했으나, 3개 연합국은 〈베를린〉과 〈독일의 통일과 평화협정을 포함한 독일 전체〉에 대한 권리와 의무를 계속 유지하기로 했다. 3개 연합국이 1973년에 동독을 승인할 때에도 동독은 소련을 포함한 4개 연합국이 베를린과 독일 전체에 대해 가지고 있는 권리와 의무의 제한하에서 대내적 및 대외적으로 완전한 권한을 행사하는 주권국가라고 했다.[40] 동·서독은 1972년 〈기본관계조약Treaty on the Basis of Relations〉을 체결해, 정상적인 국가 관계에 접어들었으며 1973년에 유엔에 동시 가입했다. 서독은 1949년 국가 수립 후에 바로 대부분의 국가들로부터 승인을 받았으나 동독의 경우에는 소련과 동구권 이외의 국가들로부터는 승인을 받지 못하다가 1972년 동·서독 기본관계조약 체결 이후 일반적으로 승인을 받게 되었다.[41] 그러나 서독은 기본관계조약 체결 후 동독에 대해 이 조약이 독일 국민의 자유로운 자결권 행사에 의한 통일과 유럽의 평화를 실현하려는 서독의 정치적 목적과 배치되는 것이 아니라는 점을 분명히 했다.[42]

동·서독의 법적 지위에 관해 동독은 국제법 주체로서의 독일이 1945년에 소멸되었기 때문에 동독은 구 독일과 관계가 없는 새로운 국제법 주체이며, 독일로부터 분리된 신국가라고 주장해 왔다.[43] 서독은 이에 대해 동·서독은 〈단일독일국가one single German nation〉를 구성하는, 법적으로 계속 존속하고 있는 독일 내의 2개의 국가라고 간주했으며, 현재로서는 서독의 영토주권과 서독 기본법이 동독 영토에 적용될 수는 없으나 서독은 원칙적으로 1945년 이전의 독일을 승계했다고 주장했다.[44] 서독은 이러한 근거에서 동·

---

40 Shaw, *Ibid.*, p. 964.
41 Jennings and Watts, *supra note* 37, p. 137.
42 Jochen Abr. Frowein, "Germany Reunited", 51 *ZaöRV* (1991), p. 335.
43 Ibid., p. 347.
44 Jennings and Watts, *supra note* 37, pp. 137~138.

서독 관계를 순전히 국제법상의 문제로만 취급해 오지 않았고, 1972년의 기본관계조약 체결 시에도 독일이라는 국가가 1937년 12월 31일자 국경의 범위 내에서 법적으로 계속 존재한다고 선언했으며, 동·서독이 분단된 40년 동안 일관되게 서독이 독일의 국제법적 지위를 계속 유지해 오고 있음을 주장해 왔다.[45]

2. 통일의 과정

동·서독은 1990년 5월 18일자로 〈금융, 경제 및 사회적 통합에 관한 조약Treaty on Monetary, Economic and Social Union〉을 체결해 동독의 경제를 서독의 경제 체제에 편입시켰으며, 이에 따라 서독의 마르크화는 동독의 법화가 되고, 연방은행Bundesbank은 동·서독의 중앙은행이 되었다. 경제·사회적 통합이 어느 정도 이루어진 후 동·서독은 1990년 8월 31일에 서독 기본법 제23조에 따라 동독이 서독에 가입해 1990년 10월 3일자로 통일을 이루는 통일조약Treaty on the Establishment of the Unity of Germany을 체결했다.[46] 이와 함께 1945년 4개 연합국이 독일에 관한 최고권을 가진다는 공동선언 및 이에 따른 4개국의 독일 전체와 베를린에 대한 권리·의무의 행사와 관련해 1990년 9월 12일에 동·서독 및 4개 연합국 간에 〈독

---

45 *Ibid.*, p. 207. 서독법원은 〈독일제국〉이 계속 존재하며, 서독은 〈독일제국〉 중 일부 영토의 재조직으로서 독일제국과 동일한 국가이고, 따라서 독일제국이 체결한 조약은 서독을 계속 구속한다고 판결했다. 또한 네덜란드 등 다른 나라들도 서독이 독일제국의 계속성과 동일성을 가지고 있음을 인정했다.

46 Ryszard W. Piotrowicz, "The Arithmetic of German Unification: Three into One Does Go", 40 *ICLQ* (1991), pp. 639~640. 서독 기본법 제23조에 따른 통일은 2개의 독립국이 통일해 새로운 국가가 형성된 것이 아니기 때문에 통일이 아니라 법적 또는 사실적으로 서독이 단순히 동독을 흡수한 것이라는 의견이 있다.

일에 관한 최종 종결조약Treaty on the Final Settlement with Respect to Germany〉, 이른바 〈2+4(Two-Plus-Four)〉조약이 체결됐다.[47] 이 조약은 제2차 세계대전 종전에 따라 동·서독의 현재의 국경이 통일독일의 국경이 될 것임을 확인했고, 통일 후의 독일군의 감축과 동독 영토에서의 소련군의 철수를 규정했으며, 독일의 〈북대서양조약기구NATO〉 참여를 인정하는 등 독일 통일에 따른 대외적인 문제를 최종 해결했다.[48] 이 조약의 체결로 연합국은 베를린과 독일 전체에 대해 가지고 있던 권리와 책임을 종료하게 되었으며, 통일독일은 대내적, 대외적 문제에 있어서 완전한 주권을 가지게 되었다. 〈2+4〉조약은 4개국 중 소련이 마지막으로 비준해 비준서를 기탁한 1991년 3월 15일에 발효했으나, 4개국은 동 조약이 발효되기 이전에 1990년 10월 3일, 독일이 통일된 시점부터 공동선언에 규정된 권리의 행사를 정지suspend했다.[49]

〈2+4〉조약의 체결에 의한 독일 문제의 종결은 오스트리아와 핀란드에 의해서도 확인되었다. 독일 문제가 최종적으로 해결됨에 따라, 오스트리아는 4개 연합국과의 각서교환 방식으로 1955년 〈국가조약Austrian State Treaty〉을, 핀란드는 일방적 선언에 의해 1948년에 소련과 체결한 〈우호친선협력조약Treaty on Friendship, Cooperation and Amity〉을 새로운 상황에 맞지 않는 조약이라고 규정하고, 더 이상 이 조약들을 적용하지 않을 것이라고 선언했다.[50]

---

47 J. A. Frowein, "The Reunification of Germany", *AJIL*, Vol. 86 (1992), pp. 154~155; Andrea Kupfer, "International Agreements: Treaty on the Final Settlement with Respect to Germany", *Harvard ILJ*, Vol. 32 (1991), pp. 227~235.
48 Kupfer, Ibid., pp. 230~231.
49 Frowein, supra note 47, p. 155.
50 Ibid., p. 163.

3. 조약의 승계

가. 일반적 원칙

독일은 서독 기본법 제23조에 따라 동독을 구성하고 있던 5개 주Länder가 서독에 가입accession하는 흡수병합의 형식으로 통일되었으며, 독일의 통일로 동독은 소멸하고 그 영토는 서독의 영토로 통합되었다. 서독은 1945년 이전의 독일과 동일한 국가임을 주장해 왔기 때문에 통일에 의해 새로운 국가가 설립된 것이 아니라 서독의 영토가 확대되어 1945년 이전의 독일과 동일한 국가로서 계속 존속하게 된 것이며, 통일독일은 국명도 서독이 본래 사용하던 독일연방공화국FRG을 그대로 사용하고 있다.[51] 따라서 통일독일은 서독이 가입한 유엔, 유럽공동체EC, 유럽평의회Council of Europe를 포함한 국제기구의 회원국의 지위를 계속 유지했다. 또한 독일의 경우에는 서독이 국가의 계속성continuity을 유지하며, 동독의 조약을 승계했다는 점에서 국가 법인격의 계속성과 국가승계의 개념이 동시에 적용되었다.[52]

〈1978년 조약의 승계에 관한 비엔나협약〉 제31조에 의하면 2개국 또는 그 이상의 국가가 결합해 1개의 승계국이 형성될 경우, 승계 당시 어느 1개국에 유효했던 조약은 승계국에 계속 유효하나, 원칙적으로 승계 당시 적용돼 왔던 승계국의 영토에 대해서만 적용된다고 규정하고 있다. 제31조는 1958년의 이집트와 시리아의 결합에 의한 통일아랍공화국UAR의 형성 및 1964년의 탕가니카와 잔지바르의 결합에 의한 탄자니아 형성 시의 관행을

---

51 Oeter, supra note 36, pp. 351~352; Frowein, supra note 47, p. 157. 다만 유엔에서는 독일Germany이라는 국명을 사용한다.

52 Yolanda Gamarra, "Current Questions of State Succession Relating to Multilateral Treaties", in Koskenniemi et al., (ed.), *State Succession: Codification Tested Against the Facts* (1997), Martinus NIjhoff, pp. 402~403.

따른 것이나, 이 조항의 적용은 분단국이 다시 결합해 통일되는 과정에서는 많은 문제를 야기할 수가 있다. UAR이나 탄자니아의 형성과는 달리 일국이 다른 국가에 병합되는 경우나 분단국이 통일되는 경우에 병합되는 국가의 조약이 통일 후에도 통일 이전의 영토에 적용된다는 것은 법질서의 혼란을 가져오기 때문에 통일의 기본 목표에 반하게 된다.[53] 독일의 경우에는 더욱 통일 후에 신국가가 형성된 것이 아니라 동독이 기존 국가인 서독에 병합되어 소멸하고, 서독만이 독일연방공화국이라는 국명으로 계속 존재하게 되는 상황이 되었으며,[54] 협약 제31조 규정이 UAR의 경우와 같이 통일독일에 적용될 수 없었기 때문에 통일독일은 통일에 따른 국가승계 시 이에 관한 관습법 규칙을 적용했다. 통일독일은 1978년 비엔나협약 채택 이전에 적용되어 왔던 관습법 규칙으로서,

첫째, 순전히 정치적인 조약은 병합되는 국가의 소멸에 의해 종료되며,

둘째, 처분적 조약은 승계국에 자동적으로 승계되고,

셋째, 통상조약, 범죄인 인도조약과 같은 보통의 조약들은 체약당사국 간의 교섭에 의해 종료되거나 또는 변화된 상황에 맞게 개정된다는 원칙은 1978년 비엔나협약의 채택과 관계없이 유효한, 국가승계에 관한 기본적 원칙이라고 간주하고 있다.[55]

나. 조약국경이동의 원칙

〈독일통일조약Treaty on the Establishment of German Unity between the Federal Republic of Germany and the German Democratic Republic〉

---

53 Oeter, supra note 36, p. 355.
54 ILC는 협약 제31조가 완전한 흡수병합의 경우에도 적용될 수 있다고 추정했다. *ILC Yearbook* (1974, II), Part I, pp. 253~259.
55 Oeter, supra note 36, p. 359.

제11조는 국제기구의 회원국 지위에 관한 조약을 포함해 서독이 당사국인 조약은 그 효력을 유지하고, 그에 따른 권리와 의무는 구 동독의 영토에도 적용된다는 조약국경이동의 원칙을 선언하고 있으며,[56] 조약을 개별적으로 변화된 상황에 〈적응adaptation〉하는 것이 필요한 경우 통일독일정부가 관련당사국과 협의한다고 규정하고 있다.[57] 이와 같은 조약국경이동의 원칙과 이에 관한 유럽공동체EC의 관행에 따라 서독이 통일 이전에 EC와 체결한 조약 및 EC법은 자동적으로 구 동독 영토에 확대 적용되었다.[58] 통일조약 제11조의 조약국경이동의 원칙에 대해 대부분의 조약 당사국들은 이의를 제기하지 않았으나, 네덜란드 정부는 서독과 체결한 조약이 동독 영토로 확대 적용되기 위해서는 네덜란드 정부의 동의가 필요하다는 반대 의견을 제시했고 그 결과 양국 정부는 조약을 구 동독 영토에 확대 적용하기로 규정한 각서를 교환한 바,[59] 이는 합의에 의한 조약국경이동의 원칙의 적용이라고 하겠다.

다자조약과 관련해서는 〈2+4〉조약이 통일독일이 북대서양조약기구 NATO의 회원국 지위를 계속 유지하며 이 조약 제6조에 규정된 안전보

---

56 Frowein, supra note 47, p. 157; Shaw, *supra note* 39, p. 971.

57 Oeter, supra note 36, p. 369. 원문은 아래와 같다.

The Contracting Parties proceed on the understanding that international treaties and agreements to which the Federal Republic of Germany is a contracting party, including treaties establishing membership in international organizations or institutions, shall retain their validity and that the rights and obligations arising therefrom, with exception of the treaties mentioned in annex I, shall also relate to the territory specified in Article 3 of this treaty. As far as adaptations become necessary in individual cases, the government of unified Germany will consult with the respective Contracting Parties.

58 Frowein, supra note 47, p. 159.

59 Gamarra, supra note 52, p. 405; Andreas Zimmermann, "State Succession in Respect of Treaties", in Klabbers et al. (ed.), *State Practice Regarding State Succession and Issues of Recognition* (1999), Kluwer Law International, p. 84.

장을 동독 지역에도 확대 적용하도록 했으나, 동독 지역에 대해서는 외국군(NATO군)의 주둔이나 핵무기의 설치가 금지되었다(〈2+4〉조약 제5조 3항).[60] 통일조약 제1부속서도 NATO 관련 조약들이 구 동독 영토에 적용되지 않는다고 규정한 바, 이는 조약국경이동의 원칙의 예외를 인정한 것이다. 조약국경이동의 원칙은 비엔나협약 제15조에 규정된 바와 같이 본래는 그 자체가 국가가 아닌 영토의 주권이 변동되고, 그 영토의 승계국이 이미 존재하고 있는 국가인 경우에 적용되는 것이나, 국가 영토 전체에 관해 주권의 변동이 생기는 병합의 경우에도 대부분 그대로 적용되어 왔다.[61] 또한 미국도 국가의 병합 시 병합되는 국가의 조약은 종료되고, 병합하는 국가의 조약이 병합되는 국가의 영토에 적용된다고 본다.[62]

다. 사정변경의 원칙

통일조약 제11조에 따라 서독이 체결한 조약이 동독에 자동적으로 적용된다면, 국가로서 소멸한 동독이 체결한 조약은 당연히 소멸되어야 함이 원칙이겠으나, 통일조약 제12조는 이와 관련해 다음과 같이 규정하고 있다.[63]

---

60 Zimmermann, Ibid., pp. 84~85.
61 D. P. O'Connell, *State Succession in Municipal Law and International Law*, Vol. II (1967), pp. 374~381.
62 M. N. Shaw, "State Succession Revisited", 5 *Finn YIL* (1994), pp. 68~69.
63 J. A. Frowein, supra note 47, p. 158. 원문은 아래와 같다.
(1) The Contracting Parties have agreed that, in connection with the establishment of German unity, international treaties of the German Democratic Republic shall be discussed with the contracting parties concerned with a view to regulating or confirming their continued application, adjustment or expiry, taking into account protection of confidence, the interests of the states concerned, the treaty obligations of the Federal Republic of Germany as well as the principles of a free, democratic basic order governed by the rule of law, and respecting the competence of the European Communities.

(1) 독일통일과 관련해 동독이 체결한 국제조약에 대해서는 법의 지배에 의한 자유롭고 민주적인 기본질서, EC의 권한에 대한 존중 원칙, 당사국의 신뢰와 이익 보호 및 서독의 조약상 의무를 고려해, 조약의 계속 적용, 조정 또는 효력 상실 여부를 규정하거나 확인하기 위한 목적으로 당사국과 협의한다.

(2) 통일독일은 관련당사국 및 EC의 권한과 관련되는 경우에는 EC와의 협의 후에 동독이 체결한 국제조약의 수락에 관한 입장을 결정한다.

(3) 통일독일이 동독은 가입했으나 서독이 가입하고 있지 않은 국제기구 또는 다자조약에 가입하려고 할 경우 관련당사국 및 EC의 권한과 관련되는 경우에는 EC와 이에 관한 합의에 도달해야 한다.

상기 조항은 국제법상 이 문제에 관한 명확한 규칙이 존재하지 않는다는 사실을 고려해 동독과 조약을 체결한 제3국의 신뢰를 확보할 필요성에 따라 동·서독 간에 합의되었다. 제12조는 조약법상 〈사정변경의 원칙 principle of *rebus sic stantibus*〉을 국가승계에 도입한 것이다. 이와 관련, 오코넬은 변화된 상황하에서의 〈조약의 생존가능성viability of treaties〉에 대해, 〈체약당사국이 행정집단으로서 완전히 소멸한다면 상당한 범위의 조약이 변화된 상황하에서 이행될 수 없으며 조약의 계속성은 추정되지 않으나, 주권의 변동이 조약 이행 상황을 극히 일부 변화시킨다면 조약의 계속성이

(2) The united Germany shall determine its position with regard to the adoption of international treaties of the German Democratic Republic following consultations with the respective contracting parties and with European Communities where the latter's competence is affected.

(3) Should the united Germany intend to accede to international organizations or other multilateral treaties of which the German Democratic Republic but not the Federal Republic of Germany is a member, agreement shall be reached with the respective contracting parties and with the European Communities where the latter's competence is affected.

추정된다〉는 법이론을 전개해 사정변경의 원칙이 국가승계에 관한 주요 원칙이 돼야 한다고 주장했다.[64]

사정변경의 원칙이란 조약을 체결한 배경이 된 사정이 예견할 수 없도록 unforeseen, 그리고 근본적으로fundamental 변하면, 이러한 변경에도 불구하고 조약을 계속 이행하게 하는 것이 조약의 목적 및 대상과 양립할 수 없는 경우로서 모든 조약은 사정이 변화하지 않는다는 전제하에서 체결되는 것임을 함축하고 있다.[65] 이 원칙은 사법상의 비유와 대륙법계 국가들의 법원칙에서 유래했으며, 국제연맹 규약 제19조는 총회가 그 회원국들로 하여금 적용할 수 없게 된inapplicable 조약 및 그대로 두면 세계평화를 위태롭게 할 수 있는 사태에 대한 재검토를 권고할 수 있다고 했다.[66]

유엔헌장은 국제연맹 규약과 같은 사정변경에 관한 특별한 규정을 두고 있지는 않으나, 헌장 14조에 총회는 국가 간의 안녕general welfare 또는 우호관계를 손상시킬 수 있는 모든 사태를 평화적으로 조정하기 위한 조치를 권고할 수 있도록 했다.[67] 〈1969년 조약법에 관한 비엔나협약〉은 제62조에서 국제법의 원칙으로 인정되어 온 사정변경의 원칙을 성문법전화했다. 1969년 비엔나협약은 사정변경의 원칙rebus sic stantibus의 남용이 〈서약은 지켜야 한다pacta sunt servanda〉라는 원칙과 대치되는 것이기 때문에 형평과 정의의 기초 위에 객관적인 법규칙을 정립하려고 〈rebus sic stantibus〉라는 고전적 용어 대신에 〈사정의 근본적 변경fundamental change of circumstances〉이라는 보다 제한적인 용어를 사용했다.[68] 또한 국제사법

---

64 O'Connell, *supra note* 61, pp. 2~3.

65 Gyorgy Haraszti, "Treaties and the Fundamental Change of Circumstances", *Hague Recueil*, Vol. 146 (1975, III), pp. 7~9.

66 Athanassios Vamvoukos, *Termination of Treaties in International Law — The Doctrine of Rebus Sic Stantibus and Desuetude* (1985), p. 130.

67 *Ibid.*, p. 132.

68 유병화, 『국제법 I』(진성사, 1991), p. 318.

재판소는 영국과 아이슬란드 간의 〈어업관할권 사건Fisheries Jurisdiction Case〉에서 1969년 비엔나협약 제62조는 사정의 변경에 따라 조약관계를 종료하기 위한 기존 관습법의 법전화codification of existing customary law라고 간주하면서, 제62조가 국제법의 객관적 규칙objective rule of international law임을 인정했다.[69]

그러나 사정변경의 원칙 적용 시 그 남용을 방지하기 위해 어느 정도의 제약이 뒤따르게 되는데 1969년 비엔나협약 제62조는 국경을 설정하는 조약의 경우에 사정의 근본적 변경을 원용할 수 없으며, 사정의 근본적 변경이 당사자 자신의 국제조약상 의무 위반 또는 다른 당사자에 대한 국제의무 위반으로부터 발생한 것이라면 그 책임 있는 당사자는 사정변경의 원칙을 주장할 수 없다고 했다.[70] 사정변경의 원칙을 원용하는 당사국은 이 원칙에 따라 문제된 조약의 종료 또는 폐기를 일방적으로 주장할 수는 없으며, 조약의 타방당사국과 이에 대해 합의해야 한다. 만약 당사국 간에 이러한 합의에 이르지 못하는 경우에는 분쟁해결절차에 의해야 하며, 분쟁해결절차에 의해서도 합의에 이르지 못할 경우에만 사정변경의 원칙을 주장하는 당사국은 일방적으로 조약을 폐기하거나, 다자조약의 경우에 조약으로부터 탈퇴할 수 있다.[71]

따라서 독일의 통일과 같이 동독이 국가로서의 법인격을 상실하고 소멸하게 되는 국가의 소멸이나 분단국의 통일은 1969년 비엔나협약 제62조의 조약 체결 당시 예견할 수 없었던 사정의 근본적 변경에 해당되며, 국제사법재판소도 이미 언급한 어업관할권 사건에서 사정의 변경은 〈당사국의 존재existence 또는 사활적 발전vital development을 위태롭게 할 만큼 근본적

---

69 Haraszti, supra note 65, p. 48.

70 Herbert W. Briggs, "Unilateral Denunciation of Treaties: The Vienna Convention and the International Court of Justice", *AJIL* Vol. 68 (1974), pp. 64~67.

71 Haraszti, supra note 65, p. 86; Vamvoukos, *supra note* 66, p. 151.

이고 중요한 것〉이어야 한다고 판결한 바 있다.[72]

사정변경의 원칙에 따라 통일독일 정부는 1996년 말까지 동독과 조약을 체결한 135개국 이상의 국가들과 협의를 거쳐 동독이 체결한 대부분의 양자조약이 통일 시점인 1990년 10월 3일자로 효력을 상실했음에 합의했다.[73] 그러나 예외적으로 〈이중과세방지협정〉은 1990년 말까지 잠정적으로 적용되었으며, 1991년 4월 3일자 독일 정부의 규정에 의해 동독이 소련 등 동유럽 국가와 체결한 〈사회보장협정Social Security Agreement〉과 덴마크, 핀란드, 오스트리아, 스웨덴과 체결한 〈일괄지급협정Lump-sum Agreement〉도 잠정적으로 계속 적용되었다.[74] 스웨덴과 독일은 또한 〈발트 해 오염방지 조약〉, 〈대륙붕 경계 협정〉, 〈재산권 해결 협정〉 등도 계속 적용키로 했다. 이와 같은 예외를 제외하고는 동독이 체결한 조약들은 대부분 효력을 상실했으나, 동독의 조약이 법적으로, 자동적으로 종료된 것이 아니라 승계국인 통일독일이 당사국과의 협의 후에 효력의 상실을 선언하도록 했다. 통일독일은 당사국과의 협의 시 반드시 합의에 도달할 필요는 없으며, 당사국과 합의에 도달하지 못할 경우에도 조약의 효력 상실을 선언할 수가 있다.[75] 통일독일이 조약의 체약당사국과 협의를 하는 기간 동안 조약이 계속 유효한가 하는 문제에 대해서는 조약의 운명에 관한 최종적인 합의에 이를 때까지 조약의 효력이 정지된다고 보는 것이 적절하다고 본다. 그러나 사정변경의 원칙이 국가승계의 모든 이론적 문제를 해결할 수는 없기 때문에 조약의 종료 또는 계속 등에 관해 관련당사국 간에 합의에 이르지 못했을 경우에는 국가승계에 관한 관습법 규칙들이 보조적으로 적용되어야 한다.

---

72 Vamvoukos, *supra note* 66, pp. 168~171.
73 Zimmermann, supra note 59, p. 88.
74 Ibid.
75 Oeter, supra note 36, p. 361.

라. 기타 관습법 규칙

　독일의 통일에 따른 조약의 승계는 조약국경이동의 원칙과 사정변경의 원칙을 원용해 이뤄졌으나, 이 원칙을 보완하기 위한 규칙으로서 선임국이 체결한 〈인적personal〉 또는 〈정치적political〉 조약은 승계되지 않고 효력을 상실하며, 〈물적real〉 또는 〈처분적dispositive〉 조약은 승계된다는 관습법 규칙을 들 수 있다.[76] 정치적 조약이란 조약 당사국의 정치적 및 경제적 체제와 관련되는 조약으로서 동맹조약, 우호협력조약, 정치적 연합이나 경제적 통합을 이루는 조약을 들 수 있으며, 이러한 정치적 조약은 일국이 타국에 흡수 병합되어 국가가 소멸하고, 완전히 다른 정치체제를 가진 국가에 의해 대체되는 경우에는 그 조약의 이행이 사실상 불가능하기 때문에 법적 효력을 상실한다.[77] 독일의 경우에는 사정변경의 원칙을 보완하는 규칙으로 적용되었으며, 특히 사회주의 국가가 체결한 대부분의 정치적 성격의 조약은 관련당사국 간의 협의 절차를 거쳐 독일이 조약의 효력에 관한 결정을 하도록 했다.

　이와 함께 관습법 규칙으로 확인된 〈처분적dispositive〉 조약의 승계 원칙이 있다. 처분적 조약은 그 영토에 부속된 〈물적 권리real rights〉로서 대세적으로erga omnes 유효하며, 계약적 성격을 가지는 것이 아니라 〈권리의 양도conveyance〉로서의 성격을 가지고 있기 때문에 그 지역 또는 영토를 승계하는 국가는 그 의사에 관계없이 영토에 부속된 처분적 조약을 승계한다. 독일의 경우 동독과 폴란드 간에 1952년 2월에 체결된 〈오데르 강의 항행에 관한 조약Treaty between Poland and the German Democratic Republic concerning Navigation on the River Oder〉이 이에 해당되며, 이

76　J. L. Brierly, *The Law of Nations*, 6th ed. (1963), p. 153; O'Connell, *supra note* 61, p. 231.
77　Oeter, supra note 36, p. 363.

조약은 통일 후에도 독일에 계속 적용된다.[78] 또한 동독이 체결한 국경조약으로서 1950년 동독과 폴란드 간에 〈오데르-나이세 라인Oder-Neisse Line〉을 양국 간의 국경으로 확인한 괴르리츠Gorlitz 조약이 있는데, 서독은 1970년에 폴란드와 바르샤바Warsaw 조약을 체결해 〈오데르-나이세 라인〉을 독일과 폴란드 간의 국경으로 인정했다. 통일독일도 〈2+4〉조약에 따라 1990년 11월에 폴란드와 〈기존 국경의 확인에 관한 조약Treaty on the Confirmation of Existing Border〉을 체결해 1950년 및 1970년에 동·서독에 의해 각기 확인된 양국 간의 기존 국경을 재확인했다.[79] 또한 동독이 1980년 체코슬로바키아와 체결한 국경조약도 계속 적용되어 오다가 1996년에 독일과 체크공화국이 체결한 국경횡단협정으로 대체되었다.[80]

마. 다자조약 및 국제기구의 회원국 지위 승계

동·서독이 통일 이전에 각기 가입하고 있던 다자조약 및 국제기구의 회원국 지위 승계에 대해서는 서독은 동독을 병합해 국가로서 계속 존속하고, 동독은 소멸했기 때문에 동독의 다자조약의 당사국 또는 국제기구의 회원국 지위는 소멸된다. 그러나 서독의 당사국 또는 회원국 지위는 〈1969년 조약법에 관한 비엔나협약〉 제29조 규정에 따라 통일독일 전체 영토에 적용된다.[81] 그러나 동독은 가입했으나, 서독이 가입하지 않은 다자조약 또는 국제기구의 경우에는 동독이 가입한 다자조약의 당사국 지위나 국제기구의 회

---

78 Ibid., p. 364.
79 Wladyslaw Czaplinski, "The New Polish-German Treaties and the Changing Political Structure of Europe", *AJIL*, Vol. 86 (1992), pp. 166~167.
80 Zimmermann, supra note 59, p. 90.
81 〈1969년 조약법에 관한 비엔나협약〉 제29조는 다음과 같다.
Unless a different intention appears from the treaty or is otherwise established, a treaty is binding upon each party in respect of its entire territory.

원국 지위는 동독의 소멸로 인해 종료된다고 본다.[82] 이에 따라 동독이 가입한 29개의 국제노동협약International Labour Convention 및 바르샤바조약기구 등과 체결한 다자조약의 효력이 종료되었다.[83] 통일조약 제12조 제3항은 통일독일이 동독이 가입한 다자조약의 당사국 또는 국제기구의 회원국 지위를 계속 유지하려 할 경우에 관계당사국과 합의에 도달해야 하며, 이 경우에 다자조약의 당사국 또는 국제기구의 회원국 지위는 동독영토에만 적용되는 것이 아니라 통일독일 전체 영토에 적용된다고 규정하고 있다.[84] 독일이 동독만이 가입하고 있던 다자조약 및 국제기구의 회원국 지위를 승계한 사례는 위성통신 관련 인터스푸트니크Intersputnik 조약이 유일하나, 법적 관점에서는 독일이 승계한 것이 아니라, 1990년 10월 3일자로 이 기구 및 조약에 가입한 것이다.[85]

바. 동독이 체결한 무역협정의 효력

소련 및 동유럽 국가들이 1949년 미국의 〈마셜플랜Marshall Plan〉과 이를 이행하기 위한 〈유럽경제협력기구Organization for European Economic Cooperation(OEEC)〉에 대항해 조직했던 〈상호경제원조이사회Council for Mutual Economic Assistance(COMECON)〉 회원국들은 5년마다 무역협정을 체결하고, 이 협정에 근거해 매년 회원국 간에 구상무역 방식으로 교역 대상품목과 수량을 할당하는 의정서에 합의해 상호 교역을 해왔다. 동독도 1986~1990년의 5개년간 코메콘COMECON 회원국들과 무역협정을 체결하고, 동유럽 국가들과 매년 구상무역 형식으로 교역을 해왔는데, 통

---

82 Oeter, supra note 36, pp. 369~370.
83 Gamarra, supra note 52, p. 405.
84 Oeter, supra note 36, p. 370.
85 Gamarra, supra note 52, p. 405.

일과 관련해 이 조약의 효력에 관한 문제가 제기되었다. 동·서독은 1990년 3월 18일에 〈금융·경제 및 사회적 통합에 관한 조약〉을 체결하고, 〈정당한 기대의 보호protection of legitimate expectations〉라는 개념을 원용해 동독의 기존 대외무역 관계를 존중할 것이라고 선언했다. 이 조약 제13조 제2항은 특히 동독의 주요 교역상대국의 〈정당한 교역상 이해legitimate trade interests〉를 보호하기 위해 필요한 조치를 취할 것이며, 통일독일은 유럽공동체EC와 협의해 통일의 전환기 동안에 필요한 예외적 조치에 합의해야 한다고 규정했다.[86] EC는 이에 따라 동독과 동유럽 국가들 간에 합의된 무역협정의 토대 위에서 교역이 일정 기간 동안 계속될 것으로 예상하는 동독의 교역상대국들의 정당한 이익을 보호하기 위해 동유럽 국가들에게 적용되어 오던 반덤핑관세를 포함한 수입관세의 부과를 잠정적으로 1992년 12월 31일까지 정지했다.[87] 그러나 〈정당한 기대의 보호〉 원칙은 국가승계 시 사정변경의 원칙에 따른 법적 의무가 아니라 정치적 우호의 표시라고 보는 것이 보다 적절할 것이다.

4. 결론

제2차 세계대전 이후 국가승계 문제는 탈식민화 운동에 의한 신생독립국의 등장과 이에 따른 국가승계 이론 및 1978년 비엔나협약의 성문법전화 과정 등을 통해 주로 신생독립국을 중심으로 발전되어 왔으나, 독일의 통일은 국가승계의 초점을 기존 국가 간의 할양, 병합, 분리 등에 의한 고전적인 국가승계 문제로 옮겨 놓게 하는 계기가 되었다. 독일의 국가승계는 또한 국

---

86 Oeter, supra note 36, p. 374.
87 Ibid., p. 375.

가승계 시 1978년 비엔나협약을 적용하지 않았다는 점에 특색이 있으며, 향후 국가의 병합 또는 합병에 의한 통일의 경우에 많은 참고가 될 것이다.

조약의 국가승계문제는 1978년 비엔나협약의 발효에도 불구하고 아직도 원칙이 불확실하며, 일관된 국가관행을 찾을 수 없는 상태에 있으나, 독일의 승계 사례는 〈사정변경의 원칙 rebus sic stantibus〉이라는 다소 모호하지만 신축성 있는 원칙을 적용해 국가승계의 기본적 틀을 확립했다는 데 그 의의가 있다.[88] 독일은 이와 함께 관습법으로 확립된 조약국경이동의 원칙을 적용했다. 국가승계는 엄격한 법 원칙이 적용되는 분야가 아니라 주권의 변동이라는 특별한 상황에 맞추어 이에 적합한 관습법 규칙을 찾아내고 적용하는 사법적 기능의 분야이기 때문에,[89] 사정변경의 원칙과 조약국경이동의 원칙을 주로 적용하고 이 원칙을 보완하기 위해 국가승계에 관한 관습법 규칙인 정치적 조약의 소멸 및 처분적 조약의 승계원칙이 병용되었다. 독일의 통일에 따른 승계는 1개 국가가 소멸하고, 기존 국가의 영토가 확대되어 계속 존재하는 흡수병합의 사례로서 앞으로 기존 국가들의 결합에 의한 제3국의 생성이 아닌, 우리나라와 같은 분단국의 통일 시 참고할 수 있는 매우 유용한 사례가 될 것으로 보인다.

---

88 Ibid., p. 382.
89 D. P. O'Connell, "Reflections on the State Succession Convention", 39 *ZaöRV* (1979), p. 729.

제4절 러시아 및 동유럽 국가들의 국가승계

1. 서론

제2차 세계대전 이후 40여 년 이상 국제관계를 지배해 왔던 동·서 간의 냉전이 종식됨에 따라 1989년부터 중·동유럽 및 소련에 혁명적인 변화가 일어나게 되었다. 그간 미국에 대항해 사회주의 진영을 대표해 오던 소련은 1985년 고르바초프 공산당 서기장의 등장 이후 대내적으로는 〈개혁Perestroika〉과 〈개방Glasnost〉 정책을, 대외적으로는 〈신사고New Thinking〉정책을 추구하면서,[90] 더 이상 동독과 동유럽 국가들을 통제할 수 없음을 인식하게 되었고, 소련의 세력 위축에 따른 국제관계의 역학 변화의 결과 1990년 독일이 통일되었다. 이어 1991년 8월 소련 내의 반개혁, 반서방적 쿠데타 실패 이후 소련이 붕괴되고, 소련방을 구성했던 러시아 및 기타 국가들이 독립해 〈독립국가연합Commonwealth of Independent States(CIS)〉을 창설하게 되었다. 소련 내의 혁명적 변화에 따라 소련이 붕

---

90 Edward McWhinney, "The 〈New Thinking〉 in Soviet International Law: Soviet Doctrines and Practice in the Post-Tunkin Era", *Canadian YIL*, Vol. 28 (1990), pp. 309~337.

괴되는 과정에서 1940년 소련에 의해 불법 점령되어 소련방에 편입되었던 에스토니아, 라트비아, 리투아니아의 발트 3국이 1991년 소련으로부터 독립해, 소련에 의해 정지되었던 주권을 다시 회복했다.[91] 냉전체제의 와해는 또한 공산주의라는 이념하에서 억제되어 있던 민족주의의 부활을 초래했다. 이에 따라 1946년 티토Tito 대통령의 강력한 영도하에 창설되어 비동맹 운동의 맹주 역할을 해오던 유고슬라비아가 1991~1992년 기간 동안 5개의 국가로 분열되었고, 1920년 제1차 세계대전 후에 오스트리아-헝가리제국에서 분리된 체코슬로바키아도 이른바 〈벨벳 혁명Velvet Revolution〉이라는 평화적 방법에 의해 1993년 1월 1일부터 체크공화국 및 슬로바키아로 분리되었다.

이들 3개국이 행한 국가승계 방식 및 관행은 일반적으로 조약의 계속성을 추구하고 있으나, 다만 이러한 계속성이 유엔 또는 다른 국제기구의 회원국 지위의 승계에는 적용되지 않았다.[92] 또한 분리·독립된 신국가가 조약을 승계하는 것이 조약의 목적과 양립되지 않을 경우에도 선임국의 조약상 권리와 의무의 승계가 부인되었다. 〈1968년 핵무기 비확산 조약Treaty on the Non-Proliferation of Nuclear Weapons(NPT)〉이 이러한 사례에 해당된다. 소련은 NPT 조약상 5대 핵보유국이었으므로 소련의 분열 이후에는 러시아만이 핵보유국으로서 NPT 조약을 승계했다. 그러나 소련 해체 당시 그 영역에 핵무기를 보유하고 있었던 우크라이나, 벨라루스, 카자흐스탄이 핵보유국의 지위를 승계하는 것은 1967년 1월 1일 이전의 5대 핵보유국에 대해서만 핵무기 보유를 인정한다는 NPT 조약의 목적과 양립되지 않기 때문에 다른 신국가들은 핵보유국의 지위를 승계하지 않았다.[93]

91 Jennings and Watts, *Oppenheim's International Law*, 9th ed., Vol. I, pp. 193~194.
92 Oscar Schachter, "State Succession: The Once and Future Law", *Virginia JIL.*, Vol 33 (1993), p. 257.
93 George Bunn and John B. Rhinelander, "The Arms Control Obligations of the Former

이 절에서는 소련, 유고슬라비아, 체코슬로바키아의 분리, 분열, 독립의 경우에 조약의 승계 및 국제기구의 회원국 지위 승계는 어떤 법적 근거에 따라 어떻게 처리되어 왔는가를 살펴보고, 이러한 조치가 1978년 비엔나협약과 어떤 관계를 가지고, 어떻게 영향을 미치는가 하는 문제를 검토한다.

2. 러시아 및 CIS의 국가승계

가. 소련의 붕괴

소련은 1991년 8월 공산주의자들의 쿠데타 기도로 붕괴되기 시작했으며, 쿠데타가 진압된 후에 러시아 및 카자흐스탄을 제외한 모든 공화국들이 소련으로부터 독립을 선언했다. 붕괴 이전의 소련은 발트 3국을 포함해 15개의 공화국으로 구성되어 있었는데, 발트 3국 및 그루지아는 쿠데타 발발 이전인 1991년 4월에 이미 독립을 선언했고, 소련은 쿠데타 진압 이후 1991년 9월 6일에 발트 3국의 독립을 공식 승인했다.[94] 발트 3국의 독립을 승인하기는 했지만 소련은 다른 12개의 공화국을 결합하여 〈주권국가연합Union of Sovereign States〉을 구성, 주권국가연합과 각 구성국가들이 모두 국제적 법인격을 가지는 형태로 연방을 계속 유지하려고 시도했으나, 우크라이나의 국민투표 실시에 따라 이러한 노력도 좌절되었다. 결국 1991년 12월 8일, 러시아, 우크라이나, 벨라루스(벨로루시아 공화국이 국명을 변경함) 3국은 소련이 〈붕괴disintegrated〉되었음을 공식 인정하고, 〈독립국가연합CIS〉의

Soviet Union", *Virginia JIL*, Vol. 33 (1993), pp. 334~338.
94 Paul R. Williams, "The Treaty Obligations of the Successor States of the Former Soviet Union, Yugoslavia, and Czechoslovakia: Do They Continue in Force?", *Denver JILP*, Vol. 23 (1994), p. 3.

창설을 선언했으며, 1991년 12월 23일까지 그루지야를 제외한 모든 공화국이 CIS 가입에 동의했다(그루지아도 추후에 가입).[95] 이에 따라 미국 등 주요 국가들은 러시아 및 CIS의 모든 회원국들을 개별적으로 승인했다.

나. 러시아의 소련 법인격 계속성 문제

소련이 분열되어 러시아 및 CIS 제국이 창설됨에 따라 소련이 분열(dissolution 또는 dismemberment)되어 소멸하고 완전히 새로운 국가들이 형성된 것인지, 아니면 비록 영토와 인구가 감소되기는 했으나 소련이 러시아연방이라는 다른 국가의 형태로 계속 존재하고, 기타 다른 신국가들은 소련으로부터 분리secession된 것인지 하는 문제가 제기되었다. 〈국가의 계속성state continuity〉은 국가승계와 긴밀히 관련되어 있으나 원칙적으로 반대의 효과를 가진다. 국가의 계속성은 국가를 구성하는 영토, 인구, 정부의 변화에도 불구하고 동일한 국가가 계속 존재한다는 개념이므로,[96] 국가의 계속성이 인정될 시 국가승계가 발생하지 않는다. 그러나 국가승계는 한 국가가 다른 국가의 영토상의 국제관계에 대한 책임을 대체하는 개념이기에 국가의 계속성이 인정되지 않는 경우에 발생한다.[97]

---

95 "Declaration on the Creation of a Commonwealth of Independent States, done in Alma-Ata on Dec. 21, 1991": CIS는 설립 초기부터 초국가적 권한을 가지고 있지 않은 〈국가간의 연합coordinating inter-state association〉 형식으로 창설되었으며, 소련의 법적 승계자가 아니다. CIS는 주권국가 상호 간의 이해 및 협조관계를 조정할 목적으로 창설된 느슨한 국가연합loose confederation이라고 할 수 있으나 다른 국가연합과 달리 공동외교정책을 추구하지 않는다. Sergei A. Voitovich, "The Commonwealth of Independent States: An Emerging Institutional Model", 4 *EJIL* (1993), pp. 403~417.

96 J. L. Kunz는 〈국가의 동일성state identity〉이라고 하며, 일부 학자들은 국가의 계속성과 동일성을 구분하기도 하나, 실제로는 이를 구분할 실익이 없으므로 이 책에서는 편의상 다수설에 따라 같은 개념으로 사용한다.

97 James Crawford, *The Creation of States in International Law*, 2nd ed. (2006), Oxford,

국가승계에 관한 관습법에 의하면 분열과 분리 시 법적 효과에는 차이가 있다. 분열의 경우에는 선임국의 계속성을 유지하는 국가가 존재하지 않고 분열된 국가 모두가 승계국으로서 동일한 지위를 가지며, 각각 선임국의 조약관계를 승계한다. 그러나 분리의 경우에는 선임국의 계속성을 유지하는 국가가 존재하기에 이 국가가 선임국의 조약관계를 계속 유지하고, 분리, 독립한 다른 국가들은 백지위임의 원칙에 따라 선임국의 조약승계 문제를 처리할 수가 있다. 구소련의 붕괴가 분열에 해당되어 러시아를 비롯한 모든 연방구성국들이 동등한 승계국이 되었다는 학설 및 주장은 소련이 붕괴된 후 1991년 12월 8일에 러시아, 벨라루스, 우크라이나가 체결한 〈민스크Minsk〉 협정의 〈국제법 주체로서 그리고 지리적 실체로서의 소련이 더 이상 존재하지 않는다no longer exists〉는 내용과 그리고 1991년 12월 21일에 상기 3개국과 소련방을 구성했던 11개 국가들이 독립국가연합CIS 설립과 함께 소련은 〈소멸cease to exist〉했다는 〈알마아타Alma Ata〉 선언 내용에 근거한다. 소련이 소멸했다면 러시아는 소련의 계속성을 주장할 수 없고 다른 승계국들과 같이 소련의 승계국 중 1개국이 될 수밖에 없었다.[98]

그러나 이에 대해 CIS 설립을 위한 알마아타 선언 등은 법적 효력이 없는 정치적 선언에 불과하다고 하며, 국가관행 및 유엔 등 국제기구의 관행도 소련의 유엔 회원국 지위의 유지를 비롯한 러시아의 소련의 계속성 주장을 승인했다. 또한 CIS 국가원수평의회에 의해 설립된 국가승계위원회에서

pp. 667~669.
98 Shaw, "State Succession Revisited", 5 *Finn YIL* (1994), pp. 47~50; 소련은 1917년 러시아혁명 이후 사회주의 혁명이론에 따라 전 정부의 부채상환 의무가 없다고 주장했으며, 1991년 소련 분열 시에도 일부 학자들은 동일한 소비에트법 적용을 시도했다. 그러나 국제사회는 오래 전에 이 이론을 부인하고, 사회주의혁명도 국가의 계속성을 단절시킬 수 없다고 했다. Rein Müllerson, *International Law, Rights and Politics* (1994), Routledge, p. 140.

도 CIS 국가들은 각자의 헌법절차에 따라 소련이 체결한 조약을 이행하겠다고 선언했다.

소련이 체결한 다자조약에 대해서는 러시아의 경우에는 소련의 계속성을 유지하므로 다자조약 승계문제는 발생하지 않으나, CIS 각 회원국들은 다자조약의 승계 여부를 각자 결정하도록 했다.[99] 그러나 우크라이나의 경우에는 러시아가 소련의 유엔 안보리 상임이사국 지위 등 회원국 지위를 대체하는 것 이외에 다른 면에서의 러시아의 계속성을 부인한다.[100] 또 오스트리아도 1995년 체결된 〈오스트리아 국가조약The Austrian State Treaty〉이 러시아와의 관계에서 더 이상 적용되지 않도록 하기 위한 방안으로 러시아의 소련 법인격의 계속성 주장을 인정하지 않다가 1993년 6월, 러시아와 각서교환을 통해 소련과 체결한 조약의 계속 적용을 확인한 바, 이는 경개 novation에 의한 조약의 계속 적용이라고 할 수 있을 것이다. 오스트리아는 1995년 1월, EU에 가입한 후 EU의 러시아에 대한 국가의 계속성 승인에 따라 기존의 입장을 변경해 러시아의 계속성 주장을 승인했다.[101]

국제사회는 원칙적으로 소련은 분열 후에 러시아연방에 의해 계속 존속하며, 다른 소련방 구성국들은 소련에서 분리된 신국가라고 인정했다. 이는 우선 인구, 지리, 면적 등 객관적 사실을 가지고 볼 때 러시아연방이 다른 공화국 전체를 합친 것보다 클 뿐만 아니라,[102] 정치적인 관점에서도 1917년

---

99 Gamarra, supra note 52, pp. 428~429.

100 Konrad G. Bühler, "State Succession, Identity/Continuity and Membership in the United Nations", in Koskenniemi et al. (ed.), *State Succession: Codification Tested Against Facts* (2000), p. 261.

101 Ibid., pp. 262~263.

102 소련의 분열 후에도 러시아연방은 소련 전체 인구의 55%, 영토의 77%를 차지하고, 상당한 자원을 확보하고 있다. P. R. Williams, "State Succession and the International Financial Institutions: Political Criteria v. Protection of Outstanding Financial Obligations", 43 *ICLQ* (1994), p. 785.

이후의 소련은 1917년 이전의 러시아제국의 계속으로 인정돼 왔다는 사실에 근거한다.[103]

다. 국제기구의 회원국 지위 승계

소련의 붕괴 후 1991년 12월 21일, CIS 국가원수이사회Council of Heads of State of the CIS가 채택한 알마아타 선언은 CIS의 창설과 CIS 회원국들은 영토보전과 기존 국경을 상호 존중할 것에 합의하고, 러시아가 유엔 안전보장이사회의 상임이사국 지위를 포함해 유엔 및 다른 국제기구에서 소련의 회원국 지위를 계속 유지할 것을 지지했다.[104] 이에 따라 옐친 러시아 대통령은 1991년 12월 24일자 유엔 사무총장 앞 서한에서 러시아가 상임이사국 지위를 포함한 소련의 유엔 회원국 지위를 승계하겠다고 통보했다. 이에 대해 다른 회원국들로부터 아무런 이의가 제기되지 않았기 때문에 러시아는 유엔에서 소련의 회원국 지위를 승계하게 되었으며, 다른 CIS 회원국들은 유엔헌장의 규정에 따라 신국가로서 새로 유엔에 가입했다.[105]

이와 같이 러시아가 소련의 회원국 지위를 승계한 것은 러시아는 사실상 소련의 주도적인 공화국으로서 대부분의 영토 및 인구를 보유하고 있을 뿐 아니라 소련과 동일한 국가라는 국제사회의 인식에 따른 것이며, 이는 또한 1947년의 인도-파키스탄의 분열에 따른 유엔의 가입 시에 그 선례를 찾을

---

103 Müllerson, *supra note* 98, p. 140.
104 Yehuda Z. Blum, "Russia Takes Over the Soviet Union's Seat at the United Nations", 3 *EJIL* (1992), p. 355.
105 Müllerson, *supra note* 98, p. 141. 소련방을 구성했던 우크라이나와 벨라루스공화국은 1945년 유엔의 창설 당시부터 유엔의 원회원국으로 가입하고 있었는데, 이는 이 공화국들이 소련방의 일원으로서 독립적인 국제법 주체가 아니었다는 점에서 소련에게 법적으로 부적절한 대우를 해온 것이라 할 수 있으나 유엔에서 소련에게 3개의 투표권을 부여해 소련을 참여시키려는 미국 등 연합국의 정치적인 배려에 근거한 것이었다. Blum, supra note 104, pp. 354~355.

수 있다. 러시아가 소련의 회원국 지위를 승계하는 데 대해 유엔 회원국들이 반대를 하지 않은 또 다른 이유로는 러시아가 알마아타 선언을 통해 묵시적으로 유엔헌장 및 국제법을 준수하겠다는 입장을 선언한 것에도 기인한다고 본다.[106] 순수한 법적 관점에서는 CIS 제국이 소련의 붕괴를 선언했을 당시 소련의 유엔 회원국 지위도 소멸되었으며, 소련의 붕괴가 국가의 분열에 해당되기 때문에 러시아를 포함한 모든 신국가가 유엔에 새로 가입해야 함에도 불구하고 정치적, 실용적인 고려에서 러시아의 유엔 회원국 지위 승계가 이루어졌다는 견해도 있으나,[107] 러시아는 소련과 사실상 동일한 국가이며 유엔헌장과 국제법의 준수를 약속했다는 점에서 러시아의 승계는 법적으로 정당한 조치라고 사료된다. 국제기구의 회원국 지위 승계문제와 관련, 미국 국무부는 국가의 계속 또는 국가의 분열 여부를 결정하기 위한 표준 criteria을 설정한 바 있다. 미국은 국가가 분열되어 어느 특정 승계국이 선임국의 법적 동일성을 상속inherit한 경우에 그 국가는 국제기구에서의 선임국의 회원국 지위를 승계할 수 있다고 보는데, 승계국이 선임국의 법적 동일성을 상속하기 위한 요건은

첫째, 상당한 영토substantial amounts of territory의 보유,

둘째, 선임국의 인구, 자원, 군대의 다수 보유,

셋째, 정부의 위치the seat of government 등을 들 수 있다.

미국은 이러한 표준에 따라 러시아가 유엔에서 상임이사국의 지위를 승계하는 것을 지지했다.[108]

---

106 David Lloyd, "Succession, Secession, and State Membership in the United Nations", *NYUJILP*, Vol. 26 (1993~1994), pp. 778~779.
107 Blum, supra note 104, pp. 354~361.
108 Williams, supra note 94, pp. 21~22.

라. 조약의 승계

국제사회가 러시아를 소련과 동일한 국가로 승인함에 따라 러시아는 소련이 체결한 모든 조약상의 권리·의무를 계속 이행하게 되었다. 영토의 상실 또는 취득은 그 자체만으로 원칙적으로 국가의 계속성에 영향을 미치지 않으나,[109] 영토 및 인구의 상당한 변동은 국가의 국제법적 의무의 조정을 가져오며, 이에 따라 사정변경의 원칙을 적용하지 않을 수 없도록 한다.[110] 또한 다른 CIS 국가들도 소련의 승계국으로서, 이 국가들이 소련의 권리와 의무를 어느 범위까지 승계하는가 여부에 따라 러시아의 국제적 권리와 의무도 영향을 받게 된다. 실제로 CIS 국가들은 국가승계 문제에 있어서 국가원수 또는 정부수반 차원에서 일련의 결정을 내리게 되는데, 1992년 3월의 CIS 국가원수이사회는 CIS의 모든 회원국이 구소련의 권리와 의무의 승계국임을 인정하고 회원국 간에 국가승계 문제를 교섭하고 합의하기 위해 전권대표위원회를 설립하기로 결정했다.

구소련이 체결한 조약에 대해 CIS 국가원수들은 1992년 7월 6일 〈소련의 조약의 승계에 관한 양해각서Memorandum on mutual understanding on issues of succession to treaties of the former USSR having mutual interest〉에 서명했는데, 이 양해각서는,[111]

첫째, 다자조약에 대해 다자조약이 모든 CIS 회원국의 공동 관심사로서, 조약에의 참여가 회원국들의 공동결정이나 공동행동을 필요로 하는 것은 아니므로 국제법 원칙 및 규범에 따라 각 조약의 성격 및 내용을 고려해 회원국들이 개별적으로 다자조약을 승계할 수 있도록 했으며,

---

109 Krystyna Marek, *Identity and Continuity of States in Public International Law*, 2nd ed. (1968), p. 15; Crawford, *supra note* 97, pp. 667~668.
110 Müllerson, *supra note* 98, p. 142.
111 *Ibid.*, pp. 143~144.

둘째, 전체 회원국이 아닌 2개 또는 그 이상의 회원국과 관련된 양자조약에 대해서는 그 조약이 적용되는 국가들이 국제법 원칙에 따라 조약의 계속 적용 여부를 결정할 것이며,

셋째, 국경을 획정하는 조약은 계속 효력이 있다고 규정했다.

양해각서는 이와 같이 선임국이 체결한 조약이 승계국에 대해 계속적으로 적용되는지 여부는 승계국이 스스로 결정하도록 했으며, 관련당사국으로서의 제3국이나 국제사회도 필요한 경우 이에 대한 입장을 정립할 수 있도록 했다.

러시아는 조약의 승계와 관련해 러시아가 소련의 법인격의 계속성을 유지하고 있으므로 소련의 조약상 의무를 이행할 것이라는 분명한 입장을 취해 왔다. 소련의 분열 시 소련은 16,000개 조약(600개의 다자조약 포함)의 당사국이었다. 소련은 1989~1991년 사이에 유럽평의회Council of Europe가 주도한 7개의 협약에 가입했는데, 러시아연방 외무장관은 1992년 1월에 유럽평의회 사무총장에게 서한을 보내 러시아가 소련이 가입한 상기 7개 협약상의 의무를 포함하여 소련의 국제적 책임을 이행하겠다고 통보했다. 이에 따라 유럽평의회 각료이사회는 러시아의 입장과 유엔에서 러시아연방의 소련 회원국 지위 유지 조치를 참고해 러시아가 소련이 체결한 조약을 계속 적용하는 것을 승인했다.[112] 군축 관련 조약의 경우에 미국-소련 간에 1991년 7월 31일에 서명된 〈전략무기감축조약START-I〉은 소련의 분열 시 비준되지 않았으나, 미국, 러시아, 벨라루스, 카자흐스탄, 우크라이나 등 관련당사국 간의 협의를 거쳐 러시아는 NPT상의 핵보유국으로서, 벨라루스, 카자흐스탄, 우크라이나는 비핵보유국으로 참여키로 합의했다.[113] 이외

---

112 Gamarra, supra note 52, pp. 430~431.

113 Tarja Långström, "The Dissolution of the Soviet Union in the Light of the 1978 Vienna Convention on Succession of States in Respect of Treaties", in Koskenniemi et al. (ed.), *States Succession: Codification Tested Against the Facts*, Nijhoff (2000), pp. 746~747.

에도 러시아는 탄도미사일조약AMB Treaty, 유럽의 재래식 무기 감축조약 Treaty on Conventional Forces in Europe 등 군축조약에 대해 CIS 관련 국가들과 함께 조약을 계속 적용키로 한 바, 이는 미국과 EC 등의 러시아 및 CIS 국가들에 대한 국가승인 정책과도 관련이 있다.

양자조약에 대해서는 러시아연방은 소련의 법인격 계속성에 따라 조약의 제3국과 별도의 협의 없이 기존조약이 계속 적용됨을 주장했으나, 소련의 분열 후에 개최된 미국-러시아 간의 외무부 대표 회담에서 러시아 대표는 러시아가 소련이 체결한 조약 또는 대외적인 약속이 러시아의 법률과 배치되지 않는 범위 내에서 조약을 준수할 것이라고 했는데,[114] 이는 조약이 자동적으로 승계된다는 원칙을 배제할 수도 있음을 시사한 것이다. 실제로 러시아는 구소련의 조약 당사국과 양자협의를 거쳐 소련의 붕괴라는 사정변경을 고려해 조약의 계속 적용 여부를 결정하고 이를 각서교환 형식으로 합의한 바 있다. 그러나 국경조약 및 영토체제에 관한 처분적 조약은 국가승계와 관계없이 계속 적용된다는 관습법 규칙과 1978년 비엔나협약에 따라 러시아에 계속 적용되었으며, 이 조약에는 1940년 소련과 핀란드 간에 체결된 〈올란드 제도Aaland Islands〉의 비무장화와 이를 확인하기 위해 소련 영사관의 설치를 규정한 양자조약이 포함되었다.[115]

양자조약과 관련해 구소련이 핀란드와 1948년 체결한 우호협력상호원조조약Treaty on Friendship, Cooperation and Mutual Assistance(FCMA)[116]

---

114 Williams, supra note 94, pp. 35~36.
115 Långström, supra note 113, pp. 766~768.
116 이 조약은 소련의 요구에 의해 체결되었으며, 동맹조약은 아니나 독일 또는 독일의 연합국이 핀란드 또는 핀란드 영토를 통해 소련을 공격할 경우에 상호협의를 거쳐 군사적으로 대처한다는 것이 주요 내용이다. 소련은 이 조약을 체결해 핀란드를 친소중립국(소위 〈Finlandization〉)으로 유지해 왔으나, 독일의 통일 등 상황의 변화로 냉전시대의 잔재로 간주됐다. Marja Lehto, "Succession of States in the former Soviet Union", 4 Finn YIL (1993), pp. 217~222.

의 종료 및 대체는 국제정치체제의 변화에 따른 조정이라고 볼 수 있다. 핀란드는 1990년 바르샤바조약기구의 붕괴와 독일의 통일이 가져온 유럽의 민주적 변화가 핀·소 상호원조조약의 일부규정을 불필요하게obsolete 했다고 간주하고, 조약의 새로운 해석을 발표했다. 1991년 9월, 핀란드는 소련과 이 조약을 대체할 신조약의 교섭을 시작했으며, 이보다 앞서 동년 7월 러시아연방과도 〈선린협력조약Treaty on Good-Neighborliness and Cooperation〉의 체결교섭을 시작했다. 소련의 붕괴 후에 1992년 1월 핀란드와 러시아는 선린협력조약에 서명했으며, 핀란드는 구소련과의 상호원조조약을 구소련 영토에 존재했던 모든 국가들과의 관계에서 일방적으로 종료시켰다. 상호원조조약의 종료는 추후 핀란드와 러시아 간의 신조약 서명 시 각서교환 형식으로 확인되었다. 핀란드와 러시아는 1992년 7월에 핀란드와 소련 간의 양자조약에 대한 재검토를 완료한 바, 무역협정 등 일부 조약들의 종료를 확인했다.[117] 핀란드의 일방적 선언에 의한 상호원조조약의 종료 및 추후 확인과 양자조약에 대한 재검토는 소련의 붕괴와 동서냉전의 종식에 따른 사정변경의 원칙을 반영한 것이라 본다.

　구소련의 승계국 중 우크라이나와 벨라루스는 소련의 연방공화국이었음에도 불구하고 국제법상 특별한 지위를 가지고 있었다. 두 나라는 미·소 양진영 간의 정치적 타협에 의해 독립된 주권국가가 아님에도 불구하고 1945년 유엔의 원회원국이 되었으며, 인권규약, 인도적 조약, 유엔 등의 특권·면제 협약, 외교·영사관계협약 등 상당수 다자조약의 당사국이었기에 제한적이긴 하지만 국제법인격을 보유하고 있었다. 두 나라는 소련의 붕괴 후에 알마아타 선언에서 명시된 대로 다른 승계국과 같이 소련의 승계국들이지만 독자적으로 유엔의 회원국 지위를 계속 유지하며, 이미 그 당사국인

117　Längström, supra note 113, pp. 770~772.

다자조약을 계속 적용했다.[118] 그러나 구소련이 당사국인 다자조약에 대해서는 소련의 다른 승계국과 마찬가지로 조약의 승계, 가입 등의 조치를 취했으며, 양자조약에 대해서는 다른 조약당사국과의 양자협의를 거쳐 조약의 승계 등의 조치를 취했다.[119]

우크라이나는 1992년 10월과 12월, 미국 국무부 법률고문과의 회담에서 우크라이나 외무부 및 의회는 소련이 체결한 모든 조약을 재검토한 후 이 중에 어느 조약을 계속 적용할 것인가 여부를 결정할 예정이며, 계속 유효한 조약에 대해서는 재서명resign할 수 있기를 희망했다. 또한 우크라이나 외무부는 1992년 1월 주모스크바 미국 대사관 앞으로 우크라이나가 미국과 〈영사관계에 관한 의정서Protocol on Consular Relations〉 체결을 희망한다고 통보했다.[120] 이에 대해 미국은 소련과 영사관계에 관한 양자협정을 체결했고, 그 협정이 우크라이나에도 적용된다고 보기 때문에 새로운 협정을 체결하는 것은 부적절하며, 그 대신 미국과 우크라이나 간의 영사관계가 미·소 간의 영사관계협정에 의해서뿐만 아니라 1963년 〈영사관계에 관한 비엔나협약〉에도 근거하고 있다는 공동성명Joint Communiqué을 발표할 의사가 있음을 표명했다. 미국은 동 공동성명 발표 시 미·소 간의 모든 협정이 우크라이나와의 관계에서도 유효함을 확인하려 했으나, 공동성명은 발표되지 않았다.

벨라루스는 1992년 7월 15일, 외무부 공한으로 미국과 소련 간에 1989년 1월 8일에 서명된 〈기초과학 연구 분야에서의 협력에 관한 협정Agreement Concerning Cooperation in the Fields of Basic Scientific Research〉의 승계에 관한 법적 문제의 검토를 미국에 요청했는데, 미국은 외교 공한으로 이

---

118 Ibid., pp. 733~734.
119 이근관, 「국가승계법 분야의 새로운 경향과 발전」, 『서울국제법연구』 제6권 2호(1999), pp. 208~210.
120 Williams, supra note 94, p. 36.

협정이 벨라루스에 대해 유효함을 확인했다.[121] 그러나 미국은 이 기회에 소련과 체결한 모든 협정이 유효하다는 주장을 하지는 않았다.

구소련의 다른 승계국들인 CIS 국가들의 조약의 승계는 일관된 관행을 보여 주지 못하고 있다. 예를 들면 카자흐스탄, 키르기스스탄, 타지키스탄, 투르크메니스탄은 모두 1949년 제네바 4개협약과 추가의정서를 승계했으나 아르메니아, 아제르바이잔, 그루지야, 몰도바, 우즈베키스탄은 동 협약에 가입했다.[122] 카자흐스탄은 또한 상기 제네바협약을 승계했지만 구소련이 당사국인 다른 조약들에 대해서는 승계 대신에 가입을 했다.[123] 아르메니아는 조약의 승계와 관련 구소련의 승계국이 아니라고 선언하기도 했으며, 대부분의 CIS 국가들이 조약의 승계방식보다는 조약에의 가입 형식을 취했다. 물론 승계나 가입이 모두 조약의 계속 적용이라는 점에서 동일한 효력을 가지나 승계가 관습법상 원칙적으로 독립일자로부터 효력을 가지는 데 비해 가입은 가입을 통보한 날로부터 또는 일정 기간의 경과 기간을 거쳐 발효한다는 점에서 차이가 있다. 결론적으로 CIS 국가들의 승계 사례는 너무도 다양하고 일관성이 없어 조약의 계속성을 추정하기 어렵게 한다.

러시아 및 CIS 제국의 조약승계와 관련해 미국은 소련의 분열 후 형성된 승계국들이 소련의 조약상 의무를 이행해야 할 의무가 있으며, 이러한 승계 의무는 조약의 승계에 관한 국제법에 의해서뿐만 아니라 미국이 이들 국가들과 외교관계를 수립하는 과정에서 이루어진 정치적 약속political commitments에도 근거한다고 본다.[124] 미국은 또한 1980년 국무부 법률고문의 의견을 통해 1978년 비엔나협약이 일반적으로 기존 관습법을 선

---

121 Ibid., p. 37.
122 Craven, *The Decolonization of International Law* (2007), Oxford, p. 238.
123 *Ibid.*
124 Williams, supra note 94, p. 1.

언하는 것이라고 간주해 왔으며,[125] 1987년 미국법연구소American Law Institute가 승인해 주로 미국의 법관 및 법률가들을 위한 국제법 지침으로 활용되는 〈미국의 대외관계법 재천명The Restatement of the Foreign Relations Law of the United States〉은 〈백지위임의 원칙〉이 신생독립국뿐만 아니라 분리, 분열 등에 의한 신국가에 대해서도 적용된다고 했다.[126] 그러나 미국은 소련 등 동유럽 국가들의 분리, 분열에 따른 조약의 승계 문제를 검토하면서 법적 안정성의 측면에서 승계국에 의한 조약의 승계가 바람직하다고 결정했으며, 특히 이러한 조약의 계속성은 〈소련이 체결한 조약의 무의 이행〉을 보장한 1991년 12월 21일자 CIS 제국의 알마아타 선언에 의해서도 확인되었다고 본다.[127] 물론 이와 같은 조약의 승계원칙에도 불구하고 1978년 비엔나협약에 규정된 바와 같이 조약의 계속 적용이 조약체제의 본질과 양립될 수 없거나, 또는 조약이 소련을 구성했던 어느 1개 공화국에만 적용되었던 경우 또는 조약이 핵무기나 군사적 능력을 가지고 있던 공화국에만 적용되었던 경우에는 조약의 계속성이 적용되지 않는다.[128] 실제로 미국은 소련이 체결한 조약 중 어떤 조약이 계속 유효한가를 결정하기 위해 1992년 중반부터 러시아 등 CIS 제국과 개별적으로 구체적인 조약의 계속 적용, 개정, 종료 등을 위한 확인 작업을 하고 있었으며, 그 검토 기간 동안에 미국이 분명하게 반대되는 결정을 하지 않는 한 소련과 체결한 조약이

---

125 Schachter, supra note 92, p. 257.

126 Detlev F. Vagts, "State Succession: The Codifiers' View", *Virginia JIL*, Vol. 23 (1993), pp. 275~298; 브라운리 교수도 신생독립국과 국가의 결합 또는 분열에 의한 신국가를 구별하는 것이 부적절하며, 모든 신국가들에게 주권적 권리에 근거해 백지위임의 원칙이 적용되어야 한다고 주장한다. Brownlie, *Principles of Public International Law*, 7th ed. (2008), pp. 661~662.

127 Edwin D. Williamson and John E. Osborn, "A US Perspective on Treaty Succession and Related Issues in the Wake of the Breakup of the USSR and Yugoslavia", *Virginia JIL*, Vol. 33 (1993), pp. 264~265.

128 Ibid., pp. 266~267.

모든 CIS 국가들에 계속 유효하다고 간주하고 있었다.[129]

결론적으로 소련이 체결한 조약의 승계와 관련, 법적 안정성과 계속성을 확보하기 위해서는 관련당사국이 러시아 및 CIS 국가들과 개별적으로 교섭해 조약의 계속 적용, 종료, 개정 등을 위한 조치에 합의해야 하며, 양자간의 교섭에 의해 그러한 확인조치를 취할 때까지는 소련이 체결한 조약이 CIS 회원국에 계속 적용되는지 여부가 불확실했던 것으로 보인다.

3. 발트 3국의 주권회복과 국가승계

가. 발트 3국의 주권회복과 국제사회의 승인

에스토니아, 라트비아, 리투아니아 등 발트 3국은 1917년 러시아혁명 이후 독립을 선언했다. 소련과는 1920년에 각각 평화조약을 체결했고, 국제연맹의 회원국으로 독립국가의 지위를 유지해 왔다. 그러나 1939년 소련-독일 간 몰로토프-립벤트롭Molotov-Ribbentrop 비밀의정서에 따라 1940년 소련에 의해 강제적으로 점령되어 소련방 내의 소비에트 공화국으로 편입되었다. 이에 대해 대부분의 서방국가들은 소련의 발트 3국 점령을 사실상 *de facto* 승인했으나 법적으로는*de jure* 승인하지 않았고, 미국도 이에 대한 일체의 승인을 거부했다.[130] 따라서 1980년대 말에 시작된 발트 3국의 독립투쟁은 〈자결권right of self-determination〉에 근거한 것이 아니라 소련에 의한 불법점령의 종식을 목적으로 한 것이었다. 리투아니아는 발트 3국 중 제일 먼저 1990년 3월 11일에 소련으로부터 독립을 선언했으나 소련 군

---

129 Ibid., p. 267.
130 Marek, *supra note* 109, pp. 369~416.

대의 위협에 굴복해 1990년 6월에 독립선언을 〈정지suspend〉했다. 1991년 8월, 소련에서 쿠데타가 발발해 소련 국내 정세가 혼란에 빠진 사이에 에스토니아, 라트비아 및 리투아니아가 독립을 선언했을 때, 당시 소련방의 일원인 러시아의 옐친 대통령은 발트 3국의 독립을 승인했으며, 제2차 세계대전 이전에 발트 3국을 승인, 외교관계를 수립했던 서방국가들도 발트 3국의 독립이 회복되었음을 승인하고 외교관계를 〈재개renew〉했다.[131] 덴마크는 1991년 8월 26일, 다른 유럽공동체EC 회원국들은 1991년 8월 27일자로 1940년에 상실된 발트 3국의 주권과 독립이 회복되었음을 환영하고, 발트 3국을 승인한다고 선언했으며,[132] 1991년 8월 30일까지 약 40개 국가가 발트 3국을 승인했다. 국제사회는 발트 3국이 그 영토 내에서 어느 정도 효과적으로 주권을 행사할 수 있다고 판단했을 때 이 국가들을 승인한 것이지만, 한편 국제사회의 승인은 소련이 다시 이 국가들에 대한 무력점령을 시도할 경우, 이러한 무력행사로부터 발트 3국을 보호하려는 고려에 따른 것이었다.[133] 발트 3국의 주권회복the restoration of the sovereignty and independence은 소련의 점령(병합)이 불법적이며, 〈불법행위는 법을 창설할 수 없다ex injuria non oritur jus〉는 원칙에 따라 소련의 점령기간 중에도 이 국가들의 국제법상 법인격이 계속 존재해 왔다는 국가의 계속성 및 동일성의 원칙에 따른 것이다.

발트 3국의 계속성 주장을 뒷받침하는 사실로서 대부분의 서방국가들이 소련의 발트 3국 병합을 적어도 법적으로는 승인하지 않았으며,[134] 소련의

---

131 Müllerson, *supra note* 98), p. 145.

132 Colin Warbrick, "Recognition of States: Recent European Practice", 41 *ICLQ* (1992), p. 474. 원문은 다음과 같다.

The Community and its member States warmly welcome the restoration of sovereignty and independence of the Baltic States, which they lost in 1940.

133 Lloyd, supra note 106, pp. 786~787.

134 미국, 이탈리아는 일체의 승인을 하지 않았고, 벨기에, 노르웨이, 스위스, 영국은 사실상

발트 3국의 점령 당시 미국 등 일부 국가에 주재하고 있던 발트 3국들의 외교관 및 영사들이 소련의 병합 후에도 각 주재국에서 상징적이나마 계속적인 외교 활동을 해왔다는 점을 들 수 있다.[135]

이와 같이 불법점령 및 병합에 의해 소멸한 국가들이 추후 불법점령 종료시 〈재수립re-established〉되거나 〈부활한resurrected〉 사례로는 비교적 짧은 기간 동안 〈외견상으로 소멸only seemingly dead〉했던 체코슬로바키아, 폴란드(각 6년), 오스트리아(7년) 등의 경우가 있으나, 발트 3국의 경우에는 불법점령기간이 51년이나 지속되어 왔다는 점에서 법적으로 독특한 사례를 구성하며,[136] 이는 다음 장에서 설명할 대한제국과 대한민국의 법적 동일성 문제와도 긴밀히 관련된다. 특히, 우리 정부가 1986년에 대한제국이 1910년 이전에 체결한 다자조약이 대한민국에 계속 적용된다는 확인조치를 취했을 때의 공식입장이 6년 후인 1991년 발트 3국에 의해 거의 그대로 적용되었다는 점에서 이는 불법적 무력행사에 의한 국가의 점령이나 병합으로 국가의 계속성을 훼손할 수 없다는 점을 확인한 국제법상 중대한 사례라 할 수 있을 것이다.

의 승인을 했으며, 네덜란드, 스페인, 오스트리아도 이에 대해 언급한 바 없다. 다만, 소련의 인접국이며 중립을 유지했던 핀란드와 스웨덴은 법적 승인을 했다. Craven, *The Decolonization of International Law*, p. 223; J. Klabbers et al., *State Practice Regarding State Succession and Issues of Recognition*, Kluwer Law International (1990), pp. 48~52.

135 Peter van Elsuwege, "State Continuity and its Consequences: The Case of the Baltic States", *Leiden JIL*, 16 (2003), pp. 377~378; J. McHugh and S. Pacy, *Diplomats Without a Country, Baltic Diplomacy, International Law, and the Cold War* (2001), Greenwood Press, pp. 65~85. 에스토니아의 경우에는 1953년 노르웨이의 오슬로에 망명정부를 수립했고 이 망명정부는 1992년까지 지속됐다. V. Made, "The Estonian Government-in-Exile", *The Baltic Question during the Cold War*, J. Miden et al. (ed.), (2008), Routledge, pp. 134~143.

136 H. Tichy, "Two Recent Cases of State Succession-An Austrian Perspective", *Austrian JPIL*, Vol. 44 (1992), pp. 127~128.

나. 조약의 승계

발트 3국은 이와 같이 1940년 소련에 의해 정지된 주권과 독립을 회복했기 때문에 소련의 승계국이 아니며, 그렇기 때문에 소련이 이 국가들에 대해 적용해 온 조약상 권리와 의무에 대해 백지위임의 원칙을 적용했다. 발트 3국은 또한 소련에 점령되기 이전에 체결한 모든 조약의 효력을 재확인하고, 다시 적용할 수 있는 한 이 조약들을 재적용하기로 했다. 영국-에스토니아, 영국-라트비아 간의 비자면제협정은 제2차 세계대전 이전에 체결됐으나 50여 년 이상 적용되지 않다가 다시 적용되게 되었으며, 핀란드-에스토니아 간에도 각서교환 형식으로 문화협력협정이 갱신renew되었다.[137] 벨기에도 1940년 이전에 발트 3국과 체결한 조약의 효력을 인정하고, 조약관계를 회복시켰으며, 오스트리아도 1920~1930년대에 발트 3국과 체결한 조약의 재적용을 확인했으나, 일부 조약들은 사정변경에 따라 적용하지 않기로 합의했다. 또한 발트 3국은 오스트리아-소련 간 조약의 적용 배제를 선언하고, 에스토니아의 경우에는 이를 〈백지위임의 원칙〉이라고 했다.[138]

그러나 이 국가들이 50년 전에 체결한 조약들은 시간과 상황의 변화로 적용할 수 없는obsolete 조약들이 대부분이며, 50여 년이 지난 후의 〈원상회복restitutio ad integrum〉이란 현실적인 선택 방안이라기보다는 〈법적 허구 legal fiction〉라고 하지 않을 수 없다. 발트 3국이 현실적으로 소련의 점령 기간 중에 발생했던 모든 법적 규범, 사실을 완전히 무시할 수는 없다는 고려에서 핀란드와 에스토니아는 각서교환 형식으로 핀란드와 소련 간에 체결된 16개 조약을 3년 이내의 기간 동안 잠정적용하기로 합의했다.[139]

---

137 Müllerson, *supra note* 98, p. 146.
138 Tichy, supra note 136, pp. 127~128.
139 M. Lehto, "Succession of States in the Former Soviet Union", 4 *Finn YIL* (1993), pp. 214~217.

다자조약과 관련해 라트비아는 1929년 〈항공운송에 관한 바르샤바협약〉을 계속 적용키로 했으며, 발트 3국이 소련에 병합되기 전에 회원국이었던 국제노동기구ILO에는 재가입readmission이라는 형식으로 회원국이 되었고, ILO 협약도 재적용했다.[140]

발트 3국은 또한 소련의 대외채무 변제책임을 인정하지 않았을 뿐만 아니라 소련의 해외재산에 대한 권리도 주장하지 않았다.[141] 반대로 영국은 소련의 점령기간 중 소련에 반환을 거부했던 발트 3국의 금보유액monetary gold을 발트 3국에 반환한 바 있고,[142] 베를린의 독일 법원은 에스토니아에 대한 재산반환을 위해 제2차 세계대전 후 독일 주재 에스토니아 대사관 건물에 부과된 보호guardianship 조치를 해제한 바 있다.[143]

발트 3국의 주권회복과 관련해 제기되는 다른 중요한 문제는 소련의 점령기간 동안 소련에 의해 자의적으로 획정된 국경문제이다. 신국가가 선임국이 체결한 국경조약을 승계하는 것은 1978년 비엔나협약 제11조에서 확인된 〈현재 소유하고 있는 것을 소유한다*uti possidetis, ita possidetis*〉는 관습법 규칙으로 확립되었으며, 국제사법재판소도 1986년 12월 부르키나파소-말리 간의 국경분쟁 사건 판결에서 이 원칙이 신생독립국의 독립과 논리적으로 연관된 일반적 원칙임을 재확인했다.[144] 에스토니아는 1920년 타르투

---

140 Konrad Bühler, "State Succession, Identity/Continuity and Membership in the United Nations", in Koskenniemi et al. (ed.), *State Succession: Codification Tested Against the Facts* (2000), Marinus Nijhoff, pp. 272~273.

141 Müllerson, *supra note* 98, p. 146.

142 Långström, "The Dissolution of the Soviet Union in the Light of the 1978 Vienna Convention on Succession of State in Respect of Treaties", in Koskenniemi et al., (ed.), *State Succession: Codification Tested Against the Facts* (2000), Nijhoff, p. 733.

143 Bühler, supra note 100, pp. 272~273.

144 *Case Concerning the Frontier Dispute* (Burkina Faso v. Mali), *ICJ Reports* (1986), p. 554, p. 556.

Tartu 조약을, 라트비아는 리가Riga 조약을 소련과 각각 체결하고 양국 간 국경을 획정한 바 있다. 그러나 소련의 불법적인 병합기간 동안에 소련에 의해 일방적으로 국경의 변경이 이뤄졌기에 양국은 이 조약들의 계속 적용을 주장했으며, 러시아는 조약법상 〈사정변경의 원칙〉을 원용해 이 조약들의 효력을 부인했다. 러시아가 이 조약들의 효력을 인정할 경우, 에스토니아에 2,334평방킬로미터, 라트비아에 1,600평방킬로미터의 영토를 반환해야 할 상황이었다. 그러나 리투아니아의 경우에는 소련에 상당한 영토를 상실한 반면, 구 독일제국의 메멜Memel 지역이었던 수도 빌니우스Vilnius 등이 리투아니아 영토로 새로 편입됨에 따라 과거 국경조약의 유효성을 주장하지 않았다.[145]

이 문제는 결국 유럽연합EU과 북대서양조약기구NATO 가입을 위해서는 국경문제가 해결되어야 한다는 정치적 필요성 때문에 이들 양국이 러시아에 대한 영토반환 요구를 철회하고 주권회복 당시 국경을 확인하는 〈기술적인 국경조약technical border treaty〉을 러시아와 각각 체결하는 것으로 일단락되었다.

다. 발트 3국의 주권회복의 법적 의의

발트 3국의 국가의 계속성 및 동일성 이론에 따른 법적 부활은 적어도 1930년대 이후 형성되어 온 무력의 행사 또는 무력의 행사 위협에 의한 현상변경을 인정하지 않는다는 국제법원칙을 재확인한 것으로 볼 수 있다. 1928년 부전조약(不戰條約, Kellogg-Briand 조약) 체결 이래 무력의 사용에 의한 점령 및 병합은 관습법 규칙 및 조약에 의해 불법화되었고, 소련도 1989년에 몰로토프-립벤트롭 비밀의정서의 무효null and void를 선언한

---

145 van Elsuwege, supra note 135, pp. 385~386.

바 있다.[146]

발트 3국의 법인격의 계속성은 이 국가들의 적극적인 법적 논리 전개와 주장에 의해서뿐만 아니라, 대부분의 서방국가들이 소련의 불법점령을 적어도 법적으로 승인하지 않았으며, 또한 독립을 회복하기 위한 발트 3국의 지속적인 외교적 노력도 상당한 기여를 한 것으로 평가된다. 따라서 발트 3국의 경우에는 신생독립국이 아니며, 그렇기 때문에 국가승계에 있어서 신생독립국보다 더 유리한 상황에 있었다고 볼 수 있다. 신생독립국의 경우에는 국경조약 등 영토체제에 대한 승계가 이뤄져야 하나, 에스토니아, 라트비아의 경우에 비록 정치적, 실용적인 이유로 추후 주권회복 당시 국경을 인정하긴 했지만, 소련이 자의적으로 행한 국경획정의 불법성을 제기할 수 있었다. 또한, 조약승계에 있어서 소련과 제3국간에 체결된 조약의 효력에 대해 백지위임의 원칙을 적용할 수 있었을 뿐 아니라, 소련에 의한 강제병합 이전에 발트 3국이 체결한 조약을 계속 적용할 수 있었다. 그러나 조약 상대국과의 협의를 거쳐 51년이라는 병합 기간 동안의 법적, 정치적 상황 변화에 의해 적용할 수 없게 된 조약의 경우에는 이를 적용하지 않도록 했으며, 또한 소련과 제3국 간에 체결된 조약이라도 해양경계획정 조약과 같은 경우에는 새로운 조약에 의해 대체될 때까지 잠정적으로 적용해 법적 공백을 최소화하도록 했다.[147]

국제사회가 발트 3국의 계속성을 승인함으로써 이 국가들은 소련연방을 구성했던 CIS 국가들과 구분되었고, 오히려 폴란드, 헝가리 등과 같은 동유럽 국가들로 인정되었다. 그 결과 발트 3국은 동유럽 국가로서 2004년에 유럽연합EU과 북대서양조약기구NATO에 가입할 수 있었는데 이는 국가의

---

146 Ibid., p. 387.

147 J. Klabbers et al. (ed.), *State Practice Regarding State Succession and Issues of Recognition* (2000), Kluwer Law International, p. 96.

계속성이 국제정치적으로 어떻게 작용할 수 있었는지 보여 주는 중요한 사례이기도 하다.

결론적으로 발트 3국의 주권회복은 무력사용에 의한 불법점령은 아무리 오랜 세월이 흘러도 국가의 계속성과 동일성을 훼손할 수 없었다는 점에서 〈불법행위는 법을 창설할 수 없다 *ex injuria non oritur jus*〉는 법언을 재확인했다고 볼 수 있다.[148]

4. 유고슬라비아의 분열과 국가승계

가. 유고슬라비아의 분열

유고슬라비아는 제2차 세계대전 이후인 1946년 1월에 보스니아-헤르제고비나, 크로아티아, 마케도니아, 몬테네그로, 세르비아 및 슬로베니아의 6개 공화국으로 구성된 연방국가로 창설되었다. 그 후 유고슬라비아는 1974년 신헌법을 채택해 〈유고슬라비아 사회주의연방공화국 The Socialist Federal Republic of Yugoslavia〉(이하 〈유고연방〉이라 칭함)으로 재편되었다.

유고연방을 구성하고 있던 슬로베니아는 1990년 12월, 국민투표를 통해 유고연방을 느슨한 국가연합 Confederation of Republics으로 개편하려 시도했으며, 크로아티아도 1991년 2월에 슬로베니아와 같이 유고연방을 개편하기 위해 공동 노력했으나, 유고연방의 반대에 부딪히게 되자 1991년 6월 25일에 유고연방으로부터 각각 독립을 선언했다. 이에 대해 유럽공동체EC

---

148 van Elsuwege, supra note 135, p. 388; Crawford, *The Creation of States in International Law*, 2nd ed. (2006), Oxford, pp. 702~705.

는 1992년 1월 15일, 미국은 1992년 4월 7일에 슬로베니아와 크로아티아의 독립을 각각 승인했으며, 슬로베니아와 크로아티아는 1992년 5월 22일에 유엔에 가입했다.[149] 보스니아-헤르체고비나(이하 〈보스니아〉로 약칭)도 1992년 3월에 국민투표를 실시, 유고연방으로부터 독립을 선언했고, EC와 미국은 1992년 4월에 보스니아를 승인했으며, 보스니아는 1992년 5월 22일에 유엔에 가입했다. 마케도니아는 1991년 11월에 독립을 선언하고, 1993년 4월 8일에 유엔에 가입했으며, 미국, EC 등 많은 국가들에 의해 승인되었다.[150] 4개 공화국의 독립에 따라 유고연방에 남아 있던 세르비아와 몬테네그로는 1992년 4월에 〈유고슬라비아 연방공화국Federal Republic of Yugoslavia〉(이하 〈신유고연방〉이라 칭함)이라는 국명으로 공동국가joint state를 형성했음을 선언했다. 신유고연방은 아래에서 설명하는 바와 같이 유엔에서의 회원국 지위와 관련해 오랜 기간 그 법적 지위가 불확실한 상태에 있다가, 결국 2000년 11월 1일에 〈세르비아-몬테네그로〉라는 국명으로 유엔에 신규회원국으로 가입했다.

나. 신유고연방의 계속성 문제 및 국제기구의 회원국 지위 승계

유고연방이 분열되어 새로 형성된 5개 국가가 모두 신국가인지 아니면 신유고연방(세르비아-몬테네그로)이 주장하듯이 신유고연방이 유고연방

---

149 Paul R. Williams, "The Treaty Obligations of the Successor States of the Former Soviet Union, Yugoslavia, and Czechoslovakia: Do they continue in force?", *Denver JILP*, Vol. 23 (1994), pp. 4~6.

150 마케도니아의 경우에는 〈마케도니아〉라는 국명이 그리스의 주 이름과 동일해 마케도니아가 그리스의 마케도니아 주에 대해 영토적 주장을 할 수 있다는 그리스의 우려에 따라 분쟁이 발생했으며, 이에 따라 마케도니아는 〈The Former Yugoslav Republic of Macedonia〉라는 이름으로 유엔에 가입했다. Thomas M. Franck, *Fairness in International Law and Institutions* (1995), p. 200.

과 동일한 국가로서 계속 존재하는지 여부에 대한 계속성 문제가 제기되었다. 신유고연방은 유고연방의 계속성을 지니고 있는 국가로서 유고연방의 모든 권리와 의무를 승계할 자격이 있다고 주장했으며, 이에 반해 슬로베니아 등 4개국은 유고연방은 분열되어 소멸됐으므로 모든 승계국은 동등하게 취급돼야 한다고 주장했다. 미국과 EC도 신유고연방이 유고연방과 동일한 국가라는 주장을 부인했으며, 슬로베니아 등 4개국은 모두 유엔에 신회원국으로 별도 가입했으나, 신유고연방은 신국가로서 새로 가입을 신청하지 않고 유고연방의 회원국 지위를 승계할 것을 주장했다. 유엔은 신유고연방의 유고연방 회원국 지위 승계 주장에 대해 1992년 5월 30일에 안보리 결의 777(92)을 채택, 신유고연방이 유고연방의 유엔 회원국 지위를 자동적으로 계속 유지한다는 주장은 일반적으로 수락되지 않았기 때문에 안보리는 신유고연방이 유고연방과 동일한 국가로서 유엔에 참여하는 것을 정지시킨다고 결정했다.[151] 유엔 법률국에 의하면 이와 같은 사태는 신유고연방이 헌장 제4조에 따라 새로운 유고슬라비아로서 유엔에 가입하면 해결될 수 있다고 했는데, 이는 신유고연방이 추후 유엔에 가입하더라도 신유고연방은 신국가가 되는 것이며, 유고연방이 아니라는 것을 의미한다.[152] 유엔총회도 1992년 9월에 안보리 결의 777에 따라 결의 47/1을 채택, 신유고연방의 총회 참석을 정지시켰으며, 1993년 4월에 다시 결의 47/229를 채택해 신유고연방의 경제사회이사회 참석도 정지시켰다. 그러나 이러한 조치에도 불구하고, 유엔은 안보리 결의 777(92) 채택 시 러시아가 제기한 타협안에 따라 총회장 내에 유고슬라비아Yugoslavia라는 명패(유고연방 당시부터 Yugoslavia라고만 표시) 및 의석을 계속 유지하고, 유엔 국기 게양대에도

---

151 Williams, supra note 149, p. 6.
152 David Lloyd, "Succession, Secession, and State Membership in the United Nations", *NYUJILP*, Vol. 26 (1993~1994), p. 780.

유고연방의 국기를 그대로 게양하고 있었을 뿐만 아니라 신유고연방의 유엔 분담금도 슬로베니아 등 4개국과 함께 매년 산정했으며, 신유고연방 대표부의 특권면제도 그대로 인정하는 등 모순되는 조치를 취해 왔기 때문에[153] 신유고연방의 유엔회원국 지위가 불확실했다.

유고연방의 경우에는

첫째, 신유고연방이 유고연방의 인구, 영토, 자원 점유율 면에서도 상당한 위치를 차지하지 못하고 있으며,[154]

둘째, 러시아 및 CIS 국가들이나 체크 및 슬로바키아의 경우와는 달리 조약의 승계 및 국제기구의 회원국 지위의 승계와 관련해 승계국 간에 승계협정devolution agreement도 체결되지 않았으며,[155]

셋째, 특히, 신유고연방은 유고연방의 분열 후 수 년간 보스니아 및 크로아티아를 침략해 유엔헌장을 계속 위반해 왔기 때문에 국제사회는 신유고연방이 유고연방의 계속성을 보유하고 있다고 승인할 수 없었다.[156]

신유고연방은 결국 2000년 10월 27일에 유고연방의 유엔 회원국 지위에 대한 계속성 주장을 철회하고, 안보리 결의 777(92)에 따라 신규회원국으로 유엔가입을 신청했으며, 2000년 11월 1일자로 〈세르비아-몬테네그로〉라는 국명으로 유엔에 가입했다. 한편, 몬테네그로도 2006년 6월에 독립을 선

---

153 Williams, supra note 149, p. 6.
154 신유고연방은 유고연방 영토의 39.1%, 인구의 43%, GNP의 36.7%를 차지하고 있을 뿐이다. P. R. Williams, "State Succession and the International Financial Institutions", 43 *ICLQ* (1994), p. 785.
155 1992년 7월 4일에 개최된 유고슬라비아에 관한 중재위원회는 1) 국가승계는 1978년 및 1983년 비엔나협약에 의해 규율되며, 2) 유고연방의 승계국들은 국가승계 문제를 상기 2개의 비엔나협약 및 일반 국제법에 따라 합의에 의해 해결해야 하며, 3) 유고연방의 국제기구 회원국 지위는 종료되어야 하며, 어느 승계국도 유고연방의 회원국 지위를 승계할 자격이 없다고 결정했다. Opinion No. 9, Conference on Yugoslavia, Arbitration Commission, 92 *ILR*, p. 203.
156 Lloyd, supra note 152, pp. 781~782.

언한 후 세르비아-몬테네그로의 유엔 회원국 지위는 세르비아가 승계하고, 몬테네그로는 신규 회원국으로 유엔 가입을 신청한 바, 유엔은 2006년 6월 28일에 결의 60/264를 채택, 몬테네그로를 신규 회원국으로 가입시켰다. 이와 같이 유고연방의 분열 후에 생성된 6개 공화국이 모두 유고연방의 승계국으로서 유엔에 가입하게 됨으로써 신유고연방의 유고연방 계속성 주장으로 인한 법적 불확실성이 해소되었다.

다. ICJ의 보스니아 제노사이드 사건 관련 국가승계 문제

국제사법재판소ICJ는 1993년 3월에 보스니아-헤르체고비나(이하 〈보스니아〉로 약칭) 정부가 신유고연방을 상대로 ICJ에 제기한 보스니아에서의 〈제노사이드 예방 및 처벌에 관한 협약〉(이하 〈제노사이드 협약〉으로 약칭)의 적용 문제에 관한 1996년 7월 관할권 확인 예심, 2003년 2월 관할권 확인에 대한 수정요청에 관한 결정, 2007년 2월 제노사이드 협약 적용에 관한 본안 판결 등을 통해 신유고연방의 유엔에서의 회원국 지위와 다자조약의 승계와 관련된 국가승계 문제를 다루어야 했는데, 이는 유고연방의 계속성 주장 및 국가승계 문제와 관련한 국제법의 발전 현황을 보여 주는 중요한 사례이기에 아래와 같이 이 문제를 검토한다.

1) 세르비아의 유엔 회원국 및 ICJ 규정 당사국 지위

보스니아는 1993년 3월 20일자로 1948년 제노사이드 협약 제IX조의 분쟁회부조항Compromissory Clause에 따라 신유고연방이 제노사이드 협약상 의무를 위반했다고 ICJ에 제소했다. 신유고연방은 이에 대해 보스니아가 제노사이드 협약의 당사국이 아니라는 근거로 ICJ가 관할권이 없음을 주장하는 선결적 항변preliminary objections을 제기했으나, ICJ는 1996년 7월

에, 보스니아는 유엔에 가입한 순간부터 협약의 당사국이 될 수 있다고 결정했다.[157]

신유고연방은 2000년 11월에 〈세르비아-몬테네그로〉로서 유엔에 신규 회원국으로 가입한 후 2001년 4월, ICJ에 신유고연방에 대한 관할권 수정 요청Application for Revision of the Judgement을 다시 제기했다. 신유고연방은 이 수정 요청에서 1993년 보스니아의 ICJ에 대한 소송 제기 시 중요문제는 신유고연방이 유고연방의 계속성을 유지하는가 여부였는데, 유엔이 신유고연방과 유고연방의 계속성을 인정하지 않아 세르비아는 1992~2000년간 유엔의 회원국이 아니었고, 따라서 ICJ 규정의 당사국도 아니었으며, 제노사이드 협약의 당사국도 아니었기 때문에 ICJ는 세르비아에 대한 관할권이 없다고 주장했다. 이에 대해 ICJ는 세르비아의 유엔 신규 가입은 1992~2000년간 세르비아의 유엔에서의 독특한 지위sui generis position 및 ICJ 규정이나 제노사이드 협약상의 지위를 소급해 변경시킬 수 없으며, 1996년의 관할권 예심 시 신유고연방의 유엔 회원국 지위 및 ICJ 규정 당사국 지위와 관계없이 신유고연방이 ICJ 소송에 참여할 수 있는 위치에 있다고 판단해 ICJ가 관할권이 있음을 결정했다고 확인했다.[158]

2) 세르비아의 제노사이드 협약 당사국 지위

신유고연방은 세르비아-몬테네그로로서 유엔에 가입한 이후 2001년 3월 12일에 제노사이드 협약에 가입accession하고, 이와 동시에 세르비아는 이 협약 제IX조에 기속되지 않으며, 세르비아가 당사국인 분쟁과 관련해 ICJ의 관할권을 수락하기 위해서는 세르비아의 〈특별하고 분명한 동의the

---

157 이순천, 「ICJ의 보스니아 Genocide 판결 및 평가」, 『국제법학회논총』 제52권 제2호 (2007. 8), pp. 527~532.
158 Ibid., pp. 527~528.

specific and explicit consent〉가 필요하다는 유보를 선언했다. 세르비아는 이에 따라 보스니아가 ICJ에 제소 당시 신유고연방이 제노사이드 협약의 당사국이 아니었다는 주장을 했다. ICJ는 이에 대해 1996년 관할권 결정 시 유고연방이 1950년 8월 29일부터 제노사이드 협약의 당사국이었으며, 신유고연방이 1992년 4월 27일자 선언으로 유고연방의 법인격의 계속성을 가지고 있으며, 유고연방의 모든 국제적 약속을 준수할 것임과 신유고연방이 이 협약의 당사국이라는 데 아무런 논란이 없다는 신유고연방의 주장에 근거해 동 소송이 ICJ에 제기된 1993년 3월 20일 현재 신유고연방이 이 협약 규정에 기속된다고 결정했음을 재확인했다.

또한 조약의 승계문제는 유엔 등 국제기구에서의 회원국 지위의 계속성 문제와 관련이 없으며, 유엔사무국도 신유고연방의 유엔회원국 지위에 관한 유엔총회 결의(47/1)가 다자조약 승계와는 관련이 없음을 분명히 했다. ICJ는 이에 따라 1992~2000년간 세르비아의 법적 지위가 복잡한 상태에 있었으나, 유엔 법률국은 세르비아가 유고연방의 승계국으로서 적절한 조치를 취하도록 권고했음을 상기시키고, 1996년도 관할권 확정 판결 시의 기판력(旣判力, res judicata)을 재확인했다. 한편 세르비아가 2001년 3월에 제노사이드 협약에 새로 가입한 데 대해 보스니아는 세르비아의 제노사이드 협약 가입이 무효이며, 세르비아는 1992년 4월 신유고연방 수립 시부터 제노사이드 협약 당사국이라고 했다. 또한 1992년부터 상당한 기간이 지난 2001년에 유보를 선언한 것은 〈1969년 조약법에 관한 비엔나협약〉 위반이라고 주장했다. 한편 크로아티아, 스웨덴 등도 세르비아와 동일한 입장을 유엔 사무총장에게 통보했다.[159]

---

159 Ibid., pp. 530~531.

3) ICJ의 제노사이드 사건 관련 판결 의의

보스니아 제노사이드 사건 관련, 세르비아는 여러 번 법적 입장을 바꿔 ICJ의 관할권을 부인하려고 시도했다. 세르비아는 먼저 조약의 국가승계이론을 원용해 보스니아가 소송 제기 당시 제노사이드 협약의 당사자가 아니었다는 논리로 ICJ의 관할권을 부인했으나, ICJ는 보스니아가 유엔의 회원국이 된 순간부터 이 협약의 당사국이 될 수 있으며, 보스니아의 제노사이드 협약 승계방식 및 효력 발효일자에 대한 세르비아 측의 이의 제기 관련, 승계가 독립일자에 이루어졌는지 또는 승계의 통보일자에 이루어졌는지는 중요하지 않다고 했다.

또한 유엔이 세르비아의 유고연방의 계속성 주장을 인정하지 않아 세르비아가 2000년 11월에 유엔에 새로 가입했기 때문에 세르비아는 1992~2000년간 유엔 회원국이 아니었고, 따라서 ICJ 규정 당사국도 아니었으며, 제노사이드 협약 당사국도 아니었다는 주장에 대해서, ICJ는 세르비아의 국가승계 문제에 대한 명확한 결정을 하지 않고 1996년 관할권 예심의 기판력을 확인하고, 이를 본안 심리 시에도 재확인한 것은 국가승계 문제를 직접적으로 다루지 않고 제노사이드 사건을 재판하려는 정치적 의지를 보여 준 것이라고 하겠다. ICJ의 이러한 결정은 국가승계법이 아직도 불확실하며, 실체적으로도 불명확하고, 합의된 이론적 기초도 없다는 사실과 국가관행도 일관성이 없다는 판단에 따른 것으로 보인다.[160]

또한 ICJ가 1978년 비엔나협약을 원용하지 않은 것은 유고연방이 이 협약을 1980년에 비준하였으나, 이 협약은 1996년에야 발효했기 때문에 이 협약을 협약이 발효되기 전인 1991~1992년간의 유고연방 내의 사태 및 상황에 적용하는 것이 조약의 소급효력을 부인하는 조약법 원칙에 반한다는

---

160 M. Craven, *The Decolonization of International Law* (2007), Oxford, pp. 10~12.

사실도 고려한 것으로 보인다.[161] 물론, 이 협약이 국가승계에 관한 관습법 규칙을 반영한 것이라면 협약 발효 이전에도 적용될 수 있겠으나, 이 협약 제34조의 국가의 분리의 경우에 선임국의 존재 여부와 관계없이 모든 승계국이 선임국의 조약을 승계토록 규정한 것은 기존 관습법과 차이가 있다는 점도 감안한 것으로 보인다.

라. 조약의 승계

유고연방의 해체는 국가의 분열에 해당되어 어느 신국가도 유고연방의 계속성을 보유하지 못하기 때문에 유고연방을 구성했던 5개의 신국가는 각각 유고연방의 조약상 의무를 승계할 수 있다. 특히 1992년 7월 유고슬라비아에 관한 중재위원회가 결정한 바와 같이 조약의 승계와 관련해 1978년 비엔나협약 제34조 제1항(a) 규정을 따를 경우 선임국이 계속 존재하는가 여부와 관계없이 승계 당시에 선임국의 전체 영토에 대해 유효한 조약은 분리되어 형성된 모든 신국가에 대해 계속 유효하다. 유고연방의 경우에는 더욱 연방정부 구조상 연방의회가 조약에 대한 비준 동의를 하기 전에 각 공화국 의회의 비준 동의를 받도록 되어 있었기 때문에 각 공화국이 조약을 승계하는 것이 적절하다고 생각된다.[162] 유고연방의 승계국들의 국가실행을 보면, 슬로베니아는 헌법 제3조에 유고연방이 체결한 조약으로서 슬로베니아 공화국과 관련된 조약은 슬로베니아에 유효하다고 규정했으며, 슬로베니아 집행이사회Executive Council는 슬로베니아 의회에 슬로베니아와 관련된 조약목록을 제출하고, 의회는 조약의 관련당사국에 대해 유효한 조약의 목

---

161 *Ibid.*, pp. 12~13.

162 Williamson and Osborn, "A US Perspective on Treaty Succession and Related Issues in the Wake of the Breakup of the USSR and Yugoslavia", *Virginia JIL*, Vol. 33 (1993), pp. 271~272.

록을 통보하기 위한 법률을 채택할 것이라고 했다.[163]

크로아티아도 유고연방의 조약이 크로아티아 헌법에 위배되지 않는 한 유고연방이 체결한 모든 조약을 존중할 것이라고 선언했다. 그러나 크로아티아는 1992년 1월 30일 〈국제민간항공기구ICAO〉 협약 수탁국인 미국에 가입서를 기탁함으로써 이 협약에 가입했는데, ICAO의 관행에 의하면 신국가는 〈시카고 협약Chicago Convention〉을 자동적으로 승계하는 것이 아니라, 협약에 새로 가입하도록 되어 있기 때문이다.[164]

마케도니아는 〈마케도니아〉라는 국명의 사용과 관련된 분쟁의 해결을 위해 그리스와 교섭을 계속하고 있다. 마케도니아와 그리스 양국은 1995년 9월에 유엔 사무총장의 특사인 밴스Cyrus Vance 전 미국 국무장관의 중재로 〈임시협정Interim Accord〉을 체결하고, 양국 간의 우호친선 및 신뢰구축을 위해 노력할 것을 선언했다.[165] 특히, 임시협정은 제12조에서 양국 간의 관계가 1959년 6월 18일 유고연방과 그리스 간에 체결된

1) 상호 관계에 관한 협약,
2) 상호 승인 및 사법적 결정의 이행에 관한 협정,
3) 수력발전-경제문제에 관한 협정의 규정에 따라 규율될 것이라고 했으며, 양국은 상기 조약과 실질적으로 동일한 신조약을 체결하기 위해 즉시 교섭할 것을 규정했다. 양국 정부는 또한 유고연방과 그리스 간에 체결된 조약 중에서 양국관계에 적용하는 것이 적합한 조약을 확인identify하기 위해 협의하고, 필요시 상호 관심 분야에서 양자조약을 체결할 수 있다고 합의했다.

조약의 승계와 관련, 미국은 1992년 4월 당시 베이커Baker 국무장관 명

---

163 Williams, supra note 149, p. 38.
164 Okon Udokang, *Succession of New States to International Treaties* (1972), pp. 255~258.
165 "Interim Accord" (1995. 9. 13), *Balkan Forum*, pp. 299~308.

의로 보스니아, 크로아티아, 슬로베니아에 공한을 보내 미국은 이 신국가들과 외교관계 수립 교섭 준비가 되어 있으며, 외교관계 수립 이전에 이 국가들로부터 유고연방의 조약 및 기타 의무를 이행하겠다는 〈문서화된 보장 written assurances〉을 요구했다.[166] 이에 대해 이들 3개국은 유고연방의 조약과 기타 의무를 이행할 것임을 확인했으며, 마케도니아의 경우에 미국은 마케도니아가 유고연방의 조약과 기타 의무를 이행하겠다는 보장을 한 후에야 외교관계 수립을 제의했다. 그러나 미국은 신유고연방(세르비아-몬테네그로)이 유고연방의 계속성을 유지하고 있다는 주장을 인정하지 않았으며, 신유고연방이 유고연방의 조약을 계속 이행해야 한다고 간주하지 않았다. 또한 신유고연방도 미국의 승인이라는 조건부로 유고연방의 조약상 의무의 이행을 약속했기 때문에 신유고연방이 유고연방의 조약을 승계했는지 여부도 불분명했다. 실제로 당시 미국의 〈조약목록Treaties in Force〉에 의하면 슬로베니아 및 크로아티아는 유고연방의 승계국으로 되어 있으나, 기타 3개국은 조약의 승계국으로 되어 있지 않았는데, 미국은 이 국가들의 유고연방의 조약의 승계를 인정하지 않았던 것으로 보인다.[167] 특히, 보스니아의 경우에는 조약의무 이행 약속에도 불구하고 보스니아가 제반 여건상 조약의무를 이행할 수 있는지 여부에 대해 확신을 가지지 못했던 것 같다.

유고연방의 승계국들의 조약승계에 대한 다른 나라들의 태도 및 반응도 일관되지 않았으나 대체로 1978년 비엔나협약 제34조에 따른 승계를 인정한다. 덴마크는 슬로베니아와 크로아티아가 다자조약들을 승계했다는 사실을 이들 양국에 대한 회신으로 승인했고, 슬로바키아는 유고연방과 체코슬로바키아 간 조약의 효력을 계속 유지한다는 양자협정을 체결했다. 벨기에 및 독일도 슬로베니아 등과 유사한 양자협정을 체결해 승계에 합의했

166 Williams, supra note 149, p. 28.
167 Ibid., pp. 34~35.

다.[168] 프랑스는 유고연방과 체결된 조약의 운명을 결정하기 위해서는 교섭이 필요하며, 교섭에 의해서만 조약이 종료되거나 승계될 수 있고, 또한 교섭과 승계의 기간 동안 조약은 적용되지 않는다고 했다.[169] 영국은 유고연방의 조약들이 크로아티아 및 슬로베니아에 유효하다는 의견이고, 네덜란드는 유고연방과 체결한 범죄인 인도조약에 따라 보스니아와 범죄인 인도에 합의했다.[170]

한편, 오스트리아는 유고연방의 승계국들과 오스트리아가 체결한 조약 승계와 관련 아래와 같이 3단계 대응방식을 채택해 왔다.

첫째, 슬로베니아와 크로아티아에 대한 독립승인 이전에 실용적인 방안으로 이 국가들과 과거 조약을 잠정 적용하고,

둘째, 슬로베니아와 크로아티아의 독립승인 후에는 잠정기간 동안 필요한 조약을 적용한다는 비공식협정informal agreement을 체결했으며,

셋째, 각서교환 형식으로 양국 간에 계속 적용할 조약의 목록을 확인하는 절차를 취했고, 처분적 조약의 자동적 승계를 인정하지만 그럼에도 불구하고 선언적 형식으로 이러한 사실을 슬로베니아와의 각서교환 시 포함시켰다.[171]

유고사태와 관련해 1966년의 〈시민적·정치적 권리에 관한 국제규약ICCPR〉의 이행을 감시하는 〈인권위원회Human Rights Committee〉는 1992년 가을 유고연방의 승계국인 보스니아, 크로아티아, 신유고연방에 대해 이 규약의 특정 문제에 대한 긴급 특별보고서를 제출하도록 요청했다.

---

168 Juan Miguel Ortega Terol, "The Bursting of Yugoslavia: An Approach to Practice Regarding State Succession", in Koskenniemi et al. (ed.), *State Succession: Codification Tested Against Facts*, pp. 914~915.

169 Ibid., p. 915.

170 Ibid., p. 916.

171 H. Tichy, "Two Recent Cases of State Succession-An Austrian Perspective", *Austrian JPIL*, Vol. 44 (1992), pp. 134~136.

인권위원회는 이 국가들의 국민들이 이 규약의 보호를 받을 자격이 있다는 것에 주목했으며, 3개국은 모두 위원회에 출석해 위원회가 보고서를 검토할 권한을 가지고 있음을 문제시 하지 않았는데, 이러한 태도는 3개국이 유고연방이 체결한 인권규약상 의무에 구속되고 있다는 사실을 묵인하는 것이라고 볼 수 있다.[172] 슬로베니아와 크로아티아는 1992년 7월 및 1992년 10월에 각각 유고연방이 체결한 인권규약의 당사국임을 유엔사무국에 통보했다.[173] 세르비아는 유엔에 가입한 후 2001년 3월 12일자로 동 인권규약을 승계했다. 이와 동시에 세르비아는 동 일자로 유엔사무국이 수탁처로 되어 있는 주요 다자조약인 1969년 〈조약법에 관한 비엔나협약〉, 1978년 〈조약의 승계에 관한 비엔나협약〉, 〈유엔해양법협약〉 등을 승계했으나, 1948년 〈제노사이드 협약〉은 승계하지 않고 가입했다. 이는 이미 설명한 바와 같이 보스니아가 ICJ에 제소한 제노사이드 사건에 대한 ICJ의 관할권을 세르비아가 부인하고자 하는 노력의 일환이었으나 ICJ는 이 사건에 대한 관할권을 재확인한 바 있다.

인권규약, 제노사이드 협약 등 인권보호에 관한 보편적 다자조약에 대해서는 1996년 ICJ의 보스니아 제노사이드 사건 관할권 예심에서의 별도 의견(샤하부딘Shahabuddeen 및 위라만트리Weeramantry 재판관)과 같이 승계국이 이 조약들을 자동적으로 승계automatic succession한다는 견해가 있다.[174] 또한 인권위원회 등 인권규약 관련 기구 및 일부 국제법 학자들도 이를 지지하는 입장이나,[175] 현재의 국가관행은 자동적 승계를 인정하지 않

---

172 Müllerson, *supra note* 98, p. 157.
173 *Ibid.*, p. 154.
174 Shabtai Rosenne, "Automatic Treaty Succession", *Essays on the Law of Treaties* (1998), Martinus Nijhoff, pp. 97~106.
175 M. N. Shaw, "State Succession Revisited", 5 *Finn YIL* (1994), pp. 80~84. 그러나 Shaw는 추후 자신의 견해를 수정하고, 자동승계가 불분명하다고 했다. Shaw, *International Law*, 6th ed. (2008), Cambridge, p. 984.

으며, 이 조약들의 승계를 위해서는 승계국들의 동의(승계의 통보)가 필요하다고 본다.[176]

한편, 〈유럽평의회Council of Europe〉는 유고연방이 당사국으로 되어 있는 유럽평의회 협약 및 협정과 관련해 유고연방이 소멸되었다고 결론지었다. 유고연방은 유럽평의회가 체결한 16개 협정의 당사국이었으나 유럽평의회의 이러한 결정에 따라 유고연방의 승계국들은 상기 16개 협정을 승계할 수 없게 되었다.[177]

5. 체코슬로바키아의 분열과 국가승계

가. 체코슬로바키아의 분열

체코슬로바키아는 제1차 세계대전 이후 1920년의 트리아농Trianon 평화조약에 의해 오스트리아-헝가리제국으로부터 분리되어 창설됐다. 체크공화국과 슬로바키아공화국은 체코슬로바키아를 구성하는 공화국으로서 단일국가 체제를 유지해 오다가 추후 체크-슬로바크연방공화국으로 개편되었다. 1992년 11월 체크-슬로바크연방공화국 연방의회는 1993년 1월 1일부터 체코슬로바키아는 소멸하고 체크공화국과 슬로바키아공화국(슬로바키아)이 체코슬로바키아를 승계할 것이라고 규정한 헌법을 채택했으며, 이에 따라 미국 및 EC는 즉시 체크공화국 및 슬로바키아를 승인했다.[178]

---

176 Yolanda Gamarra, "Current Questions of State Succession Relating to Multilateral Treaties", in Koskenniemi et al., (ed.), *State Succession: Codification Tested Against the Facts* (2000), p. 423.

177 Williams, supra note 149, p. 40.

178 Ibid., p. 7.

나. 국제기구의 회원국 지위 승계

체코슬로바키아의 분열 이전에 체크공화국과 슬로바키아는 1992년 12월에 국제기구의 〈회원국 지위 배분allocation of membership에 관한 승계협정〉을 체결하고, 양국이 관련 국제기구의 성격을 고려해 국제기구의 회원국 지위를 교대로 계속 유지할 것에 합의했다. 그러나 승계협정의 체결에도 불구하고 양국 중 어느 국가도 유엔에서 체코슬로바키아의 회원국 지위를 계속 보유하지 못하고, 양국은 모두 신국가로서 1993년 1월 19일자로 유엔에 가입했다.[179] 유엔은 그러나 양국이 유엔에 새로 가입한 이후 양국이 체결한 승계협정에 따라 유엔의 보조기관에서 체코슬로바키아가 가지고 있던 이사국 등의 지위를 양국 간에 배분했다. 그러나 일부 국제기구에서는 체크공화국과 슬로바키아가 승계에 의해 체코슬로바키아의 회원국 지위를 승계했다. 세계지적재산권기구WIPO는 양국의 WIPO 설립협약 및 회원국 지위의 승계를 인정했으며, 또한 WIPO 주관하에 체결된 파리협약 및 베른협약도 승계하도록 했다.[180]

IMF 및 IBRD의 회원국 지위 승계와 관련해 양국은 1992년 12월에 각각 IMF 및 IBRD 사무국에 이들 금융기구가 제안한 체코슬로바키아의 자산 및 책임의 할당을 수락하며, 회원국으로서의 의무를 이행하기 위해 필요한 입법조치를 취했음을 통보했다.[181] IMF는 이에 따라 양국이 이와 같은 조건하에서, 체코슬로바키아의 IMF의 회원국 지위를 동시에simultaneously 승계하도록 허용했다. IBRD도 1993년 1월에 〈집행이사 결의Executive

---

179 체코슬로바키아의 경우에는 체크공화국이 체코슬로바키아 인구의 66%, 영토의 62%, 자원의 71%를 차지하고 있음에도 불구하고 유엔에서는 국가의 분열로 인정되었다. Williams, supra note 154, pp. 783~785.
180 Bühler, supra note 100, pp. 318~320.
181 Williams, supra note 149, p. 806.

Directors' Resolution 93-1〉를 채택, 체코슬로바키아의 IBRD의 회원국 지위는 IMF가 요구하고 있는 조건과 유사한 조건에 따라 체크공화국 및 슬로바키아에 의해 승계되고, 체코슬로바키아의 자산과 책임은 양 승계국 간에 할당된다고 결정했다.[182]

IMF와 유사한 국제금융기구인 국제개발협회IDA와 국제금융공사IFC에서도 양국은 특정 요건을 충족시키는 조건으로 회원국 지위를 승계했으며, 체크공화국의 경우에는 인터스푸트니크Intersputnik 같은 몇 개의 다른 국제기구의 회원국 지위를 승계했으나, 슬로바키아는 다뉴브위원회의 회원국 지위를 승계했다.[183] 정치적 기구인 유엔과 달리 이와 같이 전문적이고, 기술적인 국제기구는 보편성 원칙 등을 고려해 이들 기구 설립협정을 승계하게 함으로써 회원국 지위를 승계하도록 했다.

다. 조약의 승계

체크공화국 및 슬로바키아는 체코슬로바키아가 체결한 조약과 관련, 유보를 포함하여 모든 조약의 자동적 승계원칙을 선언했다. 양국은 또한 체코슬로바키아가 서명만 한 조약도 승계해 이 조약에 대해서는 서명국의 지위를 갖게 되었다. 체코슬로바키아는 800여 개 다자조약을 포함해 2,000여 개의 양자조약을 체결한 바, 체크, 슬로바키아 양국은 1978년 비엔나협약 제34조에 따라 모든 조약을 승계하겠다고 했다.[184] 한편, 슬로바키아는 체코슬로바키아가 서명만 했던 1978년 〈조약의 승계에 관한 비엔나협약〉을 1995년 4월에 비준하면서 이 협약 제7조 (2), (3)항에 따라 이 협약이 발효

---

182 Ibid.
183 Bühler, *supra note* 100, p. 320.
184 Craven, *supra note* 160, pp. 236~237.

되기 이전에 발생한 슬로바키아의 승계에 이 협약을 적용하겠다고 선언했으며, 체크공화국도 1999년 7월 비준 시 동일한 선언을 하고, 슬로바키아가 행한 선언을 수락했다.

이에 대해 대부분의 유럽평의회Council of Europe 회원국들은 체코슬로바키아와 체결한 양자조약들이 계속 유효하거나 또는 체코슬로바키아가 분열된 때부터 소멸되었다는 것을 확인함으로써 체크 및 슬로바키아가 취한 조약계속성의 원칙을 수락한 것으로 보인다. 오스트리아의 경우에는 이들 국가와의 관계에서 초기에는 백지위임의 원칙을 지지했다가 추후 비엔나협약 제34조에 따라 체크공화국과 각서교환을 통해 조약의 승계에 관해 합의했다.[185]

미국의 경우 부시Bush 미국 대통령은 체크 및 슬로바키아의 정부수반에게 발송한 1993년 1월 1일자 공한에서 미국이 양국을 독립국으로 승인하며, 양국이 체코슬로바키아의 조약 및 기타 의무의 이행 등 대외적 공약을 준수한다는 전제하에 완전한 외교관계의 수립을 제의했다. 이에 대해 양국은 부시 대통령에게 발송한 정부수반 명의의 공한으로 체코슬로바키아의 승계국으로서 선임국의 조약 및 기타 의무를 이행할 것을 선언했다.[186]

1993년 4월에 슬로바키아와 폴란드는 1918년부터 1992년까지 체코슬로바키아와 폴란드 간에 체결된 조약에 대해 〈양자조약의 승계에 관한 의정서 Protocol on Succession to the Bilateral Treaties〉를 체결했으며, 체크 및 슬로바키아 양국은 헝가리에 대해서도 체코슬로바키아와 헝가리 간에 체결된 100여 개의 조약이 체코슬로바키아의 승계국인 체크 및 슬로바키아에 계속 효력이 있음을 확인한다고 통보했다.[187] 그러나 의정서를 다시 체결하거나

185　Klabbers et al., *supra note* 147, p. 112.
186　Williams, supra note 149, pp. 30~31.
187　Ibid., p. 40.

선언형식을 채택하는 방식은 승계국이 선임국의 조약의무의 자동적 승계 원칙을 적용하지 않을 수도 있다는 가능성이 있음을 의미하는 것이다. 실제로 1993년 6월에 체크공화국 외무부는 미국과 체크공화국 간에 계속 유효한 것으로 간주되는 양자조약 목록을 미국 국무부에 통보했는데, 이 목록에는 미국 정부가 계속 효력이 있다고 보는 상당수의 중요한 조약이 누락되어 있었다.[188]

다자조약의 경우에 양국은 유엔 사무총장과 다른 수탁국에 대한 승계 통보에 의해 다자조약을 승계했으며, 양국의 승계에 대해 다자조약의 다른 당사국들도 이의를 제기하지 않았다. 다자조약 승계와 관련해 〈유럽평의회 Council of Europe〉와 〈국제민간항공기구ICAO〉가 주관한 협약에 대해서는 협약의 승계 또는 가입을 위해 먼저 이 기구에 가입하는 조치가 필요했다. 체크공화국과 슬로바키아는 1993년 6월 30일에 유럽평의회에 새로 가입했다. 양국은 가입 후 1993년 1월 1일자 승계선언과 1993년 1월의 유럽평의회 각료위원회 결정에 의해 유럽평의회 비회원국에게 개방된 8개의 협약을 승계했다. 그러나 평의회 비회원국에 대해 개방되지 않은 협약closed conventions의 경우에 체코슬로바키아가 분열된 1993년 1월 1일부터 체크공화국 및 슬로바키아가 각각 평의회에 가입한 1993년 6월 30일 사이의 기간 동안 체코슬로바키아가 가입한 다자조약, 특히 〈인권 및 기본적 자유에 관한 유럽협약〉이 적용되지 못한다는 문제가 발생했다. 이와 같은 협약 적용의 중단은 그 기간 중에 제출된 개별적인 〈청원petition〉이 있을 경우, 청원의 처리에 부정적 영향을 미칠 수도 있기 때문에 유럽평의회 각료위원회는 1993년 6월 30일자 결정으로 체코슬로바키아에 적용되어 왔던 협약은 기본권의 보호라는 고려에서 1993년 1월 1일부터 체크 및 슬로바키아에 대

---

188 Ibid.

해 효력을 가진다고 선언했음은 특기할 만한 사항이라 하겠다.[189]

국제민간항공기구ICAO의 경우에 체코슬로바키아는 ICAO의 원회원국이었으나 체코 및 슬로바키아는 유엔의 결정에 따라 신규로 ICAO 및 ICAO 협약에 가입하게 됐다. 이에 따라 체크공화국은 1993년 3월 4일 ICAO 협약에 대한 가입서를 수탁국인 미국에 기탁하면서, ICAO 협약에 대한 가입서 기탁에도 불구하고 체크공화국은 체코슬로바키아의 법적 승계국으로서 자국을 1944년 이래 ICAO의 원회원국으로 간주한다는 선언을 발표했다.[190] 가입서 기탁과 ICAO의 원회원국이라는 주장은 법적으로 일관성이 없으나, 이는 체크 및 슬로바키아가 ICAO 협약을 승계하지 못하고 새로 가입하게 한 ICAO의 요건에 따른 비정상적인 사례라고 할 수 있으며, 이러한 방식은 이들 양국이 선임국의 조약을 승계한다는 미국의 입장과도 일치하지 않는다.

라. ICJ의 가브치코보-나기마로스 사건 Gabcikovo-Nagymaros Project Case 판결

1997년 9월, ICJ는 체코슬로바키아가 1977년에 헝가리와 체결한, 다뉴브 강에 일련의 댐을 건설하려는 조약과 관련된 〈가브치코보-나기마로스 프로젝트 사건 Gabcikovo-Nagymaros Project Case〉(이하 〈가브치코보 사건〉으로 약칭)에 대한 판결에서 다시 국가승계 문제를 다루어야 했다. 체크공화국은 조약의 승계 시 체코슬로바키아가 체결한 지역적 조약 localized treaties에 대해서는 그 조약상 권리와 의무가 체크공화국의 영토주권하에 놓여 있지 않은 경우(즉, 슬로바키아의 영토주권하에 있는 경우) 그 조약을

---

189 Müllerson, *supra note* 98, pp. 153~154.
190 Williams, supra note 149, p. 41.

승계하지 않을 것임을 일방적으로 선언한 바 있다.[191] 따라서 상기 1977년의 체코슬로바키아-헝가리 간 조약은 다뉴브 강이 흐르는 슬로바키아에만 해당이 되어 슬로바키아가 유일한 승계국이 되었다. 1977년 조약은 다뉴브 강을 따라 일련의 댐을 건설해 강을 수력발전에 이용하고, 강의 항행을 개선하며, 강의 범람을 방지하기 위한 것이었다. 그러나 1980년대 후반 헝가리 측은 이 프로젝트의 환경, 사회, 정치적 비용을 우려해 사업을 중지시켰고, 여러 가지 사정을 들어 조약을 종료시키고자 했다.[192]

이 사건에서 헝가리 측 주장의 요지는

첫째, 1977년 조약을 정당하게 종료시켰으며,

둘째, 슬로바키아가 이 조약을 승계하지 않았다고 했다.

특히 헝가리는 양자조약의 경우에 조약의 자동적 승계는 있을 수 없으며, 조약이 승계되기 위해서는 관련당사국의 동의가 필요하나 헝가리는 슬로바키아의 승계를 명백히 반대했다는 것이었다.

이에 대해 슬로바키아는

첫째, 1978년 비엔나협약 제34조는 일반 국제법의 규칙이며, 특히 국가 분열의 경우에 조약계속성의 원칙 적용은 국가관행에 의해서도 확인되고,

둘째, 1977년 조약은 1978년 비엔나협약 제12조가 의미하는 〈객관적 영토 체제〉를 창설한 처분적 조약이라고 주장했다.[193]

ICJ는 이 사건 판결에서 조약의 승계와 관련해 1978년 비엔나협약 제34조에 규정된 승계 원칙의 성격이나 지위에 대해 검토할 필요성을 찾지 못했으며, 1977년 체코슬로바키아-헝가리 간 양자조약은 1978년 비엔나협약 제12조에 규정된 〈영토체제를 설립하는 조약〉으로 간주되어야 하고, 그렇

191 Klabbers et al., *supra note* 147, p. 112.
192 Craven, "The Genocide Case, the Law of Treaties and State Succession", *BYIL*, 68 (1997), p. 161.
193 Craven, *The Decolonization of International Law*, pp. 239~243.

기 때문에 국가승계에 의해 영향을 받지 않는다고 했다. ICJ가 1996년 보스니아 제노사이드 협약 관할권 예심에서와 같이 국가승계 문제를 직접 다루지 않고 1978년 비엔나협약 제34조의 조약계속성의 원칙보다는 제12조에 규정된 기타 영토체제를 적용한 것은 제12조의 처분적 또는 지역적 조약(또는 조약상 권리·의무)의 승계는 관습법을 성문화한 것이기에 제34조의 조약계속성의 원칙을 적용하는 것보다 논란을 줄일 수 있다는 정치적·실용적 고려를 한 것으로 보인다.[194] 이는 1978년 비엔나협약의 발효에도 불구하고, 이 협약의 내용 특히 일부 조항에 대해 국제사회가 아직 유보적인 태도를 가지고 있으며, 따라서 보편적인 국가승계법으로 수락되지 못하고 있음을 반영한 것이라 판단된다.

6. 결론

소련, 유고슬라비아 및 체코슬로바키아의 분리 또는 분열에 따른 국가승계의 실행은 국제법 관계의 안정이라는 국제사회의 여망에 따라 기존 국가의 분리 또는 분열에 의해 형성되는 신국가는 일반적으로 선임국이 체결한 조약의무를 계속 이행한다는 조약의무의 계속성을 추정하게 했다.[195] 이러한 조약의무의 승계 또는 계속성의 추정presumption은 미국의 관행에 의해서도 뒷받침되고 있으나, 다만 이 계속성은 유엔 등 국제기구에서의 회원국 지위의 승계에는 적용되지 않았다. 조약의 계속 적용이 특히 요구되는 조약으로서 모든 국가에 개방된 보편적 성격의 다자조약을 들 수 있다. 〈1969년

---

194 Jan Klabbers, "Cat on a Hot Tin Roof: The World Court, State Succession, and the Gabcikovo-Nagymaros Case", *Leiden JIL* (1998), pp. 345~355.
195 Schachter, supra note 92, p. 258.

조약법에 관한 비엔나협약〉이나 〈외교관계 및 영사관계에 관한 비엔나협약〉이 이러한 조약에 해당되며, 〈국제인권규약〉도 여기에 포함된다. 1992년 〈인권위원회〉가 유고연방의 승계국들에 대한 인권문제 토의 시 승계국들이 취한 태도를 볼 때 유고연방의 승계국들은 모두 국제인권규약에 구속되고 있다는 사실을 묵시적으로 인정한 것으로 보인다.[196] 그러나 조약이 계속 적용된다고 하더라도 모든 조약이 승계국에 자동적으로 승계되어 적용되는 것은 불가능한 일이며, 사정의 근본적 변경에 따라 조약관계의 종료, 개정 등이 필요할 경우에는 당사국 간에 신의성실한 교섭과 조정이 필요하다.[197] 또한 승계국이 조약을 승계하는 것이 조약의 목적과 양립되지 않을 경우에는 NPT 조약의 승계 사례와 같이 승계국은 이러한 조약을 승계하지 않는다. 이와 같이 선임국의 조약승계에 대한 예외 규정이 있으나, 이러한 예외는 조약의 계속성의 원칙을 무효화할 정도로 결정적인 것은 아니다.

유럽공동체European Community 회원국들은 1991년 12월에 〈동유럽 및 소련의 신국가에 대한 승인 지침Guidelines on the Recognition of New States in Eastern Europe and in the Soviet Union〉을 채택했는데, 이 지침은 국가승인에 관한 일반적인 요건뿐만 아니라 신국가들이 승인을 받기 위해 충족시켜야 할 새로운 표준criteria 및 조건을 설정했다.[198] 이와 같은 새로운 표준에는 〈법의 지배〉, 〈민주주의〉, 〈인권의 존중〉, 〈소수 민족의 보호〉 이외에 〈기존 국경의 인정〉, 〈군축 및 국가승계에 있어서의 국제의무의 준수〉가 포함되어 있으며,[199] 국제사회가 새로운 표준 또는 조건을 설정한 것은 신국가가 국제사회의 일원으로 수락되기 위해서는 선임국이 체결한 조약의

---

196 Müllerson, *supra note* 98, p. 157.

197 *Ibid.*

198 Roland Rich, "Recognition of States: The Collapse of Yugoslavia and the Soviet Union", 4 *EJIL* (1993), pp. 36~73.

199 Müllerson, *supra note* 98, p. 118.

무의 승계 및 보편적 다자조약의 승계가 필요하다고 인식시키는 데 기여해 왔다.

〈1978년 조약의 승계에 관한 비엔나협약〉이 발효되었고, 협약의 일부 조항은 기존 관습법 또는 국가관행과 일치하지 않으나, 소련 등 동유럽 국가들의 국가승계 시 이 협약의 여러 조항이 적용되거나 원용된 사실[200] 및 특히, 유고슬라비아에 관한 중재위원회가 국가승계는 〈1978년 조약의 승계에 관한 비엔나협약〉과 〈1983년 국가재산·문서 및 채무의 승계에 관한 비엔나협약〉에 의해 규율되며, 이 협약 및 일반 국제법에 따라야 한다고 선언한 사실은 국가승계법에 있어서 주목할 만한 발전이라고 평가된다.[201] 그러나 ICJ가 보스니아에서의 제노사이드 협약 사건과 헝가리-슬로바키아 간의 가브치코보 사건에서 국가승계 문제를 직접 다루지 않고 논란이 적은 방향으로 우회적으로 판결한 것은 국가승계법이 아직도 이론적으로나 국가관행상으로나 확립되지 않았음을 보여 주는 사례이기도 하다.

결론적으로 향후 국가의 분리, 분열 등의 경우에 적용될 국가승계법은 엄격한 논리나 추상적인 법 이론에 따르기보다는 조약의 계속성의 원칙을 기본적으로 적용하되, 국가승계라는 특수한 정치적 상황에 맞는 실제적이고 실용적인 접근 방법을 병행해야 할 것으로 사료된다.

---

200 *Ibid.*, p. 158.
201　92 *ILR*, p. 203.

제5장

대한제국이 체결한 다자조약의 효력 확인

제1절 문제의 제기

대한민국정부는 1986년 8월 4일에 대한제국이 1910년 이전에 체결한 6개의 다자조약 중 당시까지 유효한 2개의 다자조약 및 이들 조약과 관련된 1개의 다자조약이 대한민국에 계속 효력이 있음을 확인하고 이를 관보 및 조약목록에 게재하는 한편, 3개 다자조약의 수탁국인 네덜란드 및 한국과 유사한 입장에 처한 독일에 이 사실을 통보했다.[1] 우리 정부가 효력을 확인한 다자조약은

첫째, 〈전시 병원선에 대한 국가이익을 위하여 부과되는 각종의 부과금 및 조세의 지불면제에 관한 협약 Convention for the Exemption of Hospital Ships in Time of War, from the Payment of All Dues and Taxes Imposed for the Benefit of the State〉으로 1904년 12월 21일 헤이그에서 채택되어 대한제국이 동 일자로 서명하고, 1905년 을사보호조약 체결로 외교권을 상실한 대한제국을 대리하여 1907년 3월 26일 일본 정부가 동 협약 비준서를

1 본건은 저자가 당시 외무부 국제기구조약국에서 담당하였던 업무로서 1984년 중반부터 검토를 시작하여 조약문의 입수 및 번역, 관계부처와의 협의, 국무회의 심의 등의 절차를 거쳐 1986년 8월에 종료되었다. 이 장에서는 당시 국무회의 심의자료 및 대언론 설명자료를 중심으로 상술하고자 한다.

기탁했으며(당시까지 유효),

둘째, 〈육전의 법 및 관습에 관한 협약(II) Convention (II) with Respect to the Laws and Customs of War on Land〉으로 1899년 7월 29일에 헤이그에서 채택되었고, 대한제국은 1903년 3월 17일에 가입했으며(당시까지 유효),

셋째, 〈1864년 8월 22일자 제네바협약의 제원칙을 해전에 적용하기 위한 협약 (III) Convention (III) for the Adaptation to Maritime Warfare of the Principles of the Geneva Convention of August 22, 1864〉으로 1899년 7월 29일에 헤이그에서 채택되었고, 1903년 2월 7일에 대한제국이 가입했으나 동 협약은 1907년 협약 및 1949년 제네바협약으로 대체되어 효력이 상실되었다.[2]

우리나라가 뒤늦게 대한제국이 체결한 다자조약의 효력을 확인한 것은, 당시까지 유효한 상기 2개 협약에 대해 협약 수탁국인 네덜란드 정부가 우리나라를 당사국으로 인정하고 있었으나, 우리나라는 대한민국정부 수립 이후 이들 조약의 효력에 관해 명확한 입장을 취하지 않았기 때문에 우리와 비슷한 입장에 있는 독일이 우리나라가 동 조약들의 당사국인지 여부를 문의하여 오는 등 법적 불확실성이 상존하고 있었으므로 이에 관한 우리 정부의 입장을 정립하기 위한 것이었다. 대한민국이 대한제국이 체결한 다자조약의 효력을 확인한 것은 대한민국과 대한제국이 동일한 국가이며, 대한제국이 대한민국에 의해 계속된다는 〈국가의 동일성identity〉 및 〈계속성continuity〉 이론에 근거하고 있다. 국가의 동일성 및 계속성은 국가승계 문제와도 긴밀히 연관되어 있는데, 국가가 영토의 완전한 상실, 연방국가의 형성, 다른 나라의 식민지가 됨으로써 국가의 법인격이 소멸되는 경우에는 국가승계의 문제가 되며, 영토의 일부 상실, 비헌법적 방법에 의한 정부의 전

---

2 「대한제국이 체결한 다자조약의 효력확인」, 『국무회의 심의자료』(외무부, 1986. 7. 24).

복, 타국에 의한 점령 상태 등의 경우에는 이와 같은 중대한 상황의 변동에도 불구하고 국가의 동일성 및 계속성은 계속 유지된다.[3] 또한 국가가 소멸된 후에 다시 부활하는 경우 부활한 국가를 소멸 전의 국가와 동일한 국가로 볼 수 있는가 하는 문제가 제기된다. 이 장에서는 국가승계와 관련되는 국가의 동일성 및 계속성에 관한 일반적 이론과 사례를 검토한 후에 대한제국이 체결한 다자조약의 효력 확인에 관한 법이론을 검토하고자 한다.

---

3 Jennings and Watts, *Oppenheim's International Law*, Vol. I, 9th ed. (1992), pp. 204~207; Giorgio Cansacchi, "Identité et Continuité des Sujets Internationaux", *Hague Recueil*, Vol. 130 (1970 II), pp. 7~9.

제2절 국가의 법적 동일성 및 계속성

대부분의 학자들은 신국가와 구국가 사이에 〈계속성continuity〉이 있을 때 신국가가 구국가와 〈동일성identity〉을 가지고 있다는 관점에서 국가의 동일성과 계속성은 같은 개념이라고 본다.[4] 그러나 마렉Marek은 국가의 법적 동일성은 국제법상 그 국가의 〈권리와 의무의 총계the sum total〉의 동일성이라고 하며, 국가의 계속성은 국가의 동일성이 계속해 존재한다는 동적dynamic 개념으로서 시간적 요소time factor를 고려한 것이라고 정의한다.[5] 따라서 마렉은 동일성과 계속성은 분리될 수 없는 개념이며, 동일성 없이는 계속성은 존재할 수 없다고 본다. 이에 대해 칸사키Cansacchi는 〈부활한 국가resurrected states〉와 관련하여 동일성은 그 국가가 다시 부활한 후에만 적용되는 데 비하여, 계속성은 국가가 소멸되었던 기간 중에도 그 국가가 계속되어 왔음을 주장하는pretend 것이라고 구분한다.[6] 이 책에서는 이와 같은 여러 학설에도 불구하고 다수학자들의 견해에 따라 편의상 국가의

---

4 Cansacchi, Ibid., p. 9.
5 Krystyna Marek, *Identity and Continuity of States in Public International Law*, 2nd. ed. (1968), pp. 5~6.
6 Cansacchi, supra note 3, pp. 9~10.

동일성과 계속성을 같은 개념으로 사용하고자 한다.

국제사회에는 많은 국가의 형성, 발전, 소멸 및 부활resurrection이 계속적으로 발생해 왔으며, 이 경우에 그 국가가 신국가인지 또는 기존 국가와 동일한 국가인지를 결정해야 하는 문제가 제기되었다. 국가의 동일성 및 계속성 문제는 관련당사국의 이해관계를 위해서뿐만 아니라 제3국에 대해서도 질서 있는 국제관계의 발전, 즉 조약의 계속성의 보장 및 기존 국가의 계속적인 국제책임의 근거 등을 위해 분명히 확립되었어야 할 국제법의 중요 분야라고 할 수 있으나, 이 문제는 어떤 면에서는 국제법적 문제라기보다는 국제정치적인 문제로서 취급되어 왔으며,[7] 국제법은 국가의 동일성과 계속성에 대해 단지 아래와 같은 3개의 유효한 관습법 규칙만을 가지고 있을 뿐이다.[8]

첫째, 영토의 변동은 일반적으로 국가의 동일성과 계속성에 영향을 미치지 않는다. 그러나 영토의 완전한 상실, 즉 완전한 할양의 경우에는 국가는 동일성을 상실하고 소멸한다.[9]

둘째, 비헌법적 방법에 의한 정권의 변동은 국가의 동일성과 계속성에 영향을 미치지 않는다. 1917년 러시아혁명 이후 소비에트 정권이 러시아 정부가 지고 있던 채무를 부인한 것은 국제법 위반으로 인정되었으며, 이는 당시에 많은 국가들이 소비에트 정부를 승인하지 않은 이유의 하나였다.[10]

셋째, 영토에 대한 〈전시점령belligerent occupation〉은 국가의 동일성과 계속성에 영향을 미치지 않으며, 이는 관습법 규칙으로 확립되고 헤이그 육전법규로 성문화되었다. 따라서 제2차 세계대전 이후 연합국에 의한 독일

---

7 Josef L. Kunz, "Identity of States under International Law", *AJIL*, Vol. 49 (1955), pp. 69~71.
8 Marek, *supra note* 5, pp. 15~126.
9 Kunz, supra note 7, p. 72.
10 Jennings and Watts, *supra note* 3, p. 205.

점령으로 독일의 법인격은 소멸되지 않았으며, 연합국은 점령조치에 의해 독일을 병합할 의사가 없음을 분명히 했다.[11]

그러나 이와 같은 단순한 경우의 사례가 아니라 소멸되었다가 〈부활한 국가resurrected states〉의 경우에 그 국가가 소멸되기 전의 동일성과 계속성을 부활한 국가에 대해 계속 인정할 것인가 하는 문제가 제기된다. 1938년 오스트리아가 독일에 병합되었을 때 대부분의 국가들은 오스트리아가 국가로서 소멸되었음을 인정하고 독일의 병합조치를 승인했으나, 제2차 세계대전의 발발 이후 여러 국가들이 승인조치를 재검토하기 시작했다. 미국, 영국, 소련 3개국은 1943년 11월의 모스크바 선언으로 1938년의 독일의 오스트리아 병합은 무효null and void라고 선언했는데, 이 무효 선언에 따라 오스트리아는 국가로서 계속 존재하는 것으로 간주되었다. 1955년에 체결된 〈오스트리아 국가조약The Austrian State Treaty〉도 제1조에서 연합국은 오스트리아가 주권적, 독립적 민주국가로서 〈재수립re-established〉되었음을 승인한다고 규정하고 있다.[12] 에스토니아, 라트비아, 리투아니아 등 발트 3국은 제1차 세계대전 이후 독립국의 지위에서 1940년 소련에 의해 강제로 점령되어 소련 내의 소비에트공화국으로 전락했다. 영국 등 일부 국가는 발트 3국이 소멸해 사실상de facto 소련의 일부가 되었음을 승인했으나, 미국은 소련의 발트 3국 병합에 대한 일체의 승인을 거부해 왔다. 발트 3국은 1990년에 각각 소련으로부터 독립을 선언했으며, 그 결과 1991년에는 소련을 포함한 많은 국가들이 발트 3국을 독립국으로 승인했는데, 발트 3국의 독립은 신국가의 형성이 아니라 〈정지된 주권의 회복restoration of suspended sovereignty〉으로 간주된다.[13] 통일 이전의 서독은 구 독일의 법

---

11 *Ibid.*, p. 136.
12 *Ibid.*, pp. 192~193.
13 Rein Müllerson, *International Law, Rights and Politics* (1994), Routledge, p. 146.

적 동일성 및 계속성을 유지하고 있다고 일관되게 주장해 왔으며, 다른 여러 국가들도 이를 인정했다. 서독은 또한 독일제국의 전쟁 전 채무에 관한 책임을 인정했고, 미국, 영국, 프랑스도 서독 정부가 구 독일제국의 권리를 행사하고 의무를 부담할 수 있는 유일한 정부라고 승인했다.[14]

상기와 같은 〈국가의 부활〉 또는 계속성의 승인 사례에도 불구하고 일반적으로 부활한 국가에 대해 적용할 국제법 원칙은 분명하지 않으며, 이에 관해서는 법적으로 불확실한 요소가 많이 존재하고 있다. 마렉은 국제법에는 법적 부활이 없으며 국가는 한 번 소멸하면 계속적인 존재로 다시 기능할 수가 없기 때문에Once a state has become extinct, it can not resume a continued existence, 신국가가 어떤 목적을 위해 구국가가 가지고 있던 권리를 원용한다 하더라도 그 권리들은 법적 효력이 없다고 한다.[15] 칸사키는 국가가 부활한 경우 그 계속성은 〈법적 허구*une fiction juridique*〉에 의해 주장되어 왔기 때문에, 국제법은 국제사회에 대하여 구국가를 승계했다고 주장하는 신국가를 소급해 승인할 의무를 부과하지는 않는다고 한다.[16] 소멸된 후 부활한 국가의 동일성 및 계속성 문제는 이와 같이 법적으로도 분명하지 않고, 국가관행도 일관되어 있지 않다. 이 문제는 국가의 소멸이 국제법에 의해 정당성을 인정받는 방법에 의해 이루어졌는지 여부 및 이에 대한 각국의 승인 여부와 같은 객관적 기준과 부활한 국가가 구국가의 권리와 의무를 계속 인정하고, 이행하는지에 대한 법적 동일성의 문제 및 이에 대한 각국의 태도와 같은 주관적 기준에 따라 결정된다고 볼 수 있을 것이다.

---

14 H. Lauterpacht, "Continuity of States and the Effect of War: The present position of treaties concluded with Prussia", 5 *ICLQ* (1956), pp. 414~420.

15 Marek, *supra note* 5, p. 6.

16 Cansacchi, supra note 3, pp. 48~51.

제3절 대한제국이 체결한 조약의 효력

1. 양자조약의 효력

　대한제국은 1876년 2월 26일 한·일 수호조규(병자수호조약 또는 강화조약) 체결 이래 1910년 8월 22일 한·일 합병조약 체결로 한·일 합방이 될 때까지 미국, 일본, 영국, 프랑스, 러시아 등 11개 국가와 114개의 양자조약을 체결하였다.[17] 일본은 1910년 8월 29일 한·일 합병조약 발표 후에 대한제국과 조약을 체결한, 또는 대한제국에서 최혜국 대우를 받을 것으로 되어있는 미국, 영국 등 11개 국가에 대해 대한제국이 이들 국가와 체결한 조약은 당연 무효이며, 일본과 이들 국가와의 현행 조약은 적용될 수 있는 한 한국에 확대 적용하며, 한국에 재류하는 외국인은 일본법이 허용하는 한 일본내지에서와 동일한 권리와 특권을 향유하고, 적법한 기득권은 보호를 받는다는 〈한국병합에 관한 선언〉을 하였다.[18] 이에 대해 당시 영국 정부는 일본의 한국병합에 반대하지 않으며, 영국이 대한제국과 체결한 관세율의 10년

---

17 『구한말 조약 휘찬』(대한민국 국회도서관 입법조사국, 1964).
18 『명치(明治) 43년 8월 29일 관보 휘보』(외무부).

간 계속 적용을 일본이 허용한 것에 만족했다.[19] 미국, 영국 등은 일본의 한국병합에 따라 한국과 체결한 조약은 당연 폐기된다는 입장을 취했고, 당시의 국제법 및 관행도 병합 또는 할양되는 국가의 조약은 자동적으로 폐기되며, 병합하는 국가의 조약이 새로 취득한 영토에 적용된다고 했다.[20] 이러한 사실은 대한민국 정부 수립 후 이승만 대통령이 1882년에 체결된 〈한·미 수호통상조약〉이 유효하다는 주장을 하자, 미국 국무부가 1949년 4월 15일에 주한 미국 대사에게 보낸 전문에서 한·미 수호통상조약은 1904년부터 1910년 사이에 한·일 양국 간에 체결된 일련의 조약 및 그 이후 시간의 경과와 상황의 변화로 무효가 되었다고 밝힌 것에서도 확인할 수 있다.[21]

2. 다자조약의 효력

대한제국이 체결한 다자조약과 관련, 국제사회는 다수의 관행을 통하여 대한민국과 대한제국의 동일성을 인정하고 있다. 대한제국은 한·일 합방 시까지 6개의 다자조약을 체결했는데 그중에서 1986년에 효력을 확인한 3개의 다자조약을 제외한 다른 3개 조약과 관련하여 대한민국과 대한제국의 동일성을 인정하는 사례는 다음과 같다.

첫째, 대한제국이 1900년 1월 1일에 가입한 〈만국우편연합UPU〉 및 〈만국우편협약〉의 경우에 우리나라는 1922년 1월 1일부터는 〈조선Chosen〉이라는 이름으로 남아 있었으나, UPU 사무국은 1949년 12월 17일자로 대한민국이라는 국호로 우리나라의 UPU 회원국 지위가 회복되었다고 통보해

---

19 McNair, *The Law of Treaties* (1961), Oxford, pp. 208~209.
20 J. Mervyn Jones, "State Succession in the Matter of Treaties", *BYIL*, Vol. 24 (1947), p. 362.
21 『미국 국무부 전문사본』(외무부, 1949. 4. 15).

왔으며,[22] 북한은 1974년 6월 6일 제17차 총회에서 새로 가입했는데 이는 UPU가 우리나라를 대한제국과 동일한 국가로서 인정한 것으로 볼 수 있다.

둘째, 대한제국은 1864년 8월 22일 제네바에서 채택된 제1차 적십자협약에 1903년 1월 8일자로 가입했다.

셋째, 상기 제1차 적십자협약에 이어 1906년 제네바에서 채택된 제2차 적십자협약의 경우에는 일본이 외교권을 상실한 대한제국을 대리해 서명, 비준했으며, 이 협약은 1929년의 제3차 적십자협약 및 〈1949년 전쟁 희생자 보호에 관한 제네바 4개협약〉 중 제1협약인 〈전지 군대의 상병자의 상태 개선에 관한 조약Geneva Convention for the Amelioration of the Condition of the Wounded and Sick in Armed Forces in the Field of August 12, 1949〉으로 대체되었다. 우리나라는 1929년 협약에 가입하지 못했으나 〈1949년 제네바 4개협약〉에는 1966년 8월 16일자로 가입했다. 협약 수탁국인 스위스는 우리나라가 1966년에 〈1949년 제네바 4개협약〉에 가입할 때까지 우리나라와 동 협약 당사국 사이에는 1864년 협약이 적용되어 왔으나, 우리나라가 제네바 4개협약에 가입한 1966년 이후에 1864년 제1차 적십자협약의 효력이 종료되었다고 하였다.[23] 특히, 북한은 우리나라보다 빠른 1957년 8월 27일자로 〈1949년 제네바 4개협약〉에 가입했는데 북한의 가입에도 불구하고, 1966년 우리나라의 제네바 4개협약 가입 후에야 비로소 1864년 협약의 효력이 종료되었다고 하는 수탁국의 태도는 국제사회가 대한제국과 대한민국의 법적 동일성을 인정하는 사례 중의 하나로 간주된다.

또한 상기 3개 다자조약 이외에 대한민국이 1986년에 효력을 확인한 3개의 다자조약과 관련하여 영국, 네덜란드 등에서 나온 조약집 및 조약목록도

---

22 *ILA Handbook*, *The Effect of Independence of Treaties* (1965), pp. 299~301; *Report on the Work of the Union*, UPU (1981).

23 Schindler and Toman, *The Laws of Armed Conflicts*, 3rd ed. (1988), p. 279.

우리나라를 당사국으로 등재하고 있었으며, 네덜란드 정부는 〈전시 병원선에 관한 협약〉 및 〈1899년 헤이그 육전법규 협약〉의 수탁국으로서 1986년 2월 6일자 공한으로 우리나라에 조약 내용의 변경을 통보해 오는 등 우리나라를 당사국으로 간주하고 있었다.[24]

---

24 『대한제국이 체결한 다자조약의 효력확인 설명자료』(외무부, 1986. 7), p. 3.

제4절 대한제국과 대한민국의 법적 동일성 및 계속성

　이와 같이 우리정부가 대한제국이 체결한 다자조약의 효력을 확인한 것은 대한민국이 대한제국의 법적 동일성과 계속성을 가지고 있다는 논리에 근거한다. 우선 우리 헌법은 전문에서 대한민국이 〈3·1운동으로 건립된 대한민국 임시정부의 법통〉을 계승하였음을 명시한 바, 이는 대한민국의 정통성을 확인하는 것이며, 일제강점기하에서도 국가의 동일성은 계속되어 왔음을 선언한 것으로 볼 수 있다.[25] 대한민국의 동일성 및 계속성을 주장하는 근거는 1910년 8월 이전에 체결된 한·일 간의 모든 조약이 원천적으로 무효이기 때문에 대한민국은 국가로서 소멸하지 않았으나 다만 일본의 불법 점령 기간 중에 그 행위능력이 정지되었다가 일본의 패망으로 잃었던 주권을 회복한 것이기 때문이다.

　조약의 효력에 관한 국제법 이론에 따르면 1905년 11월 17일의 〈을사보호조약〉과 1910년 8월 22일의 〈한·일 합병조약〉 등 1910년 이전에 체결된 한·일 간의 모든 조약은 대한제국과 대한제국의 조약체결권자에 대하여 〈강박coercion〉을 행사해 체결된 조약이므로 당연 무효이다. 우선 을사보

25　박배근, 「국제법상 국가의 동일성과 계속성」, 『저스티스』 제90호(2006), p. 251.

호조약의 경우 일본은 군대를 동원해 고종황제와 당시 외무대신 등 조약체결 및 비준권자에게 강박을 행사했을 뿐 아니라, 당시 대한제국 헌법 규정에 따라 조약 비준서에 황제의 서명과 옥새가 날인되지 않았다.[26] 당시의 국제법 이론상으로도 국가에 대한 강박은 용인되었으나, 국가대표에 대한 강박은 용인되지 않았고, 더욱 조약이 적법하게 비준되지 않아서 조약이 성립되었다고 볼 수 없다.[27] 또한 고종황제는 1907년 헤이그에서 개최된 제2차 만국평화회의에 밀사를 파견해 을사보호조약 체결의 부당성을 세계 각국에 알리고자 하였으나, 일본의 방해와 러시아의 정책 변화로 그 목적을 달성하지 못하고 일본의 강요에 의해 퇴위하게 된다.[28] 이러한 상황하에서 1910년에 체결된 한·일 합병조약도 모든 반대 세력을 억압한 후에 무력시위에 의해 체결된 조약이기 때문에 당연 무효이며, 1906년 당시 파리대학교 프란시스 레이Francis Ray 교수 등에 의해서도 그 불법성이 지적된 바 있다.[29] 또한 1969년 〈조약법에 관한 비엔나협약〉은 제52조의 국가에 대한 강박과는 별도로 제51조에 국가대표에 대한 강박으로 체결된 조약은 법적 효력이 없음을 규정하고 있는데, 1939년 독일이 체코의 하차Hacha 대통령과 외무장관을 위협하여 체코를 독일의 보호국으로 만든 조약의 체결을 국가대표에 대한 강박의 전형적 사례로 본다.[30] 저자는 같은 논리로 대한제국 황제와 외무대신 등에 대한 일본의 상기와 같은 강박도 국가대표에 대한 강박의 전형적 사례이기에 강박에 의해 체결된 조약은 처음부터 법적 효력이 없다고 본다.

1965년의 〈한·일 기본관계에 관한 조약〉도 1910년 8월 22일 및 그 이전

26 정일영, 『한국외교와 국제법』(나남, 2011), pp. 184~185.
27 McNair, *supra note* 19, pp. 207~209.
28 정일영, *supra note* 26, pp. 195~197; 최덕규, 『제정러시아의 한반도 정책, 1891~1909』(경인문화사, 2008), pp. 197~227.
29 정일영, *Ibid.*, pp. 117~118.
30 Mark Villiger, *Commentary on the 1969 Vienna Convention on the Law of Treaties* (2009), Martinus Nijhoff, pp. 631~632.

에 한국과 일본 간에 체결된 모든 조약은 〈이미 무효already null and void〉라고 규정하였는데 이 조항의 해석에 관해 일본은 대한민국 정부가 수립된 1948년 8월 15일자로 무효가 되었다고 보나,[31] 우리나라는 상기와 같은 논리로 조약체결 당시부터 원천무효라고 보고 있다.

또한 1948년 12월 12일자 유엔총회 결의 195(III)에 의해 〈대한민국이 한반도의 유일합법정부〉로서 승인된 것은 〈한국이라는 국가가 존재했다A State of Korea existed〉는 사실을 유엔이 집단적으로 결정 또는 승인한 사례로 간주된다.[32] 따라서 대한제국은 국가로서 소멸된 것이 아니라 법적으로 계속 존속하여 왔으나, 그 행위능력이 제한되고 영토와 주민에 대한 실질적 통치권이 일본에 의해 불법적으로 대리 행사되어 왔을 뿐이며, 대한민국은 1945년에 일본으로부터 분리, 독립한 신생독립국이 아니라 일본에 의해 제한되어 있던 주권을 회복한 것이다. 대한민국은 대한제국과 동일한 국제법 주체로서 동일한 국가 내에서 국체, 정체 및 국호가 변경된 것이므로 대한제국과 대한민국의 법적 동일성은 계속 유지된다. 대한제국이 체결한 다자조약은 사정의 근본적인 변경 등을 이유로 종료되지 않는 한 대한민국에 대해 계속 효력이 있으나, 다만 대한제국이 국제사회에서 그 행위능력을 제한받고 있었던 기간(1910년 8월 29일부터 1948년 8월 15일까지) 중에는 그 적용이 정지되었다고 보아야 한다.[33] 그러므로 〈전체로서의 한국The entire Korean State〉은 1910년 일본의 한국병합, 1945년 미국과 소련에 의한 남북한 점령, 1948년 분단국가의 수립에도 불구하고 계속 존재하여 왔다. 다만, 〈전체로서의 한국〉은 현재로서는 남북한의 분단에 의해 법적 행위능력을 완전히 행사하지 못하고 있으나 〈계속적인 국가로서의 한국Continuing

---

31 Shigeru Oda, "The Normalization of Relations Between Japan and the Republic of Korea", *AJIL*, Vol. 61 (1967), pp. 40~41.

32 Herbert W. Briggs, *The Law of Nations*, 2nd ed. (1966), pp. 81~82.

33 『대한제국이 체결한 다자조약의 효력확인 설명자료』, supra note 24, pp. 3~4.

State of Korea〉으로 존속하고 있는 것으로 간주된다.[34]

한편, 독일의 경우에는 구 독일제국이 동 다자조약들의 당사국으로 되어 있었는데 동독은 1959년 2월 9일자로 병원선에 관한 협약과 1907년의 헤이그 육전법규 협약을 〈재적용·reapply〉할 것을 네덜란드 외무부에 통보했으나, 서독은 독일제국의 법적 승계국임을 주장하고 있으므로 별도의 선언 또는 통보 없이 동 협약들이 서독에 적용되고 있다고 하며, 수탁국인 네덜란드도 이를 인정하고 있었다.[35] 우리나라의 경우에도 독일과 같이 별도의 확인 절차가 없어도 동 조약들이 우리나라에 계속 효력이 있고, 수탁국도 이를 인정하고 있으나, 국내적으로는 동 조약에 가입한 지 80여 년이 경과되었으며, 또한 대한민국의 조약목록에도 게재되어 있지 않으므로 대한민국이 대한제국의 동일성과 계속성을 가지고 있는 국가임을 다시 상기시키는 의미에서 조약의 효력을 확인하는 절차를 취하게 되었다.[36]

---

34 Bernhardt (ed.), "Divided States", in *Encyclopedia* I. (1992), p. 1086.
35 『대한제국이 체결한 다자조약의 효력확인 설명자료』, supra note 24, p. 7.
36 Ibid., p. 5.

제5절 결론

　대한제국이 다자조약을 체결한 후 80여 년이 지나서 대한민국이 동 조약들의 효력을 확인한 것은 국내외적으로 대한민국이 대한제국의 정통성을 승계했음을 선언하는 상징적 의미를 지닌다. 대한제국이 체결한 양자조약의 경우에는 우리나라를 비롯하여 우리나라와 조약을 체결한 어느 당사국도 이들 양자조약의 효력을 주장하거나 확인한 바 없고, 이들 조약들이 대개는 산림벌채, 광산채굴 등 외국인에 대한 〈양여계약concession〉을 포함한 불평등조약으로서 시간과 상황의 변화로 적용할 수 없는 조약이 많으므로 우리나라가 이들 조약의 효력을 인정할 실익이 없다고 본다. 또한 조약의 관계당사국들도 동 조약들의 효력을 인정하지 않았기 때문에 모든 양자조약은 종료되었다.

　그러나 다자조약의 경우에는 국제사회가 다수의 관행으로 대한민국과 대한제국의 법적 동일성을 인정하고 있음에 비추어 국제사회의 법적 안정성 확보를 위해서도 우리나라가 이들 조약의 효력을 확인하는 것이 대외적으로 대한민국과 대한제국의 동일성 및 계속성 확보, 대한민국의 정통성 선언 등의 효과가 있다. 또 대내적으로는 대한민국과 대한제국의 동일성을 법적으로 확인하는 최초의 사례로서 그 의의가 있으며, 이는 법적으로 보면 국가의 계속성 및 동일성의 일방적 확인unilateral confirmation of state continuity and identity으로 볼 수 있을 것이다.[37]

이와 같은 대한민국의 법적 동일성 및 계속성에 대해 우리 정부가 적용한 법이론은 1991년 발트 3국의 상실된 주권회복과 국가의 재수립 시에 적용되어 국제사회의 일반적 승인을 얻게 되었다. 특히 발트 3국의 경우 주권상실 기간이 51년이나 되었으나, 그럼에도 불구하고 소련의 불법점령 이전의 국가로서 동일성과 계속성을 인정받게 된 것은 불법행위에 의한 현상의 변경을 승인하지 않는다는 국제사회의 의지를 보여 준 것이라 할 수 있다. 우리의 경우 발트 3국과 달리 20세기 초 제국주의, 식민주의 시대에 일본에 의해 강제 병합되었고, 당시의 주요 국가들은 이를 승인하거나 묵인한 바 있으나, 1943년의 카이로선언과 그 이후의 정부수립 과정에서 유엔 등 국제사회가 취한 조치는 일제강점기에도 한반도에 한국이라는 국가가 존재해 왔고, 그 한반도에 유일한 합법정부인 대한민국 정부가 수립되었음을 승인한 것으로서 이는 국제법상 국가의 〈부활〉 또는 〈재수립〉이라고 보아야 할 것이다.

---

37 김명기, 『대한제국과 국제인도법』(책과 사람들, 2008), p. 90.

제6장
남북통일 시 국가승계의 적용

제1절 서론

1945년 제2차 세계대전 종전 직전에 미국과 소련 양국이 일본군의 무장해제를 위해 잠정적으로 설정한 38선에 따라 남북한 간에 분단이 고착되고, 남북한에 별도의 정권이 수립된 지 63년이 경과했다. 제2차 세계대전 이후의 새로운 국제정치적 현상으로서 그간 분단국[1]으로 남아 있던 동·서독이 통일되었으며, 이보다 앞서 1975년에는 공산정권에 의한 베트남의 무력통일 및 1990년의 남·북 예멘의 통일[2] 이후 지구상의 유일한 분단국으로 남아 있는 남·북한의 통일문제가 세계의 새로운 관심 사안으로 대두되고 있다. 특히 동·서 냉전의 종식 이후 북한의 고립 심화, 경제적 난국 및 최근의 심각

---

[1] 1949년 이후의 중국을 분단국으로 볼 수 있는지 여부에 대해서는 학자들 간의 견해가 다르며, G. Caty는 대만이 중국과 별도의 국가라는 근거에서 분단국이 아니라고 한다. Caty. *Le Statut Juridique des Etats Divisés* (1969), pp. 23~30. 다수설은 중국-대만의 관계가 분단국이 아니라고 하며, 국제사회의 관행도 〈하나의 중국One China〉을 인정하고 있어서 중국-대만 관계는 〈One Nation, Two Systems〉로 보는 것이 적절할 것이다.

[2] 예멘은 공산국가인 예멘 인민민주공화국(남예멘)과 민주국가인 예멘 아랍공화국(북예멘)이 1990년 연방federation 형태의 예멘공화국으로 통일되었으나, 연방 구성국 간의 이념 대결로 무력충돌이 발발했고, 결국 1994년 북예멘이 남예멘을 흡수 통일하였는데 이는 우리나라의 통일과 관련해 시사하는 바가 크다.

한 식량문제, 두 차례의 핵실험 및 김정일의 사망과 김정은으로의 3대 세습체제 구축 등으로 국내외적으로 고립되고, 어려움에 처한 북한정권이 얼마나 더 지속될 수 있을 것인지는 누구도 예측할 수 없는 문제이다. 이 장에서는 우선 남북한의 법적 지위와 최근의 남북관계 현황을 살펴보고, 장차 언젠가 이루어질 남북통일의 가능한 형태 및 방식과 이에 따른 국가승계, 특히 조약의 승계문제를 검토하고자 한다.

제2절 남북한의 법적 지위

1. 한국의 법적 지위

대한민국정부는 한반도의 〈유일합법정부the sole legitimate government〉로서 국제적으로 승인되어 왔고, 국내외로부터 1910년 이전의 대한제국과 동일성 및 계속성을 가지고 있는 국가로서 인정되어 왔다. 한국은 제2차 세계대전 이후 일본으로부터 독립한 신생독립국이 아니라 오랜 역사를 가지고 있는 국가로서 존재하여 왔으나, 1910년부터 1945년간 일본의 점령하에 있었기 때문에 국가로서 재탄생rebirth하게 되었다.[3]

1945년 미국과 소련 간의 합의에 의해 38선을 경계로 남북한이 분단된 후 미·소 공동위원회, 모스크바 3상회의 개최 등 관련 국가들의 노력에도 불구하고 1943년 10월 카이로회담 시 미국, 영국, 중국의 한국에 대한 독립 약속 및 1945년 7월 포츠담회담 시 미국, 영국, 소련에 의한 한국독립의 재확인 약속이 실현되기 어려워지자, 미국은 1947년 9월 한국문제를 유엔총회에 상정하여 유엔 감시하에 전국적인 선거를 실시하고 이에 따라 전체 한

---

3 Philip C. Jessup, *The Birth of Nations* (1974), pp. 19~42.

국정부의 수립을 촉구하는 결의를 채택하게 하였다.[4] 유엔총회는 1947년 11월 소련 측의 반대에도 불구하고 〈유엔한국임시위원회United Nations Temporary Commission on Korea〉를 설립했으며,[5] 동 위원회는 1948년 5월 10일 총선 실시가 가능한 남한 지역에서만 총선을 실시하였고, 이에 따라 1948년 8월 15일에 대한민국정부가 수립되었다.

유엔 감시하의 총선 실시 및 대한민국정부의 수립에 따라 유엔총회는 1948년 12월 12일에 결의 195(III)를 채택,[6] 〈유엔한국임시위원회가 선거를 감시할 수 있었고, 대다수의 주민들이 살고 있는 한국의 그 지역에 유효한 통제 및 관할권을 가지고 있는 합법정부(대한민국정부)가 수립되었으며, 이는 한국의 유일한 합법정부임〉을 선언하였다.[7] 유엔총회는 또한 1949년 11월 22일에 결의 296(IV)을 찬성 50, 반대 6, 기권 3으로 채택하고, 〈대한민국이 헌장 제4조의 평화애호국이며, 헌장의 의무를 이행할 의사와 능력이 있으므로 유엔에 회원국으로 가입되어야 한다고 결정하였다.〉[8] 당시 한국의 유엔 가입은

---

4 1943년 10월에 개최된 카이로회담에서 미, 영, 중 3국은 〈한국민의 노예상태에 유의하여 3국은 한국이 적당한 시기에 자유롭고 독립된 국가가 될 것임을 결정하였다They, mindful of the enslavement of the people of Korea, are determined that in due course Korea shall become free and independent〉라고 선언했고, 소련은 포츠담회담에서 카이로회담 시 한국의 독립 결정을 지지할 것을 약속했다. Jessup, *Ibid.*, pp. 30~31.

5 유엔 한국임시위원회는 호주, 캐나다, 중국(대만), 엘살바도르, 프랑스, 인도, 필리핀, 시리아 및 우크라이나 대표로 구성되었으나, 우크라이나 대표는 참여를 거부했다. *Ibid.*, p. 31.

6 총회결의 195(III)는 찬성 48, 반대 6, 기권 1로 채택되었다. John Dugard, *Recognition and The United Nations* (1987), Grotius, pp. 58~60.

7 Herbert W. Briggs, *The Law of Nations* (1966), pp. 81~82. 원문은 다음과 같다.

The General Assembly declares that there has been established a lawful government (the Government of the Republic of Korea) having effective control and jurisdiction over that part of Korea where the Temporary Commission was able to observe and consult and in which the great majority of the people of all Korea reside: that this Government is based on elections which were a valid expression of the free will of the electorate of that part of Korea and which were observed by the Temporary Commission: and that this is the only such Government in Korea.

8 Dugard, *supra note* 6, p. 59. 원문은 다음과 같다.

안보리에서의 소련의 거부권 행사로 좌절되었으나 총회의 이러한 한국 승인 결의는 많은 국가들이 한국을 승인하도록 촉구하는 역할을 했으며, 미국이 1949년 1월 1일에 한국을 승인한 이후 1년 동안 27개 국가가 한국을 승인했다.[9]

북한정권에 대한 대한민국정부의 정통성은 1950년 6·25동란 발발 시 유엔 안보리가 채택한 일련의 결의에 의해서도 확인되었다. 안보리 결의는 북한을 〈교전단체belligerency〉로 보고 북한에 대해서는 〈북한〉 또는 〈북한당국the authorities of North Korea〉이라고 표현하면서 대한민국의 경우에는 유엔총회가 대한민국을 한반도의 유일합법정부로서 승인했다는 사실에 회원국들의 주의를 환기시켰다.[10] 이와 같이 대한민국은 국제사회에 의해 한반도의 유일합법정부로서 승인되어 왔으며, 특히 국제사회는 대한제국이 체결한 다자조약과 관련하여 다수의 관행으로 대한민국이 대한제국의 동일성과 계속성을 가지고 있는 국가임을 인정해 왔다.

2. 북한의 법적 지위

한국의 국내법적 관점에서 볼 때 북한은 〈불법적 반국가단체unlawful anti-state organization〉[11]로서 국제법상으로는 〈반란단체insurgency〉에 해당되며, 이는 대한민국 헌법 전문 및 〈대한민국의 영토는 한반도와 그 부속도서로 한다〉는 헌법 제3조의 규정에도 잘 드러나 있다. 남북한 관계는 전

The General Assembly determined that the Republic of Korea is, in its judgement, a peace-loving State within the meaning of Article 4 of the Charter, and should therefore be admitted to membership in the United Nations.

9 *Ibid.*
10 Sydney Bailey, *How Wars End*, Vol. II (1982), pp. 481~483.
11 국가보안법 제2조(1987. 12. 4. 법률 제3993호에 의해 일부 개정).

쟁 상태를 종료시키는 평화협정이 체결되지 않아 아직도 전시 상태에 있다고 보는 견해가 있는데,[12] 이 견해에 따르면 북한은 〈반란단체〉 또는 〈교전단체belligerency〉라고 볼 수밖에 없다. 그러나 남북한은 1972년 7월 4일에 〈남북공동성명〉을 발표하고, 〈자주〉, 〈평화〉, 〈민족대단결〉이라는 통일의 3대 원칙을 천명하였는데, 이는 1953년 휴전에 의해 이루어진 상황을 양 당사자가 분명히 승인한 것으로서 동 선언 이후 한국은 북한을 〈정치적 실체〉로 인정하였고, 1988년 7월 7일 〈민족자존과 통일번영을 위한 특별선언〉 이후에는 북한을 화목하며, 공동 번영해야 할 〈민족의 공동체〉로서 포용하는 통일정책을 펴고 있다.[13]

국제법적 관점에서 볼 때 북한은 1948년 정권 수립 당시 국제적인 감시 또는 지원 없이 소련이라는 점령국에 의해 일방적으로 창설되었으며, 또한 소련, 동유럽권 등 소수의 국가들만이 승인했다는 점에서 북한은 1950년 당시 한반도 전체에 유효한 영토주권을 가지고 있던 한국으로부터 분리되는 과정에 있었던, 그 당시까지는 유효한 독립을 달성하지 못한 교전단체 a belligerent power 또는 사실상의 정권de facto regime에 불과한 것으로 보인다.[14] 북한정권의 수립은 유엔총회 결의 등 관련 협정의 명백한 위반이기 때문에 유엔의 후원하에 수립되어 유일한 합법정부로서 승인된 대한민국이 1953년까지는 한국 전체를 대표하는 법적 정부de jure government였으며, 북한이 국제법상 남한으로부터 분리되어 별도의 국가로서 형성된 시

---

12 김명기, 『국제법상 남북한의 법적 지위』(화학사, 1980), pp. 105~108; 반면에 1972년의 남북공동 성명을 통해 남북한은 전쟁 상태를 사실상 종료시킨 것으로 묵시적으로 합의했다는 견해도 있다. 배재식, 「한국휴전의 법적 제문제」, 『법학』 제16권 제1호(1975), p. 54; 한편, Starke 교수는 정전협정armistice agreement이 전쟁 상태를 사실상 종료시킬 수 있다고 주장한다. I. A. Shearer, *Starke's International Law*, 11th ed. (1994), p. 517.

13 양영식, 「남북한 통일정책」, 『민주통일론 ─ 통일문제』(통일연수원, 1992), p. 32.

14 James Crawford, *The Creation of States in International Law*, 2nd ed. (2006), pp. 470~472.

점은 1953년 7월 휴전협정 체결 시일 것으로 간주된다.[15]

1989년 12월, 고르바초프 소련 공산당 서기장이 말타Malta에서 부시 미국 대통령과 정상회담을 갖고 냉전의 종식을 선언한 이후 한반도의 국제정치적 환경도 급변하였다. 한국은 소련, 중국 및 동유럽 국가들과 외교관계를 정상화했을 뿐만 아니라, 1991년에는 북한과 동시에 우리 정부 수립 이후의 오랜 숙원이었던 유엔에 가입하였다. 어느 국가의 유엔 가입은 가입을 지지한 국가들에 의한 집단적 승인이라고 할 수 없음은 다수의 국가 관행에 의해 확립되었으나, 일부 국가들은 유엔에서의 회원국 가입에 대한 지지를 승인행위라고 간주하기도 한다.[16] 제닝스Jennings 및 와츠Watts도 영국은 1991년 북한의 유엔 가입 시까지 북한을 한국과 별도의 국가 separate state로서 승인하여 오지 않았으나, 북한의 유엔 가입은 영국 등 많은 나라들로부터 승인을 수반하게 된 것으로 보고 있다.[17] 유엔 가입 그 자체는 국가관행으로 확립된 바와 같이 승인을 거부하는 국가들로부터의 승인이라고 할 수는 없으나,[18] 국가만이 유엔에 가입할 수 있음에 비추어 북한이 국제법상 국가로서 존재하고 있으며, 많은 국가들이 북한을 국가로서 인정하고 있음은 분명하다. 실제로 2011년 4월 현재 한국과 외교관계를 수립한 국가는 188개국, 북한과 수교한 나라는 161개국이며, 그중에서 158개국이 남북한과 동시 수교국으로서[19] 북한은 국제법상의 국가라고 볼 수밖에 없다.

남북한은 1991년 12월 31일 〈남북기본합의서Agreement on Reconciliation,

15 *Ibid*., p. 470.
16 1949년 한국의 유엔 가입이 소련의 거부권 행사로 좌절되었을 때, 캐나다는 한국 측에 캐나다가 한국의 유엔 가입을 지지한 결정은 한국을 독립주권국가로 승인하는 행위로 간주되어야 한다고 통보했다. Dugard, *supra note* 6, p. 59.
17 Jennings and Watts, *Oppenheim's International Law* Vol. I, 9th ed. (1992), p. 134.
18 Ian Brownlie, *Principles of Public International Law*, 7th ed. (2008), p. 94.
19 「외교통상업무 참고자료」(외교통상부, 2011), p. 15.

Non-Aggression, and Exchanges and Cooperation〉 및 〈한반도 비핵화선언Joint Declaration for the Denuclearization of the Korean Peninsula〉에 서명하였으며, 동 기본합의서 및 비핵화선언은 1992년 2월 20일 발효되었다. 이와 같은 남북 관계의 현황과 기본합의서 서명 등에 비추어 한국도 북한을 사실상 국가로서 간주하고 있다고 할 수 있으나, 다만 남북한 관계는 국제법이 적용되는 완전한 주권국가 간의 관계가 아니라 〈통일을 지향하는 과정에서 잠정적으로 형성되는 특수관계〉로서 〈한반도 전체로서의 내부관계internal relations of the whole of Korea〉[20] 또는 〈민족 내부의 특수관계〉[21]라고 할 수 있을 것이다. 이 장에서는 이와 같은 국내외적 현실에 비추어 북한을 〈사실상의 정권de facto regime〉 또는 국가로서 간주하고자 하며, 이러한 토대 위에서 통일과 국가승계 문제를 검토하고자 한다.

〈사실상의 정권〉 또는 〈사실상의 체제〉는 특정 지역에서 오랫동안 유효한 통치권을 행사하는 〈실체entities〉가 존재하고, 이러한 실체가 국가 또는 정부로서의 성립요건을 갖추었으며, 국가 또는 정부임을 주장하고 있음에도 불구하고 다수 국가의 승인을 받지 못하였기 때문에 그 국제적 행위가 제한되는 실체로서, 1972년 이전의 동독, 통일 이전의 공산 베트남(월맹), 북한 및 대만이 이에 해당된다.[22] 사실상의 정권도 특정영토를 통치하고 있기 때문에 〈부분적 국제법 주체partial subjects of international law〉로서 그 기능을 행사하고 있으나, 다수국가의 불승인에 따라 실제적으로 대외관계에서 일부 기능상의 제약이 따른다. 즉, 승인하지 않은 국가와는 외교관계를 수립할 수 없고, 법적으로 완전한 조약을 체결할 수 없으며, 설사 기술적 성격의 조약을 체결한다 하더라도 조약체결 주체, 조약의 성격이나 효력 등에

---

20 유병화, *Peace and Unification in Korea and International Law* (1986), p. 147.
21 양영식, supra note 13, pp. 52~53.
22 Bernhardt (ed.), "*De Facto* Regime", in *Encyclopedia* I, (1992), pp. 966~968.

있어서 매우 제한적이지 않을 수 없다.²³ 또한 승인하지 않은 국가와 제한된 분야에서 외교교섭을 할 경우에도 대개 이러한 교섭이 국가승인을 의미하는 것은 아니라는 전제가 뒤따른다. 그러나 사실상의 정권도 이와 같은 일부 제약을 제외하고는 국제법의 주체로서 국제법상 대부분의 권리와 의무를 가진다.

첫째, 국제법상의 무력의 행사 금지는 사실상의 정권에도 그대로 적용되며, 유엔안보리는 이에 따라 북한의 남침 시 북한을 사실상의 교전단체로서 인정하고 북한의 남침을 평화의 파괴행위로 규정, 적대행위의 즉각 중지를 촉구한 바 있다.²⁴ 또한 1974년 유엔총회 결의 제3314호(XXIX)에 의해 채택된 침략의 정의에 의하면 〈국가state〉라는 용어는 〈승인 또는 유엔 회원국 여부〉와는 관계없이 사용된다고 규정하고 있다.

둘째, 사실상의 정권이 다른 국가에 대하여 손해를 끼친 경우에 손해를 당한 국가는 사실상의 정권으로부터 배상 또는 보상을 요구할 권리가 있다.²⁵

셋째, 사실상의 정권은 다른 국가들과 조약을 체결할 수 있고 유엔 또는 국제기구에 가입할 수 있다. 그러나 미승인 국가와의 조약체결 시 정식 국명을 사용하기보다는 조약 또는 협정의 당사자라는 막연한 표현을 사용하거나, 승인하지 않은 국가의 경우에 정부 명의가 아닌 상공회의소 등 공적 기

---

23 1993년 3월 12일 북한이 NPT 탈퇴를 선언한 후에 미국과 북한은 수차에 걸쳐 고위급 회담을 개최하였으며, 그 결과 1994년 10월 21일 미국과 북한은 〈합의문Agreed Framework〉에 서명, 북한 핵문제 해결방안 및 미·북 관계 개선 등에 합의했다. 그러나 미·북 합의문 서명이 미국의 북한에 대한 승인을 의미하는 것은 아니며, 동 합의문은 북한의 비핵화의무 불이행으로 이미 무효화되었고, 미국과 북한 간에는 현재까지 아무런 공식적인 관계가 존재하지 않는다.
24 Security Council Resolutions 82, 83, 84, Sydney Bailey, *supra note* 10, pp. 481~483.
25 1971년 나미비아 사건에 대한 권고적 의견에서 국제사법재판소ICJ는 〈주권 또는 권한의 정통성이 없어도 영토를 물리적으로 통제하게 되면 그 통제는 다른 국가에 영향을 미치는 행위에 대한 국가책임의 기초가 된다〉고 하였다. "Legal Consequences for States of the Continued Presence of South Africa in Namibia", *ICJ Reports* (1971), p. 54.

관의 이름으로 사실상의 정권과 조약을 체결하는 경우가 많으며, 사실상의 정권은 다자조약의 당사국이 될 수도 있다.[26] 한편 어느 국가의 국제기구 가입은 국제기구 회원국들에 의한 집단적 승인을 의미하지 않는다는 것이 관습법 규칙과 국가관행에 의하여 확인되었다.[27] 따라서 북한을 〈사실상의 정권〉으로 보든 국가로 보든 북한의 권리와 의무 면에서 큰 차이점은 없으며, 이는 단순히 불승인의 효과에 따른 것이므로 북한의 대외적인 행위능력도 북한을 승인하지 않은 국가에 대한 경우를 제외하고는 특별한 제한을 받지 않는다.

---

26 Bernhardt, *supra note* 22, p. 967.
27 Brownlie, *supra note* 18, p. 94.

제3절 가능한 통일방식 및 국가승계

1. 가능한 통일방식

남북한은 그동안 여러 가지 통일방안을 상호 제의하여 왔다. 한국은 1970년대의 〈평화통일 3대 기본원칙〉을 발전시켜 1982년에 〈민족화합 민주통일방안〉을 제의하였고, 1989년에는 이를 방법론적으로 더욱 상세하게 집대성하고 체계화한 〈한민족공동체 통일방안〉을 제의하였다. 이어 1994년 〈한민족공동체 통일방안〉을 보완, 발전시키면서, 전반적인 통일 환경의 변화를 반영한 〈민족공동체 통일방안〉을 천명하고, 〈자주, 평화, 민주〉를 통일의 기본원칙으로 제시하였다. 2000년에는 최초로 남북정상회담이 개최되어 6·15선언이 발표되었고, 2007년 제2차 정상회담 개최와 〈남북관계발전 및 평화번영을 위한 선언〉이 채택되었다. 2008년 2월 25일 출범한 이명박 정부는 2010년 8월 15일 경축사에서 평화공동체, 경제공동체, 민족공동체 구축을 통한 3단계 통일방안을 발표하고, 이를 통해 〈화해와 협력, 평화공존, 점진적 통일〉을 지향하고 있음을 분명히 하였다.[28] 더욱 우리나라

---

28 이순천, 『글로벌 코리아, 글로벌 외교』(열린책들, 2010), pp. 113~117.

헌법은 전문과 제4조에 평화통일 조항을 두고 국민적 합의와 자유민주적 기본질서에 입각한 통일을 추구하도록 규정하고 있다.[29]

북한은 이에 대하여 1960년에 〈남북연방제론〉을 제기한 이후 1973년에는 〈고려연방공화국 단일 국호의 남북연방제론〉을 거론하였다. 1980년에는 〈고려민주연방공화국 창립방안〉을 제의하였으며, 1991년에는 〈고려민주연방공화국 창립방안〉을 남북한 지역정부에 대해 외교·군사권 등을 더 많이 부여하는 〈느슨한 연방제〉로 변경하면서 사실상 잠정적 연방제 실현방안으로 수정하였다.

그러나 이와 같은 여러 가지 통일방안과 두 차례에 걸친 남북정상회담에도 불구하고 남북한 관계는 현재까지 커다란 진전이 없으며, 양측은 이러한 통일방안을 가지고 한 번도 진지하게 협의하여 본 적이 없다. 이는 물론 양측의 대화 자세나 기본적인 통일관의 차이에도 그 이유가 있으나, 보다 근본적으로는 상대방 체제의 불인정 및 〈흡수통일론〉에 기인한 것으로 보인다. 특히, 북한은 소련 등 동유럽 국가들의 붕괴와 서독에 의한 동독의 흡수통일 이후 한국에 의한 흡수통일을 두려워하고 있는 것 같다. 한국의 경우에는 독일통일에 따른 경제적 부담과 비용 등을 고려, 북한체제의 갑작스런 붕괴에 따른 흡수통일보다는 한반도의 안정과 평화보장, 남북 간 교류협력을 거쳐 완전한 통일로 가는 점진적인 통일을 추구하고 있다.[30]

한국이 1989년에 제의한 〈한민족공동체 통일방안〉(1994년 민족공동체 통일방안도 동일)은 〈자주〉, 〈평화〉, 〈민주〉를 통일의 3대 원칙으로 하고, 통일의 과정으로서 공존공영의 토대 위에서 남과 북이 연합하여(남북연합), 단일민족 사회를 지향하며, 단일민족국가(통일민주공화국)를 건설함

29 권영성, 『헌법학원론』(법문사, 2008), pp. 180~182.
30 「이명박 대통령 광복 65주년 8·15 경축사」(2010. 8. 15).

을 그 목적으로 한다.[31] 한민족공동체 통일방안은 우선 과도적 통일체제로서 통일국가 실현의 중간과정인 〈남북연합The Korean Commonwealth〉을 구성하며, 남북정상회담에서 평화와 통일을 위한 기본방안, 상호 불가침에 관한 사항, 〈남북연합〉 기구의 설치·운영에 관한 남북한 간의 포괄적인 합의를 규정하는 〈한민족공동체헌장〉을 채택·공포하도록 하였다. 〈남북연합〉의 기구로는 최고 결정기구인 〈남북정상회의〉, 협의·조정 및 실행 보장기구인 〈남북각료회의〉, 통일 준비기구로서 남북각료회의에 대한 자문, 통일헌법 기초, 통일 실현방법 및 절차를 마련하는, 100명 내외의 쌍방을 대표하는 동수의 남북 국회의원으로 구성되는 〈남북평의회〉와 실무 지원기구인 〈공동사무처〉를 두고, 비무장지대 내에 〈평화구역〉을 설정하도록 하였다. 통일국가 수립은 〈남북평의회〉에서 마련한 통일헌법안을 민주적 방법과 절차로 확정·공포하고, 통일헌법이 정하는 바에 따라 총선거를 실시, 통일국회와 통일정부 구성 및 이에 따른 통일국가 완성을 그 목표로 한다. 〈남북연합〉은 국제법상의 〈국가연합Confederation〉이나 〈연방국가Federation〉와 같은 고전적 개념이 아니라 통일을 지향하는 과도적이고 특수한 제3의 결합 형태로서 1민족, 2체제의 연합 형태라고 본다.[32] 남북연합안에서 남북은 각기 외교·군사권 등을 보유한 주권국가로 남게 되지만, 남북연합은 통일을 지향한 잠정적이고 과도적인 결합 형태인 과도적 통일체제이다.

한편 1980년 북한이 제의한 〈고려민주련방공화국 창립방안〉에 의하면 가장 현실적이고 합리적인 통일방안은 〈북과 남이 서로 상대방에 존재하는 사상과 제도를 그대로 인정하고 용납하는 기초 위에서 북과 남이 동등하게 참가하는 민족 통일정부를 세우고 그 밑에서 북과 남이 같은 권한과 의무를

---

31 양영식, supra note 13, pp. 44~46.
32 Ibid., pp. 52~53.

지니고 각각 지역 자치제를 실시하는 련방공화국을 창립하여 조국을 통일〉할 것을 주장한다. 연방기구로는 〈최고민족련방회의〉와 그 상임기구인 〈련방상설위원회〉를 두고 정치문제와 조국방위문제, 대외관계문제를 비롯한 공동의 문제를 토의 결정하며, 통일국가의 국호는 〈고려민주련방공화국〉으로 하고, 통일국가는 어떤 정치군사적 동맹에도 가입하지 않는 중립국이 되어야 한다고 한다.[33] 김일성은 그러나 1991년 1월 1일 신년사에서 상기와 같은 완성형 〈고려민주련방공화국 창립방안〉을 잠정적 미완성형 연방제 실현방안으로 수정하여 〈1민족 1국가, 2제도 2정부〉 형태의 연방제 통일을 내세웠는데, 이러한 잠정적인 연방제는 일반 국제법에서 통용되어 온 국가연합과 같은 방향으로 전환할 가능성을 보여 준다.[34] 남북한은 2000년 남북정상회담 후 채택된 6·15공동선언에서 〈통일을 위한 남측의 연합제안과 북측의 낮은 단계의 연방제안이 서로 공통성이 있다고 인정하고, 앞으로 이 방향에서 통일을 지향한다〉고 규정하고 있다.

   남북한의 통일방안을 비교해 보면 〈한민족공동체 통일방안〉이 남북연합이라는 과도적 통일체제를 거쳐 궁극적으로는 단일민족국가인 통일민주공화국을 수립하고자 하는 데 비해, 북한의 〈고려민주련방공화국 창립방안〉은 〈북과 남이 동등하게 참가하는 민족통일정부를 세우고 그 밑에서 북과 남이 같은 권한과 의무를 지니고 각각 지역 자치제를 실시하는 련방공화국을 창립〉할 것을 제의하고 있으며, 이와 같은 〈련방공화국〉이 최종적인 통일국가 체제라고 하고 있다. 〈남북연합〉의 경우에 공동기구로는 〈남북정상회의〉, 〈남북각료회의〉, 〈남북평의회〉 등을 상정하고 있고, 북한의 〈련방공화국〉의 경우 〈최고민족련방회의〉와 〈련방상설위원회〉를 두고 정치문제, 조국방위문제, 대외관계문제 등을 토의, 결정한다고 함에 비추어 남북은 각

  33 Ibid., pp. 79~80.
  34 Ibid., pp. 99~104.

기 외교권과 군사권을 보유한 주권국가로 남게 된다.

따라서 남북한의 통일정책에 따른 합의가 이루어질 경우 남북한은 우선은 〈국가연합(Confederated State 또는 Confederation)〉의 형태로 통일될 것으로 보인다.[35] 물론 북한의 급격한 붕괴에 따라 남한이 북한을 흡수통일할 가능성도 완전히 배제할 수는 없으며, 남한이 상정하고 있는 〈국가연합〉이라는 과도적 체제가 얼마나 오래 계속될지 예측하기 어려우나, 일단은 〈국가연합〉 형태의 과도적 체제를 거쳐 궁극적으로는 남북 간의 교류, 협력의 증대와 이에 따른 민족 동질성의 회복으로 〈단일국가Unitary State〉 또는 〈연방국가(Federal State 또는 Federation)〉가 됨으로써 남북통일은 완성이 될 것으로 생각된다. 그러므로 여기에서는 우선 〈국가연합〉 형태의 통일 시 국가승계 문제와 〈연방국가〉 또는 〈단일국가〉 형태의 통일 시 국가승계 문제를 차례로 검토하고자 한다.

2. 국가연합의 형성과 국가승계

〈국가연합〉이란 둘 이상의 국가들이 구성국들 간의 평등을 기초로 국제법상 국가의 자격을 보유한 채 공동의 기구를 가지고 결합하는 것이며, 구성국들이 국제법 주체성을 보유하고 있고 연합된 조직 그 자체는 국제법상 국가 자격을 가지지 않는다는 점에서 연방국가와 구별된다.[36] 국가연합은 국가연합 설립조약에 의하여 창설되며, 그 공동기구는 그 구성국들에 대해 조약이 위임한 사항에 관한 관할권을 행사하나, 그 구성국 국민들에 대해서

---

35 김정건, 「남북한 교류의 국제법적 고찰」, 『국제법학회 논총』, 제37권 제1호(1992), p. 52; 장명봉, 「국가연합에 관한 연구」, 『국제법학회 논총』, 제33권 제2호(1988), p. 28; 한형건, 「분단 한국의 재통일에 관한 국제법적 고찰」, 『국제법학회 논총』, 제37권 제1호(1992), p. 20.
36 유병화, 『국제법 I』(진성사, 1991), pp. 397~398.

는 관할권을 보유하지 않는다.[37] 따라서 국가연합은 설립조약이 위임한 범위 내에서만 법인격과 행위능력을 가지고, 완전한 주권국가인 구성국과 함께 국제법상의 주체가 되기 때문에, 국가연합과 구성국 간에 주권의 행사가 분할되는 국가 간의 결합이라고 할 수 있을 것이다. 국가연합은 역사적으로 보면 단일국가(연방국가)로 전환되는 과도기적 체제라고 볼 수 있으며, 1778~1787년간의 〈북아메리카국가연합〉, 1815~1866년간의 〈독일국가연합〉의 경우를 예로 들 수 있다.[38] 또한 최근에는 1982~1989년간 존속했던 〈세네감비아 연합〉이 있다. 소련이 분리된 이후에 형성된 〈독립국가연합 CIS〉은 CIS가 국제법적 성격을 가지는 지역공동체적 특색을 가지고 있으므로 국제법상 국가연합이라고 볼 수는 없다.[39]

남북한이 〈국가연합〉의 형태로 통일이 될 경우에 〈국가연합〉은 남북한이 합의하여 위임한 사항에 대해서만 관할권을 행사하는 제한적인 국제법 주체가 되며, 남북한은 각기 외교권과 군사권을 가진 완전한 주권국가로 남아 있게 될 것이다. 남북한은 정치, 외교, 군사 등 양측 간의 의견 조정이 쉽지 않은 분야는 일단 제외하고 사회, 문화, 경제공동체의 실현에 중점을 두고 국가연합을 구성할 것으로 보이며, 이러한 경우에 매우 느슨한 형태의 국가연합loose Confederation이 될 것이다.[40] 그러나 국가연합 형태의 통일은 사실상 남북한 양측을 모두 주권국가로서 승인하는 것이므로 국제법상 계속 존재하고 있는 대한제국 및 대한제국과 동일성을 가지고 있는 대한민국으로부터 북한이 〈분리〉되는 것을 전제로 하며,[41] 2개의 주권국가의 결합이기

---

37 Jenning and Watts, *supra note* 17, pp. 246~248.
38 James Crawford, *The Creation of States in International Law*, 2nd ed. (2006), Oxford, p.485.
39 William Butler, *Russian Law*, 3rd ed. (2009), Oxford, pp. 733~735.
40 최경수, 「국가승계에 의한 조약의 효력: 독일의 경험과 우리의 대책」, 『한국사회 개별 연구』 XXXII(고려대 아세아문제연구소, 1993), p. 288.
41 김명기, *supra note* 12), p. 163.

때문에 조약의 승계 시 1978년 비엔나협약 제31조의 〈국가의 결합Uniting of States〉의 경우에 해당될 것으로 보인다.[42] 이와 같은 국가결합의 경우에 1978년 비엔나협약 제31조는 승계 당시에 별도의 국제적 인격을 가지고 있던 2개 또는 2개 이상의 기존 국가가 결합하여 1개의 신국가를 형성하는 경우에 승계 당시 그중 1개 국가 또는 어느 국가에 대하여 유효한 조약은 그 조약이 전에 적용되었던 그 특정 영토에 대해서만 계속 효력이 있다고 규정하고 있다. 국가결합의 사례로는 1958년부터 1961년간 이집트와 시리아의 결합에 의한 통일아랍공화국UAR의 형성과 1964년 탕가니카와 잔지바르의 결합에 의한 탄자니아의 형성을 들 수 있으며, 이들 국가들은 국가결합 시 각 구성국가component territories가 체결한 조약은 그 조약이 적용되었던 영토의 범위 내에서 계속 적용되도록 하였는데, 이 조항은 국가결합 시 기존 국가들이 체결한 조약관계의 안정을 유지하려는 필요에 의한 것이었다.

남북한이 국가연합의 형태로 통일된다면[43] 1978년 비엔나협약 제31조를 적용할 경우 남북한이 체결한 조약은 각각 남북한의 영토 내에서 계속 유효할 것이며 이에 따라 국가승계 문제는 거의 일어나지 않을 것으로 보이는데, 이는 국가연합이 기존체제 위에 통일이라는 〈우산umbrella〉을 얹어 놓은 1민족, 2국가의 해결방식이라고 보기 때문이다.[44] 그러나 남북연합의 공동기구가 대외관계에 관한 권한을 행사하게 된다면 UAR이나 탄자니아의 경우와 같이 유엔 등 국제기구에 단일회원국으로 가입할 수 있을 것이고, 이에 따라 국제기구 내에서 통일된 국가연합의 회원국 지위, 분담금 산정, 쿼

---

42 한형건, supra note 35), pp. 20~21; 노영돈, 「백두산 지역에 있어서 북한과 중국의 국경분쟁과 국제법」, 『국제법학회논총』 제35권 제12호(1990), pp. 181~182.
43 구희권 박사는 가장 적합한 통일한국의 유형은 〈과도적 국가연합〉이라 하고, 통일 이후에 남북한에 제한된 조약체결권을 인정하는 것이 바람직하다고 한다. 구희권, 「국가통합 시의 국가승계에 관한 연구」, 중앙대 박사학위논문(1993), pp. 109~110.
44 Myung Soo Lee, *Living Together on the Korean Peninsula*, Asiatic Research Center, Korea Univ., Seoul (1994), p. 168.

터 및 가중투표권 할당 등 일부 조정이 필요하게 될 것이다. 또한 일부 정치적 조약이나 동맹조약, 상호방위조약의 경우에는 국가연합의 형성이라는 사정의 근본적 변경에 따라 개정 또는 폐기가 불가피할 것으로 보인다. 이러한 조약으로는 1953년의 〈한·미 상호방위조약〉과 북한이 1961년에 중국과 체결한 〈우호협조 및 상호원조에 관한 조약〉이 있는데,[45] 국가연합에 의한 통일의 경우에 그 구성국 간에 전쟁을 상정하는 조약은 국가연합의 설립이라는 기본 목적에 반하게 될 것이기 때문이다. 따라서 이와 같은 조약들은 폐기 또는 개정되거나 아니면 독일 통일 시의 2+4(Two-Plus-Four)조약과 같이 남북한의 평화와 안보를 미국과 중국이 보장하는 방안(2+2 형식), 또는 미국, 중국, 러시아, 일본 등 주변 4강이 보장하는(2+4 형식) 평화보장조약으로 대체되어야 할 것이다.

3. 통일국가의 형성과 국가승계

남북한은 국가연합이라는 과도적 체제를 거쳐 연방국가 또는 단일국가가 됨으로써 완전한 통일국가를 이룩할 수 있으며, 경우에 따라서는 과도적 체제를 거치지 않고 바로 연방국가 또는 단일국가를 이룰 수도 있다.[46] 단일국

---

[45] 구소련과 북한이 1961년에 체결한 〈조·소 우호협조 및 상호원조조약〉은 한반도에서 전쟁 발발 시 자동개입 조항을 포함하고 있어 한·소 간의 수교 및 냉전종식 후의 상황에 따라 개정될 필요성이 제기되었으며, 소련의 승계국인 러시아는 처음에는 조약해석 방법에 의해 자동개입 조항이 사문화되었다고 하였으나, 추후 동 조약을 연장하지 않았다. 러시아는 2000년 2월 북한과 동 조약을 대체하는 〈우호선린협력조약〉을 체결했다.

[46] 박기갑 교수는 우월한 정치·경제체제를 갖춘 한국으로서는 실질적 통합을 저해할 수 있으며, 한반도 전체의 이익 차원에서 불리한 국가연합 형태로 양보할 실익이 없다고 한다. 박기갑, 「일반국제법이론에 비추어 본 남북한 간 가능한 국가승계형태론」, 『한림법학포럼』 제5권(1996), pp. 122~123.

가unitary state는 국가의 권한이 국가와 그 하부기관sub-division 간에 분할되지 않는 국가로서 〈하나이며 불가분one and indivisible〉의 국가를 의미한다.[47] 물론 단일국가에도 지방자치단체regional and local authorities가 존재하고 중앙정부의 권한이 상당 부분 지방정부에 이양되기도 하지만, 지방정부는 국가로서의 요건을 충족시키지 못하는 자치단체에 지나지 않는다. 반면에 연방국가는 2개 이상의 주권국가의 결합으로서 그 자체의 중앙정부를 가지고 있고, 중앙정부는 연방구성국뿐만 아니라 구성국의 국민에 대해서도 관할권을 행사한다.[48] 연방국가는 대개 처음에는 구성국 간의 조약에 의해 설립되며, 추후 연방헌법에 의해 완성된다. 연방국가는 구성국과 함께 국가로서의 법인격을 가지고 있으므로 주권이 연방국가와 구성국 간에 분할되는데, 각 연방국가마다 양태가 다르기는 하나 연방정부는 대개 조약체결권, 외교사절의 접수 및 파견, 선전포고, 강화 등 대외적 기능을 행사하는 완전한 국제법 주체이며, 연방정부의 권한에 속하지 않는 사항에 대해서는 구성국 정부가 관할권을 행사한다. 연방국가에 따라서는 구성국 정부에 대하여 그 관할권의 범위 내에서 조약체결권을 부여하기도 하는데 이는 연방국가의 헌법 조직의 문제이다.[49]

남북한이 연방국가 또는 단일국가의 형태로 통일이 될 경우에는

첫째, 남한이 북한을 흡수통일하는 경우를 상정할 수 있는데, 이는 서독에 의한 동독의 흡수absorption 또는 병합merger과 같이 북한이 소멸하고 대한민국의 영토가 확대되어 대한민국이 계속성을 지닌 국가로 계속 존재하는 방식이며,

---

[47] Bernhardt (ed.), "Federal States", in *Encyclopedia* II (1999), pp. 363~364.
[48] Jennings and Watts, *supra note* 17, p. 248.
[49] 독일헌법은 연방구성국이 그 관할권의 범위 내에서 연방정부의 동의를 얻어 조약을 체결할 수 있도록 규정하고 있으며, 스위스도 구성국이 외국과 중요하지 않은 문제에 대하여 조약을 체결할 수 있도록 하고 있다. Jennings and Watts, *Ibid.*, pp. 250~251.

둘째, 반대로 북한이 남한을 흡수통일하는 방식이 있고,

셋째, 남북한이 합병fusion하여 모두 소멸하고 새로운 법인격을 가지는 통일한국이 수립되는 방식을 상정할 수 있을 것이나, 북한에 의한 남한의 흡수통일 방식은 남북한의 경제력이나 국제적 위상 및 주변 정세에 비추어 실현가능성이 없으므로 이 책에서는 상기 첫째 및 셋째 방식만을 검토하고자 한다.

여기서 한 가지 지적해야 할 사항은 국내의 일부 국제법학자들이 남북통일 시 〈연방국가〉 또는 〈연방제 통일〉을 논하면서 단일국가로의 통일과 구분하는 경향이 있으나, 현행 국제법상 적어도 국가승계 문제에 있어서는 연방국가와 단일국가는 아무런 차이가 없으며, 이를 구분할 실익도 없다.[50] 1978년 비엔나협약도 제31조의 국가결합의 경우에 국가가 결합 후 단일국가 또는 연방국가 등 어떤 형태의 정부체제를 가지더라도 이를 고려할 필요가 없으며, 이는 국가의 내부적 헌법 조직의 문제로 보고 있다.[51] 또한 통일 이전의 서독도 연방국가였으며, 통일독일도 계속 연방국가로 남아 있으나, 독일이 연방국가라는 사실 때문에 국가승계 문제에 있어서 단일국가와 구분되는 아무런 차이가 없다는 점도 유의해야 한다.

가. 한국 주도에 의한 통일과 국가승계

한국이 북한을 흡수병합하여 통일을 하는 경우에 북한은 소멸하고, 통일한국은 그 영토가 확대되어 통일 이전의 한국의 국제법적 법인격이 계속 유지되는 통일국가가 될 것이며, 통일국가는 대한민국뿐 아니라 대한제국과도 동일한 국가의 계속이 될 것이다. 물론 한국에 의한 북한의 흡수병합 이

---

50 Bernhardt, supra note 47, p. 366.
51 Louis Henkin et al., *International Law, Cases & Materials*, 4th ed. (2001), p. 581.

전에 〈국가연합〉이라는 과도적 체제를 거친다면 북한이 국제법상 별도의 국가로서 존재하고 있음을 잠정적으로 승인하는 것이며, 〈국가연합〉 형식을 거치지 않고 바로 통일이 될 경우에는 남북한은 국가 간의 관계가 아닌 민족 내부의 특수관계이기 때문에 한국의 국내법상으로는 북한에 의한 영토의 불법점령의 종식, 또는 잃었던 영토의 회복이라고 볼 수도 있다.[52] 이러한 흡수병합에 의한 통일의 경우에 국가승계 문제는 독일 통일 시의 국가승계 사례가 많이 참고가 될 것으로 보인다. 국가결합에 관한 1978년 비엔나협약 제31조는 UAR이나 탄자니아의 경우와 같이 일종의 국가연합적 성격의 결합에는 적절히 적용될 수 있을 것으로 보이나, 어느 일국이 다른 국가에 병합되는 경우나 분단국 통일의 경우에 병합되는 국가의 조약이 통일 후에도 계속 통일 이전의 영토에 적용된다는 것은 통일국가의 법질서의 혼란을 가져오게 하며, 통일이라는 기본목표에도 반하게 된다.[53] 더구나 통일에 의해 새로운 국가가 형성되는 것이 아니라 북한이 소멸하고, 대한민국만이 계속 존속하는 경우에는 1978년 비엔나협약 제31조를 적용할 수 없으며, 국가승계에 관한 다음과 같은 관습법 규칙과 국가관행을 따르는 것이 합리적이라고 본다.

첫째, 한국이 통일 이전에 체결한 양자조약은 〈조약국경이동의 원칙〉에 따라 북한지역에도 적용된다.

둘째, 북한이 체결한 정치적 성격의 조약은 북한의 소멸에 의하여 효력을 상실한다. 또한 경제적 성격의 조약이라도 그 조약이 과거 사회주의 국가와의 구상무역협정과 같은 정치적 요소를 포함하고 있는 조약은 통일한국에 그대로 적용될 수 없을 것이기 때문에 그 효력을 상실할 것이다. 다만, 경제관계조약의 경우에는 조약의 타방당사국의 이해관계를 고려, 잠정기간 동

52 김명기, *supra note* 12, p. 160.
53 Stefan Oeter, "German Unification and State Succession", 51 *ZaöRV* (1991), p. 355.

안 그 효력을 인정할 수는 있을 것으로 보인다.

셋째, 북한이 체결한 양자조약 중에 개별적으로 통일이라는 변화된 상황에 맞추어 적용하는 것이 필요한 조약에 대해서는 통일한국이 조약의 타방 체약당사국과 협의하여 조약의 계속 적용, 개정 또는 종료 여부를 결정해야 할 것이다. 양자조약 중 항공운수협정의 경우에 북한과의 조약상대국이 통일한국의 두 지점에 기착할 수 있는 상호이익의 불균형이 발생할 수도 있어 이 문제도 협의에 의해 해결되어야 할 것이다.[54] 그러나 이 경우에도 통일한국이 타방 체약당사국과 반드시 합의에 도달할 필요는 없으며, 합의에 이르지 못할 경우에는 1969년 〈조약법에 관한 비엔나협약〉 제62조의 〈사정변경의 원칙〉을 원용하여 조약을 종료시킬 수 있으리라고 본다.

넷째, 북한이 체결한 국경조약이나 속지적 또는 처분적 조약[55]은 관습법 및 1978년 비엔나협약 제11조 및 제12조에 따라 국가승계에 의해 어떤 영향도 받지 않으며, 승계국에 그대로 승계된다는 원칙이 확립되어 있다. 이러한 국경조약이나 속지적 조약은 조약이 체결되면 바로 이행되는 일종의 권리의 양도conveyance로서 영토주권의 변동과 관계없이 부속된 영토에 적용되는 것이기 때문이다. 그러나 국경이 불법 또는 부당하게 획정되었거나 또는 국제법상 정당성을 인정받지 못하는 체제하에서 획정된 경우에 국가승계에 의해 이를 당연히 승계한다는 것은 〈불법행위는 법을 창설할 수

---

54 박기갑, supra note 46, p. 125.
55 북한은 중국과 백두산 지역의 국경획정조약을 체결하고 압록강, 두만강 지역의 치수, 통항, 운송에 관한 조약을 체결한 것으로 알려졌다. 노영돈, supra note 42, pp. 169~173; 북한은 1985년 소련과 두만강을 경계로 한 국경획정조약을 체결하였고, 동해상에서 양국 간 영해의 경계를 획정하기도 하였다. 박춘호, "Boundaries Between North Korea and the Former Soviet Union in the Tumen River and Their 12-Mile Territorial Seas", 「아세아 연구」 제36권 제1호 (1993), pp. 150~180; 북한은 또한 1986년 소련과 동해에서의 대륙붕 및 배타적 경제수역을 획정하는 협정을 체결하였다. Jonathan I. Charney and Lewis M. Alexander, *International Maritime Boundaries* (1993), pp. 1152~1153.

없다*ex injuria non jus oritur*〉는 로마법 원칙을 부정하는 것이 될 수도 있기 때문에 국경조약이나 속지적 조약의 승계문제는 통일을 전후하여 충분히 검토한 후 관련당사국과 협의를 거쳐 합의에 도달하여야 할 것이다. 또한 국경조약 등의 승계 당시 관련당사국 간의 국경의 획정 등에 관해 분쟁 또는 이견이 있을 시에는 이러한 이견도 승계되는 것이며,[56] 우리로서는 발트 3국의 사례를 참고해 한국이 관여하지 않은 국경조약 및 처분적 조약의 경우 최종입장을 유보하고 있음을 선언하고, 관련당사국과 교섭해야 한다고 본다.[57]

다섯째, 다자조약 및 국제기구의 회원국 지위 승계문제와 관련해서는 통일 이전에 남북한이 모두 가입한 다자조약이나 국제기구의 회원국 지위는 통일한국에 의해 당연히 승계되며, 통일한국은 이러한 국제기구에서 단일 회원국이 될 것이다. 물론 국제기구에서 단일회원국이 됨에 따라 투표권, 쿼터나 분담금 산정 등의 조정이 필요하다. 한국만이 가입한 다자조약이나 국제기구의 회원국 지위는 조약국경이동의 원칙에 따라 북한지역에 적용되며, 북한만이 가입한 다자조약이나 국제기구의 회원국 지위는 독일의 경우와 같이 북한의 소멸로 일단 효력이 상실된다고 본다.[58] 다만, 통일한국이 북한이 가입한 다자조약 또는 국제기구의 회원국 지위를 승계하고자 할 경우에는 관련당사국 및 국제기구와 협의하여야 하며, 이 경우에 다자조약의 당사국 및 국제기구의 회원국 지위는 북한 지역뿐 아니라 통일한국 영토 전체에 적용되어야 할 것이다.[59] 한편, 국제인권조약 등은 승계국에 자동적으로 승

---

56 Matthew Craven, *The Decolonization of International Law* (2007), Oxford, pp. 183~184.
57 한국과 중국 간에는 1909년 일본이 당시 한국정부와 협의 없이 중국과 체결한 〈청·일 간 도협약〉과 북한이 1962년 중국과 체결한 〈조·중 변계조약〉에 따라 한국이 관여하지 않은 〈간도〉에 대한 영유권 문제가 제기될 수 있다. 이석우, 『동아시아의 영토분쟁과 국제법』(집문당, 2007), pp. 261~280.
58 Oeter, supra note 53, pp. 369~370.
59 Ibid., p. 370.

계된다는 일부 의견과 관련, 북한은 한국이 가입하지 않은 〈전쟁범죄 및 반인도적 범죄에 대한 공소시효의 부적용에 관한 협약〉에 가입한 바, 인권조약의 범위와 자동적 승계 주장에 대해 국제법상 확립된 원칙은 없으나, 인권존중 등 인도주의를 대외적으로 천명하는 차원에서 별도로 승계하거나 가입하는 것도 의미가 있다고 본다.[60]

나. 새로운 통일한국의 수립과 국가승계

남북한이 통일하여 새로운 통일한국이 수립되고 남북한이 소멸되는 경우에는 통일한국은 남북한과 다른 새로운 국제법 주체가 되며, 한국 또는 북한의 계속이 아닌 국제법상 신국가가 될 것이다.[61] 그러나 이러한 통일 방안은 법이론적으로는 가능한 모델로 보이나, 현실적으로 남북한 모두 이와 같은 통일을 상정하고 있지 않다. 남북한이 어느 일방에 의한 흡수통일이 아닌 외견상 대등한 국가 간의 합병[62]의 형태로 통일이 될 경우에도 북한은 대한제국의 동일성과 계속성을 가지고 있는 대한민국으로부터 일단 분리되어 신국가로서 형성되었다가 대한민국과 다시 결합하는 형식이 된다. 따라서 이와 같은 통일의 경우에도 법적 정통성이 없는 북한이 법적으로 정통성이 있는 대한민국과 대등하게 합병하는 것이라고 볼 수 없으며, 반대로 대한민

---

60 이규창, 「국제인권조약 자동승계론에 관한 연구: 남북통일과 관련하여」, 『통일정책연구』 제16권 2호(2007), pp. 123~143.
61 기존국가가 통일되어 신국가가 되었다고 보는 사례로 1815년 네덜란드연합United Netherlands이 형성되었을 때 네덜란드 정부가 신국가는 구 홀란드Holland와 다른 국가라는 견해를 취한 바 있다. 1860년 이탈리아의 통일 시 사르디니아Sardinia가 다른 이탈리아 국가를 병합한 것인지 또는 사르디니아와 다른 국가의 합병인지에 대하여는 견해가 일치하지 않는다. D. P. O'Connell, *State Succession in Municipal and International Law*, Vol. II (1967), pp. 27~29.
62 한형건 교수는 남북통일은 독일과는 달리 남북한이라는 두 주권국가의 합병의 형식에 의하여 성립된다고 한다. 한형건, supra note 35, pp. 20~22.

국에 병합되는 형식일 수밖에 없다.[63] 그렇기 때문에 통일한국은 어떤 경우에도 대한민국 및 대한제국의 동일성을 계속 유지할 것이다. 다만, 이 경우에는 흡수병합에 의한 통일이 아니고 대등한 국가 간의 합병 형태의 통일 형식이 되기 때문에 국가승계 문제에 있어서 독일 통일 시의 사례를 그대로 원용하기는 어려울 것이며, 1978년 비엔나협약 제31조의 국가의 결합에 따른 국가승계 방식을 그대로 적용하는 것도 통일한국의 수립이라는 기본 목적과 일치하지 않기 때문에 부적절할 것으로 보인다. 따라서 이러한 통일의 경우에는

첫째, 남북한 간에 국가승계에 관한 관습법 규칙과 국가관행에 따라 이에 관한 합의가 이루어져야 하며, 일종의 승계협정의 체결이 필요할 것이다.

둘째, 남북한이 체결한 정치적 성격의 조약 중에 통일이라는 사정의 근본적 변경에 따라 그 적용이 어려운 조약은 효력을 상실할 것으로 본다.

셋째, 기타 일반적 조약의 경우에는 관련당사국과 협의를 거쳐 조약의 계속 적용, 개정, 종료 등을 결정해야 할 것이나, 관련당사국과 합의에 이르지 못하더라도 사정변경의 원칙을 원용하여 조약을 종료시킬 수 있을 것이다.

넷째, 국경조약이나 속지적 조약의 경우에는 통일한국에 승계됨이 원칙이나 이미 설명한 바와 같이 불법 또는 부당하게 설정되었거나 부당한 체제하에서 획정된 국경 등의 경우에는 추후 관련당사국과 협의·교섭할 수 있도록 우리의 최종입장 유보 선언 등 필요한 조치를 취하는 것이 바람직할 것이다.

다섯째, 다자조약이나 국제기구의 회원국 지위 승계와 관련해서는 남북한 모두가 가입한 다자조약이나 국제기구의 회원국 지위는 통일한국에 그대로 승계되고, 유엔 등 국제기구에는 단일회원국으로 가입하게 될 것이다.

---

63 김명기 교수는 장차 남북이 상대방을 상호 국가로 승인하게 될 경우, 분단은 북한의 대한민국으로부터의 〈분리〉를 뜻하고, 통일은 북한이 정통성이 있는 대한민국에 종속적으로 〈병합〉되는 것으로 파악되며, 〈합병〉이라는 등가적 개념으로 포착될 수 없다고 한다. 김명기, *supra* note 12, p. 163.

남북한 중에 어느 1개국만이 가입한 다자조약이나 국제기구의 회원국 지위는 원칙적으로 통일한국이 승계할 수 있다고 보나, 필요한 경우에는 관련당사국 및 국제기구와 협의하여 결정해야 할 것이다.

제4절 결론

　냉전의 종식과 소련 등 동유럽 국가들의 붕괴, 한·중, 한·러시아 간의 전면적 협력동반자관계 구축 및 북한의 경제적 어려움과 김정일 사후 김정은으로의 3대 세습체제 구축에 따른 북한체제의 붕괴 가능성 증대 등 현재의 국제정세를 검토해 볼 때 남북한의 통일은 요원한 장래의 일이라기보다는 점차 현실의 문제로 다가오고 있다. 남북한의 통일은 단순히 분단국의 재통일이라는 역사적, 국제정치적 의의 이외에 통일국가 수립에 따라 국가승계가 이루어지는 법적으로도 중요한 사례가 될 것이므로 남북통일이 어떤 형태로 이루어지든 한국은 그러한 가능성에 충분히 대비해야 한다.

　남북한의 통일은 북한체제의 붕괴에 따라 남한이 북한을 흡수병합하는 방식보다는 교류와 협력을 통한 민족과 체제의 동질성이 확보된 후 점진적으로 이루어지는 방식이 바람직할 것이다. 북한의 개방과 남북대화가 이루어지고 이러한 토대 위에서 통일이 될 경우에 남북한은 〈국가연합〉이라는 과도적 체제를 일정 기간 형성하면서 단일민족국가로서의 통일국가를 이루기 위하여 노력할 것이다. 남북한이 우선 〈국가연합〉의 형태로 통일이 될 경우에 〈1민족, 2국가〉 체제를 인정하는 것이므로 국가승계 문제는 거의 발생하지 않는다. 〈국가연합〉이라는 과도적 체제를 거치거나 또는 그러한 과도적 체제를 거치지 않더라도 북한의 급격한 붕괴에 따른 한국에 의한 북한의 흡수병합 또는 남북한 간의 대등한 합병 방식에 의한 통일은 우리가 궁극적으로 지향하는 통일국가의 완성이라고 할 수 있을 것이다. 남북한이 통일된 후에 연방국가 또는 단일국가를 이룰 것인가 하는 것은 남북한 당국과 주민들의 의사에 따라 결정되어야 할 것이며, 이는 통일국가의 헌법 조직의 문제로서 국제법상 국가승계 문제와는 직접 관련이 없을 것이다.

한국이 주도하는 북한의 흡수병합이라면 국가승계 문제는 통일독일의 사례에 따라 〈조약국경이동의 원칙〉에 따르고 〈사정변경의 원칙〉을 보조적으로 적용하는 것이 합리적으로 보인다. 또한 정치적 성격의 조약은 효력이 상실된다는 관습법 규칙도 적절히 적용하는 것이 필요하다. 외견상 남북한이 대등한 입장에서 합병해 통일한국을 이루는 경우에도 실제로는 대한제국과의 동일성과 계속성을 유지하는 대한민국을 중심으로 통일국가가 수립될 것이다. 이 경우에는 남북한 간에 승계협정의 체결이 필요할 것으로 보이며, 또한 독일 통일 시의 국가승계 사례를 참고하여 〈사정변경의 원칙〉과 관습법 규칙에 따라 관련당사국과 충분한 협의를 거친 후 통일한국의 실정에 적합한 방안을 찾아야 할 것이다.

분단국의 출현은 제2차 세계대전 이후의 새로운 국제정치적 상황이며, 분단국의 통일 또한 각 분단국마다 특성이 있는 고도의 정치적 사건이기 때문에 어느 유형에나 맞는 정형화되고 일관된 국가승계 방식을 찾을 수는 없다. 남북한의 통일에 따른 국가승계는 자유민주적 기본질서에 입각한 통일의 원칙과 국제법이론의 토대 위에서 기존 관습법 규칙과 국가관행을 참고해 이루어져야 할 것이다.

제7장
결론

국가의 생성, 발전, 소멸 등에 따른 영토주권 변동으로 발생하는 국가승계 문제는 19세기에 근대 영토국가가 형성된 후 서방국가를 중심으로 발전되어 왔다. 그러나 제2차 세계대전 이후에 민족자결권 원칙과 탈식민화 운동에 따른 다수의 신생독립국의 생성은 종래의 서방국가 중심의 국가승계를 제3세계 국가들의 국가승계 문제로 대체하게 되면서 그 중요성이 더욱 부각되었다. 이에 따라 조약의 국가승계 문제는 법 이론적으로 고전적인 보편적 승계이론을 거쳐 〈백지위임의 원칙〉이라는 비계속성 이론이 신생독립국에 의해 거의 보편적이고, 무비판적으로 인정되어 왔다. 이와 같은 백지위임의 원칙에 대응해 영국 등 일부 식민지를 보유하고 있던 국가들은 승계국과 〈승계협정devolution agreement〉을 체결해 선임국이 승계국의 독립 이전에 승계국의 영토에 적용해 왔던 조약상의 권리·의무를 승계국이 승계하도록 했다. 또한 일부 신생독립국들은 선임국과 승계협정을 체결하지 않고 〈일방적 선언unilateral declaration〉의 방식으로 승계국이 선임국이 체결한 조약의 계속 적용, 개정, 종료 등을 결정하기 위한 잠정 기간 동안 선임국의 조약을 계속 적용한다고 선언했다. 그러나 신생독립국에 대한 〈백지위임의 원칙〉에도 불구하고 이에 대한 예외로서 영토주권의 변동으로 인한 국가승계 시 선임국이 체결한 국경조약 및 영토체제에 관한 처분적 조약은 승계국의 의사와 관계없이 승계국에 그대로 승계된다는 원칙이 다수설과 국가관행에 의해 확립되었으며, 이 원칙은 관습법화되었다. 또한 신생독립국은 승계의 통보 방식으로 〈보편적 성격의 다자조약〉을 승계할 수 있는 〈일반적 선택권 general right of option〉을 가지고 있다는 원칙이 인정되어 왔다.

  법이론 및 관습법 규칙에 의해 발전되어 온 국가승계법은 〈유엔 국제법 위원회UN International Law Commission〉의 성문법전화 노력에 의해 1978년에 〈조약의 승계에 관한 비엔나협약〉으로 채택되었다. 1978년 비엔나협약 채택 과정에서 서방국가들과 신생독립국들을 중심으로 한 제3세계 국가들 사이에 국가승계 시 적용할 원칙과 관련한 법적 견해 차이가 노정되었다. 그 결과 이 협약은 신생독립국에 대해서는 〈백지위임의 원칙〉을 적용하고, 국가의 결합이나 분리 또는 분열에 의해 형성되는 신국가에 대해서는 〈조약의 계속성 원칙〉을 적용하는 2원적인 승계원칙을 채택했다. 국가의 형성, 분열, 분리, 독립 등의 현상은 각자 특별한 상황하에서 발생하는 정치적인 사건이므로 국가승계의 모든 상황에 적용될 수 있는 일반적인 조약의 채택은 불가능하며, 국가승계 문제는 〈입법적으로 개입〉할 수 있는 문제가 아니라 이에 대한 관습법 규칙을 적용해야 하는 사법적 기능의 문제이기 때문에 성문법전화에 적절한 주제는 아니었다. 그럼에도 불구하고 1978년 비엔나협약은 관습법의 법전화보다는 〈국제법의 점진적 발전〉을 추구했다. 특히, 신생독립국에 대해 〈백지위임의 원칙〉을 적용함으로써 신생독립국에 특별대우를 부여한 것은 국가 간의 평등이라는 국제법의 원칙에서 벗어난 것으로 보이며, 이러한 특별 규정은 승계의 원칙이라기보다는 〈비승계의 원칙〉이라고 볼 수밖에 없다. 또한 다자조약을 승계할 수 있는 권리를 신생독립국에 부여해 신생독립국이 다자조약을 선택적으로 승계할 수 있도록 한 것은 법의 적용에 의한 승계가 아니라 합의에 의한 승계라고 할 수 있을 것이다.

　1978년 비엔나협약은 협약 체결 당시의 문제점과 선진국 및 제3세계 간의 법적, 이념적 대립으로 발효 여부가 매우 불분명했으나 냉전 종식 후의 유럽의 안보환경 변화에 따른 소련 등 동유럽 국가들의 분리, 분열 등으로 생성된 많은 신국가들이 이 협약을 승계, 비준 또는 가입함에 따라 1996년 말 발효됐다. 그러나 2012년 1월 현재 22개국만이 당사국으로 되어 있고, 세계의 주요한 법률 체계를 대표하는 국가들이 협약을 비준하거나 가입하지 않고 있어 아직도 협약의 보편적 적용가능성에 의문이 제기될 수도 있다. 또 협약의 일부 조항은 유효한 관습법을 반영한 것이 아니라고 간주되기 때문에 국가의 실제 관행과 일치하지 않는 점도 있다. 그럼에도 불구하고 이 협약은 1990년대 이후 소련 등 동유럽 국가들의 분리, 분열에 따라 형성된 신국가들의 국가승계 시 일반적으로 적용되어야 할 국제법 원칙으로 인정되었다. 특히 최근의 국가승계에 관한 국제실행은 신생독립국에 의한 승계가 아니라 기존 국가의 분리, 분열, 결합 등에 의한 국가승계로서 이들 국가에 적용되는 〈조약의 계속성 원칙〉은 국제관계의 안정과 법적 예측가능성을 위해 바람직한 것으로 평가된다.

　다자조약의 승계와 긴밀히 관련된 국제기구의 회원국 지위 승계문제는 국제기구의 어느 회원국이 영토주권의 변동 이후에도 선임국의 동일성과 계속성을 유지하는 경우에는 인도 및 러시아의 경우와 같이 선임국의 국제기구 회원국 지위를 그대로 승계했으며, 그 이외의 모든 신국가는 국제기구에 새로 *de novo* 가입해야 한다는 원칙이 유엔 등 국제기구의 관행에 의해 확립되어 왔다. 다만, 이 원칙은 국제기구에 의해 채택된 다자조약 승계의 경우에는 이와 같이 적용되지 않았으며, 이때에는 일반적인 다자조약의 승계 원칙이 적용되어 왔다.

국가승계는 국가 간의 관계에서 자주 일어나는 현상은 아니다. 국가승계 문제는 19세기 중남미 국가들의 독립, 제1차 세계대전 이후의 오스트리아-헝가리제국, 오토만제국의 분리, 분열 등에 따른 국가승계 및 제2차 세계대전 이후 신생독립국의 대거 출현에 따른 다수의 국가승계 사례가 있었다. 국가승계에 관한 최근의 국제실행으로서 영국이 1997년에 중국으로 주권을 양도한 홍콩과 관련해 1985년에 영·중 공동선언이 채택되었는데 이 선언은 홍콩이 중국으로 반환된 후에도 홍콩은 50년 동안 〈홍콩특별행정구〉로서 고도의 자치를 누리는 객관적 영토체제를 설정하도록 했으며, 선임국의 사회, 경제체제 등에 관해 포괄적인 승계가 이루어지도록 했다. 또한 1990년 독일 통일 시 통일독일은 조약의 승계에 관한 1978년 비엔나협약을 적용하지 않고 이에 관한 관습법과 〈조약국경이동의 원칙〉 및 조약법상의 〈사정변경의 원칙〉을 적용했다는 데 그 특징이 있다. 1991년 소련의 붕괴에 따른 러시아 및 CIS 국가들의 독립과 유고슬라비아 및 체코슬로바키아의 분열에 따른 신국가들의 형성에 따라 최근에는 신생독립국의 국가승계와는 다른 고전적인 국가의 병합, 합병, 분리, 분열 등에 의한 국가승계 문제가 대두되었다. CIS 국가들 및 동유럽 국가들의 분리, 분열에 의해 형성된 신국가들은 국가승계 시 일반적으로 선임국이 체결한 조약의무를 계속 이행한다는 조약의 계속성 원칙을 따르고 있으나, 이러한 계속성은 유엔 등 국제기구에서의 회원국 지위 승계에는 적용되지 않았다. 따라서 소련의 계속성이 인정된 러시아 이외의 모든 신국가들은 새로 국제기구에 가입했다.

그러나 국제사법재판소가 1996년 〈보스니아에서의 제노사이드 협약 사건〉에서 국가승계 문제에 대해 1978년 비엔나협약을 구체적으로 적용하지 않고 우회적인 판결을 내린 사실과 1997년 헝가리-슬로바키아 간의 〈가브치코보-나기마로스 사건 *Gabcikovo-Nagymaros Project Case*〉에서 관습법을 반영한 1978년 비엔나협약 제12조의 〈객관적 영토체제의 승계〉 원칙을 적용한 것은 아직도 불확실하고 논란이 많은 국가승계법의 현 발전 단계를 보여 주는 것이라 볼 수 있다.

대한민국은 1986년에 대한제국이 1910년 이전에 체결한 3개의 다자조약이 대한민국에 계속 효력이 있음을 확인하고 이를 공포했는데, 이와 같은 효력 확인 조치는 국가승계의 관점보다는 국가의 동일성 및 계속성의 관점에서 취해진 것이다. 이 확인 행위는 국제사회가 대한제국이 체결한 다자조약의 효력과 관련해 다수의 관행으로 대한민국과 대한제국의 법적 동일성 및 계속성을 인정하고 있음에 비추어 법적 안정성 확보 및 대한민국의 정통성을 선언하기 위해 취한 바람직한 조치라고 사료된다. 무엇보다 대한민국이 적용한 법 이론이 1991년 발트 3국의 주권과 독립회복 시 거의 동일하게 적용되어 발트 3국이 국제사회로부터 〈부활한 국가〉로 승인을 받게 된 것은 불법행위가 아무리 오래 계속되더라도 그에 대한 〈시효〉를 적용할 수 없으며, 〈누구도 불법행위로 법적 이익을 향유할 수 없다*ex injuria non jus oritur*〉는 법언을 확인한 것이라 하겠다.

국가승계 문제는 또한 앞으로 언젠가 이루어질 남북통일과 관련해 우리에게 특별한 중요성을 가지고 있다. 남북한이 〈남북연합〉이라는 〈1민족, 2국가〉 체제의 형태로 통일이 될 경우에는 1978년 비엔나협약과 관습법 규칙에 따라 국가승계 문제는 거의 발생하지 않을 것으로 보이나, 남북연합의 공동기구가 대외관계에 관한 권한을 행사한다면 유엔 등 국제기구에 단일 회원국으로 가입할 수 있을 것이며 이에 따른 조정이 필요할 것으로 사료된다. 또한 남북한이 체결한 일부 정치적 조약이나 동맹조약, 상호방위조약은 국가연합의 형성이라는 〈사정의 근본적 변경〉에 따라 개정 또는 폐기가 불가피할 것으로 보인다.

그러나 남북한이 〈남북연합〉이라는 과도적 체제를 거치거나 또는 그러한 과정 없이 단일국가 또는 연방국가 형태로 통일국가를 수립할 경우를 상정해 볼 때 우선 한국 주도의 통일 즉, 남한이 북한을 흡수 통일하는 방식이 있다. 이러한 통일의 경우에는 독일통일 시의 승계 사례를 참고해 조약국경이동의 원칙, 사정변경의 원칙 및 국가승계에 관한 관습법 규칙인 정치적 조약의 소멸과 처분적 조약의 승계원칙을 적용해 국가승계 문제에 대처할 수 있을 것이다. 그러나 남북한이 통일되어 새로운 통일한국이 수립되고 남북한이 소멸되는 경우에는 이론상으로 통일한국은 남북한과는 다른 새로운 국제법 주체로 간주될 수도 있으나, 이와 같이 외견상 대등한 국가의 합병에 의한 통일의 경우에도 통일한국은 대한제국과 대한민국의 동일성을 계속 유지할 것이다. 이러한 통일의 경우에는 한국에 의한 북한의 흡수통일의 경우와는 달리 남북한 간에 국가승계에 관한 관습법 규칙에 따라 이에 관한 합의가 이루어져야 하고, 일종의 승계협정의 체결이 필요할 것으로 보인다. 또한 남북한이 체결한 정치적 조약은 소멸되며, 일반적 조약은 사정변경의 원칙을 적용해 조약의 타방당사국과 협의를 거쳐 조약의 계속 적용, 개정, 종료 등을 결정할 수 있겠으나, 국경조약이나 객관적 영토체제에 관한 처분적 조약은 일단 통일한국에 승계됨이 원칙이다. 그러나 문제의 국경조약이 명백히 권한이 없는 당사자에 의해 부당하게 체결되었다면 그러한 사실에 근거해 당사국 간에 새로 교섭을 할 사안이라 보며, 발트 3국의 사례에서 보듯이 기존 국경의 신성함을 무조건적으로 수용해야 하는 것은 아니다.

국가승계법은 아직도 〈형성되어야 할 법*de lege ferenda*〉으로서 1978년 비엔나협약과 최근 일련의 국가승계에 관한 국제실행 그리고 ICJ의 판례에 의해 일반적으로 수락될 수 있는 법규범으로 형성되어 가는 과정에 있다. 따라서 우리나라의 통일 시 적용할 수 있는 정형화된 일반적인 원칙이 존재하는 것은 아니기 때문에 우리로서는 최근의 국가승계 사례와 이에 관한 관습법 규칙을 참고해 이에 대처해 나가야 할 것이다.

부록

〈1978년 조약의 승계에 관한 비엔나협약〉 원문

VIENNA CONVENTION ON SUCCESSION OF STATES IN RESPECT OF TREATIES

The States Parties to the present Convention,

Considering the profound transformation of the international community brought about by the decolonization process,

Considering also that other factors may lead to cases of succession of States in the future,

Convinced, in these circumstances, of the need for the codification and progressive development of the rules relating to succession of States in respect of treaties as a means for ensuring greater juridical security in international relations,

Noting that the principles of free consent, good faith and pacta sunt servanda are universally recognized,

Emphasizing that the consistent observance of general multilateral treaties which deal with the codification and progressive development of international law and those the object and purpose of which are of interest to the international community as a whole is of special importance for the strengthening of peace and international co-operation,

Having in mind the principles of international law embodied in the Charter of the

United Nations, such as the principles of the equal rights and self-determination of

peoples, of the sovereign equality and independence of all States, of non-interference in the domestic affairs of States, of the prohibition of the threat or use of force, and of universal respect for, and observance of, human rights and fundamental freedoms for all,

Recalling that respect for the territorial integrity and political independence of any

State is required by the Charter of the United Nations,

Bearing in mind the provisions of the Vienna Convention on the Law of Treaties of 1969,

Bearing also in mind article 73 of that Convention,

Affirming that questions of the law of treaties other than those that may arise from a succession of States are governed by the relevant rules of international law, including those rules of customary international law which are embodied in the Vienna Convention on the Law of Treaties of 1969,

Affirming that the rules of customary international law will continue to govern questions not regulated by the provisions of the present Convention,

Have agreed as follows:

PART I: GENERAL PROVISIONS

Article 1 - Scope of the present Convention

The present Convention applies to the effects of a succession of States in respect of treaties between States.

Article 2 - Use of terms

1. For the purposes of the present Convention:

(a) "treaty" means an international agreement concluded between States in written

form and governed by international law, whether embodied in a single instrument or in two or more related instruments and whatever its particular designation;

(b) "succession of States" means the replacement of one State by another in the responsibility for the international relations of territory;

(c) "predecessor State" means the State which has been replaced by another State on the occurrence of a succession of States;

(d) "successor State" means the State which has replaced another State on the occurrence of a succession of States;

(e) "date of the succession of States" means the date upon which the successor State replaced the predecessor State in the responsibility for the international relations of the territory to which the succession of States relates;

(f) "newly independent State" means a successor State the territory of which immediately before the date of the succession of States was a dependent territory for the international relations of which the predecessor State was responsible;

(g) "notification of succession" means in relation to a multilateral treaty any notification, however phrased or named, made by a successor State expressing its consent to be considered as bound by the treaty;

(h) "full powers" means in relation to a notification of succession or any other notification under the present Convention a document emanating from the competent authority of a State designating a person or persons to represent the State for communicating the notification of succession or, as the case may be, the notification;

(i) "ratification", "acceptance" and "approval" mean in each case the international act so named whereby a State establishes on the international plane its consent to be bound by a treaty;

(j) "reservation" means a unilateral statement, however phrased or named, made by a State when signing, ratifying, accepting, approving or acceding to a treaty or when making a notification of succession to a treaty, whereby it purports to exclude or to modify the legal effect of certain provisions of the treaty in their application to that State;

(k) "contracting State" means a State which has consented to be bound by the treaty, whether or not the treaty has entered into force;

(l) "party" means a State which has consented to be bound by the treaty and for which the treaty is in force;

(m) "other State party" means in relation to a successor State any party, other than the predecessor State, to a treaty in force at the date of a succession of States in respect of the territory to which that succession of States relates;

(n) "international organization" means an intergovernmental organization.

2. The provisions of paragraph 1 regarding the use of terms in the present Convention are without prejudice to the use of those terms or to the meanings which may be given to them in the internal law of any State.

Article 3 - Cases not within the scope of the present Convention

The fact that the present Convention does not apply to the effects of a succession of States in respect of international agreements concluded between States and other subjects of international law or in respect of international agreements not in written form shall not affect:

(a) the application to such cases of any of the rules set forth in the present Convention to which they are subject under international law independently of the Convention;

(b) the application as between States of the present Convention to the effects of a succession of States in respect of international agreements to which other subjects of international law are also parties.

Article 4 - Treaties constituting international organizations and treaties adopted within an international organization

The present Convention applies to the effects of a succession of States in respect of:

(a) any treaty which is the constituent instrument of an international organization without prejudice to the rules concerning acquisition of membership and without prejudice to any other relevant rules of the organization;

(b) any treaty adopted within an international organization without prejudice to any relevant rules of the organization.

Article 5 - Obligations imposed by international law independently of a treaty

The fact that a treaty is not considered to be in force in respect of a State by virtue of the application of the present Convention shall not in any way impair the duty of that State to fulfil any obligation embodied in the treaty to which it is subject under international law independently of the treaty.

Article 6 - Cases of succession of States covered by the present Convention

The present Convention applies only to the effects of a succession of States occurring in conformity with international law and, in particular, the principles of international law embodied in the Charter of the United Nations.

Article 7 - Temporal application of the present Convention

1. Without prejudice to the application of any of the rules set forth in the present Convention to which the effects of a succession of States would be subject under international law independently of the Convention, the Convention applies only in respect of a succession of States which has occurred after the entry into force of the Convention except as may be otherwise agreed.

2. A successor State may, at the time of expressing its consent to be bound by the present convention or at any time thereafter, make a declaration that it will apply the provisions of the Convention in respect of its own succession of States which has occurred before the entry into force of the Convention in relation to any other contracting State or State Party to the Convention which makes a declaration accepting the declaration of the successor State. Upon the entry into force of the Convention as between the States making the declarations or upon the making of the declaration of acceptance, whichever occurs later, the provisions of the Convention shall apply to the effects of the succession of States as from the date of that succession of States.

3. A successor State may at the time of signing or of expressing its consent to be bound by the present Convention make a declaration that it will apply the provisions of the Convention provisionally in respect of its own succession of States which has occurred before the entry into force of the Convention in relation to any other signatory or contracting State which makes a declaration accepting the declaration of the successor

State; upon the making of the declaration of acceptance, those provisions shall apply provisionally to the effects of the succession of States as between those two States as from the date of that succession of States.

4. Any declaration made in accordance with paragraph 2 or 3 shall be contained in a written notification communicated to the depositary, who shall inform the Parties and the States entitled to become Parties to the present Convention of the communication to him of that notification and of its terms.

Article 8 - Agreements for the devolution of treaty obligations or rights from a predecessor State to a successor State

1. The obligations or rights of a predecessor State under treaties in force in respect of a territory at the date of a succession of States do not become the obligations or rights of the successor State towards other States parties to those treaties by reason only of the fact that the predecessor State and the successor State have concluded an agreement providing that such obligations or rights shall devolve upon the successor State.

2. Notwithstanding the conclusion of such an agreement, the effects of a succession of States on treaties which, at the date of that succession of States, were in force in respect of the territory in question are governed by the present Convention.

Article 9 - Unilateral declaration by a successor State

regarding treaties of the predecessor State

1. Obligations or rights under treaties in force in respect of a territory at the date of a succession of States do not become the obligations or rights of the successor State or of other States parties to those treaties by reason only of the fact that the successor State has made a unilateral declaration providing for the continuance in force of the treaties in respect of its territory.

2. In such a case, the effects of the succession of States on treaties which, at the date of that succession of States, were in force in respect of the territory in question are governed by the present Convention.

Article 10 - Treaties providing for the participation of a successor State

1. When a treaty provides that, on the occurrence of a succession of States, a successor State shall have the option to consider itself a party to the treaty, it may notify its succession in respect of the treaty in conformity with the provisions of the treaty or, failing any such provisions, in conformity with the provisions of the present Convention.

2. If a treaty provides that, on the occurrence of a succession of States, a successor State shall be considered as a party to the treaty, that provision takes effect as such only if the successor State expressly accepts in writing to be so considered.

3. In cases falling under paragraph 1 or 2, a successor State which

establishes its consent to be a party to the treaty is considered as a party from the date of the succession of States unless the treaty otherwise provides or it is otherwise agreed.

Article 11 - Boundary régimes

A succession of States does not as such affect:

(a) a boundary established by a treaty; or

(b) obligations and rights established by a treaty and relating to the régime of a boundary.

Article 12 - Other territorial régimes

1. A succession of States does not as such affect:

(a) obligations relating to the use of any territory, or to restrictions upon its use, established by a treaty for the benefit of any territory of a foreign State and considered as attaching to the territories in question;

(b) rights established by a treaty for the benefit of any territory and relating to the use, or to restrictions upon the use, of any territory of a foreign State and considered as attaching to the territories in question.

2. A succession of States does not as such affect:

(a) obligations relating to the use of any territory, or to restrictions upon its use, established by a treaty for the benefit of a group of States or of all States and considered as attaching to that territory;

(b) rights established by a treaty for the benefit of a group of States or of all States and relating to the use of any territory, or to restrictions upon its use, and considered as attaching to that territory.

3. The provisions of the present article do not apply to treaty obligations of the predecessor State providing for the establishment of foreign military bases on the territory to which the succession of States relates.

Article 13 - The present Convention and permanent sovereignty over natural wealth and resources

Nothing in the present Convention shall affect the principles of international law affirming the permanent sovereignty of every people and every State over its natural wealth and resources.

Article 14 - Questions relating to the validity of a treaty

Nothing in the present Convention shall be considered as prejudging in any respect any question relating to the validity of a treaty.

PART II: SUCCESSION IN RESPECT OF PART OF TERRITORY

Article 15 - Succession in respect of part of territory

When part of the territory of a State, or when any territory for the international relations of which a State is responsible, not being part of the territory of that State, becomes part of the territory of another State:

(a) treaties of the predecessor State cease to be in force in respect of the territory to which the succession of States relates from the date of the succession of States; and

(b) treaties of the successor State are in force in respect of the territory to which the succession of States relates from the date of the succession of States, unless it appears from the treaty or is otherwise established that the application of the treaty to that territory would be Incompatible with the object and purpose of the treaty or would radically change the conditions for its operation.

PART III: NEWLY INDEPENDENT STATES

SECTION 1. GENERAL RULE

Article 16 - Position in respect of the treaties of the predecessor State

A newly Independent State is not bound to maintain in force, or to become a party to, any treaty by reason only of the fact that at the date of the succession of States the treaty was in force in respect of the territory to which the succession of States relates.

SECTION 2. MULTILATERAL TREATIES

*Article 17 - Participation in treaties in force
at the date of the succession of States*

1. Subject to paragraphs 2 and 3, a newly independent State may, by a notification of succession, establish its status as a party to any multilateral treaty which at the date of the succession of States was in force in respect of the territory to which the succession of States relates.
2. Paragraph 1 does not apply if it appears from the treaty or is otherwise established that the application of the treaty in respect of the newly Independent State would be incompatible with the object and purpose of the treaty or would radically change the conditions for its operation.
3. When, under the terms of the treaty or by reason of the limited number of the negotiating States and the object and purpose of the treaty, the participation of any other State in the treaty must be considered as requiring the consent of all the parties, the newly independent State may establish its status as a party to the treaty only with such consent.

*Article 18 - Participation in treaties not in force
at the date of the succession of States*

1. Subject to paragraphs 3 and 4, a newly independent State may, by a notification of succession, establish its status as a contracting State to

a multilateral treaty which is not in force if at the date of the succession of States the predecessor State was a contracting State in respect of the territory to which that succession of States relates.

2. Subject to paragraphs 3 and 4, a newly independent State may, by a notification of succession, establish its status as a party to a multilateral treaty which enters into force after the date of the succession of States if at the date of the succession of States the predecessor State was a contracting State in respect of the territory to which that succession of States relates.

3. Paragraphs 1 and 2 do not apply if it appears from the treaty or is otherwise established that the application of the treaty in respect of the newly independent State would be incompatible with the object and purpose of the treaty or would radically change the conditions for its operation.

4. When, under the terms of the treaty or by reason of the limited number of the negotiating States and the object and purpose of the treaty, the participation of any other State in the treaty must be considered as requiring the consent of all the parties or of all the contracting States, the newly independent State may establish its status as a party or as a contracting State to the treaty only with such consent.

5. When a treaty provides that a specified number of contracting States shall be necessary for its entry into force, a newly independent State which establishes its status as a contracting State to the treaty under paragraph 1 shall be counted as a contracting State for the purpose of that provision unless a different intention appears from the treaty or is

otherwise established.

Article 19 - Participation in treaties signed by the predecessor State subject to ratification, acceptance or approval

1. Subject to paragraphs 3 and 4, if before the date of the succession of States the predecessor State signed a multilateral treaty subject to ratification, acceptance or approval and by the signature intended that the treaty should extend to the territory to which the succession of States relates, the newly independent State may ratify, accept or approve the treaty as if it had signed that treaty and may thereby become a party or a contracting State to it.

2. For the purpose of paragraph 1, unless a different intention appears from the treaty or is otherwise established, the signature by the predecessor State of a treaty is considered to express the intention that the treaty should extend to the entire territory for the international relations of which the predecessor State was responsible.

3. Paragraph 1 does not apply if it appears from the treaty or is otherwise established that the application of the treaty in respect of the newly independent State would be incompatible with the object and purpose of the treaty or would radically change the conditions for its operation. When, under the terms of the treaty or by reason of the limited number of the negotiating States and the object and purpose of the treaty, the participation of any other State in the treaty must be considered as requiring the consent of all the parties or of all the contracting States, the

newly independent State may become a party or a contracting State to the treaty only with such consent.

Article 20 – Reservations

1. When a newly independent State establishes its status as a party or as a contracting State to a multilateral treaty by a notification of succession under article 17 or 18, it shall be considered as maintaining any reservation to that treaty which was applicable at the date of the succession of States in respect of the territory to which the succession of States relates unless, when making the notification of succession, it expresses a contrary intention or formulates a reservation which relates to the same subject-matter as that reservation.

2. When making a notification of succession establishing its status as a party or as a contracting State to a multilateral treaty under article 17 or 18, a newly independent State may formulate a reservation unless the reservation is one the formulation of which would be excluded by the provisions of sub paragraph (a), (b) or (c) of article 19 of the Vienna Convention on the Law of Treaties.

3. When a newly Independent State formulates a reservation in conformity with paragraph 2, the rules set out in articles 20 to 23 of the Vienna Convention on the Law of Treaties apply in respect of that reservation.

*Article 21 - Consent to be bound by part of a treaty
and choice between differing provisions*

1. When making a notification of succession under article 17 or 18 establishing its status as a party or contracting State to a multilateral treaty, a newly independent State may, if the treaty so permits, express its consent to be bound by part of the treaty or make a choice between differing provisions under the conditions laid down in the treaty for expressing such consent or making such choice.

2. A newly independent State may also exercise, under the same conditions as the other parties or contracting States, any right provided or in the treaty to withdraw or modify any consent expressed or choice made by itself or by the predecessor State in respect of the territory to which the succession of States relates.

3. If the newly independent State does not in conformity with paragraph 1 express its consent or make a choice, or in conformity with paragraph 2 withdraw or modify the consent or choice of the predecessor State, it shall be considered as maintaining:

(a) the consent of the predecessor State, in conformity with the treaty, to be bound, in respect of the territory to which the succession of States relates, by part of that treaty; or

(b) the choice of the predecessor State, in conformity with the treaty, between differing provisions in the application of the treaty in respect of the territory to which the succession of States relates.

Article 22 - Notification of succession

1. A notification of succession In respect of a multilateral treaty under article 17 or 18 shall be made in writing.

2. If the notification of succession Is not signed by the Head of State, Head of Government or Minister for Foreign Affairs, the representative of the State communicating it may be called upon to produce full powers.

3. Unless the treaty otherwise provides, the notification of succession shall:

(a) be transmitted by the newly independent State to the depositary, or, if there is no depositary, to the parties or the contracting States;

(b) be considered to be made by the newly independent State on the date on which it is received by the depositary or, if there is no depositary, on the date on which it is received by all the parties or, as the case may be, by all the contracting States.

4. Paragraph 3 does not affect any duty that the depositary may have, in accordance with the treaty or otherwise, to inform the parties or the contracting States of the notification of succession or any communication made in connection therewith by the newly independent State.

5. Subject to the provisions of the treaty, the notification of succession or the communication made in connection therewith shall be considered as received by the State for which it is intended only when the latter State has been informed by the depositary.

Article 23 - Effects of a notification of succession

1. Unless the treaty otherwise provides or it is otherwise agreed, a newly Independent State which makes a notification of succession under article 17 or article 18, paragraph 2, shall be considered a party to the treaty from the date of the succession of States or from the date of entry into force of the treaty, whichever is the later date.

2. Nevertheless, the operation of the treaty shall be considered as suspended as between the newly independent State and the other parties to the treaty until the date of making of the notification of succession except in so far as that treaty may be applied provisionally in accordance with article 27 or as may be otherwise agreed.

3. Unless the treaty otherwise provides or it is otherwise agreed, a newly independent State which makes a notification of succession under article 18, paragraph 1, shall be considered a contracting State to the treaty from the date on which the notification of succession is made.

SECTION 3. BILATERAL TREATIES

Article 24 - Conditions under which a treaty is considered as being in force in the case of a succession of States

1. A bilateral treaty which at the date of a succession of States was in force in respect of the territory to which the succession of States relates is considered as being in force between a newly independent State and the

other State party when:

(a) they expressly so agree; or

(b) by reason of their conduct they are to be considered as having so agreed.

2. A treaty considered as being in force under paragraph 1 applies in the relations between the newly independent State and the other State party from the date of the succession of States, unless a different intention appears from their agreement or is otherwise established.

Article 25 - The position as between the predecessor State and the newly independent State

A treaty which under article 24 is considered as being in force between a newly independent State and the other State party is not by reason only of that fact to be considered as being in force also in the relations between the predecessor State and the newly independent State.

Article 26 - Termination, suspension of operation or amendment of the treaty as between the predecessor State and the other State party

1. When under article 24 a treaty is considered as being in force between a newly independent State and the other State party, the treaty:

(a) does not cease to be in force between them by reason only of the fact that it has subsequently been terminated as between the predecessor State and the other State party;

(b) is not suspended in operation as between them by reason only of the fact that it has subsequently been suspended in operation as between the predecessor State and the other State party;

(c) is not amended as between them by reason only of the fact that it has subsequently been amended as between the predecessor State and the other State party.

2. The fact that a treaty has been terminated or, as the case may be, suspended in operation as between the predecessor State and the other State party after the date of the succession of States does not prevent the treaty from being considered to be in force or, as the case may be, in operation as between the newly independent State and the other State party if it is established in accordance with article 24 that they so agreed.

3. The fact that a treaty has been amended as between the predecessor State and the other State party after the date of the succession of States does not prevent the unamended treaty from being considered to be in force under article 24 as between the newly independent State and the other State party, unless it is established that they intended the treaty as amended to apply between them.

SECTION 4. PROVISIONAL APPLICATION

Article 27 - Multilateral treaties

1. If, at the date of the succession of States, a multilateral treaty was in force in respect of the territory to which the succession of States

relates and the newly independent State gives notice of its intention that the treaty should be applied provisionally in respect of its territory, that treaty shall apply provisionally between the newly independent State and any party which expressly so agrees or by reason of its conduct is to be considered as having so agreed.

2. Nevertheless, in the case of a treaty which falls within the category mentioned in article 14, paragraph 3, the consent of all the parties to such provisional application is required.

3. If, at the date of the succession of States, a multilateral treaty not yet in force was being applied provisionally in respect of the territory to which the succession of States relates and the newly independent State gives notice of its intention that the treaty should continue to be applied provisionally in respect of its territory, that treaty shall apply provisionally between the newly independent State and any contracting State which expressly so agrees or by reason of its conduct Is to be considered as having so agreed.

4. Nevertheless, in the case of a treaty which falls within the category mentioned in article 17, paragraph 3, the consent of all the contracting States to such continued provisional application is required.

5. Paragraphs 1 to 4 do not apply if it appears from the treaty or is otherwise established that the application of the treaty in respect of the newly independent State would be incompatible with the object and purpose of the treaty or would radically change the conditions for its operation.

Article 28 - Bilateral treaties

A bilateral treaty which at the date of a succession of States ifas in force or was being provisionally applied in respect of the territory to which the succession of States relates is considered as applying provisionally between the newly independent State and the other State concerned when:

(a) they expressly so agree; or

(b) by reason of their conduct they are to be considered as having so agreed.

Article 29 - Termination of provisional application

1. Unless the treaty otherwise provides or it is otherwise agreed, the provisional application of a multilateral treaty under article 27 may be terminated:

(a) by reasonable notice of termination given by the newly independent State or the party or contracting State provisionally applying the treaty and the expiration of the notice; or

(b) in the case of a treaty which falls within the category mentioned in article 17, paragraph 3, by reasonable notice of termination given by the newly independent State or all of the parties or, as the case may be, all of the contracting States and the expiration of the notice.

2. Unless the treaty otherwise provides or it is otherwise agreed, the provisional application of a bilateral treaty under article 28 may

be terminated by reasonable notice of termination given by the newly independent State or the other State concerned and the expiration of the notice.

3. Unless the treaty provides for a shorter period for its termination or it is otherwise agreed, reasonable notice of termination shall be twelve months' notice from the date on which it is received by the other State or States provisionally applying the treaty.

4. Unless the treaty otherwise provides or it is otherwise agreed, the provisional application of a multilateral treaty under article 27 shall be terminated if the newly independent State gives notice of its intention not to become a party to the treaty.

SECTION 5. NEWLY INDEPENDENT STATES FORMED FROM TWO OR MORE TERRITORIES

Article 30 - Newly independent States formed from two or more territories

1. Articles 16 to 29 apply in the case of a newly independent State formed from two or more territories.

2. When a newly independent State formed from two or more territories is considered as or becomes a party to a treaty by virtue of article 17, 18 or 24 and at the date of the succession of States the treaty was in force, or consent to be bound had been given, in respect of one or more, but not all, of those territories, the treaty shall apply in respect of the entire territory

of that State unless:

(a) it appears from the treaty or is otherwise established that the application of the treaty in respect of the entire territory would be incompatible with the object and purpose of the treaty or would radically change the conditions for its operation;

(b) in the case of a multilateral treaty not falling under article 17, paragraph 3, or under article 18, paragraph 4, the notification of succession is restricted to the territory in respect of which the treaty was in force at the date of the succession of States, or in respect of which consent to be bound by the treaty had been given prior to that date;

(c) in the case of a multilateral treaty falling under article 17, paragraph 3, or under article 18, paragraph 4, the newly independent State and the other States parties or, as the case may be, the other contracting States otherwise agree; or

(d) in the case of a bilateral treaty, the newly independent State and the other State concerned otherwise agree.

3. When a newly Independent State formed from two or more territories becomes a party to a multilateral treaty under article 19 and by the signature or signatures of the predecessor State or States it had been intended that the treaty should extend to one or more, but not all, of those territories, the treaty shall apply in respect of the entire territory of the newly independent State unless:

(a) it appears from the treaty or is otherwise established that the application of the treaty in respect of the entire territory would be incompatible with the object and purpose of the treaty or would radically change the conditions for its operation;

(b) in the case of a multilateral treaty not falling under article 19, paragraph 4, the ratification, acceptance or approval of the treaty is restricted to the territory or territories to which it was intended that the treaty should extend; or

(c) in the case of a multilateral treaty falling under article 19, paragraph 4, the newly independent State and the other States parties or, as the case may be, the other contracting States otherwise agree.

PART IV: UNITING AND SEPARATION OF STATES

Article 31 - Effects of a uniting of States in respect of treaties in force at the date of the succession of States

1. When two or more States unite and so form one successor State, any treaty in force at the date of the succession of States in respect of any of them continues in force in respect of the successor State unless:

(a) the successor State and the other State party or States parties otherwise agree; or

(b) it appears from the treaty or is otherwise established that the application of the treaty in respect of the successor State would be incompatible with the object and purpose of the treaty or would radically change the conditions for its operation.

2. Any treaty continuing in force in conformity with paragraph 1 shall

apply only in respect of the part of the territory of the successor State in respect of which the treaty was in force at the date of the succession of States unless:

(a) in the case of a multilateral treaty not falling within the category mentioned in article 17, paragraph 3, the successor State makes a notification that the treaty shall apply in respect of its entire territory;

(b) in the case of a multilateral treaty falling within the category mentioned in article 17, paragraph 3, the successor State and the other States parties otherwise agree; or

(c) in the case of a bilateral treaty, the successor State and the other State party otherwise agree.

3. Paragraph 2(a) does not apply if it appears from the treaty or is otherwise established that the application of the treaty in respect of the entire territory of the successor State would be incompatible with the object and purpose of the treaty or would radically change the conditions for its operation.

Article 32 - Effects of a uniting of States in respect of treaties not in force at the date of the succession of States

1. Subject to paragraphs 3 and 4, a successor State falling under article 31 may, by making a notification, establish its status as a contracting State to a multilateral treaty which is not in force if, at the date of the succession of States, any of the predecessor States was a contracting State to the treaty.

2. Subject to paragraphs 3 and 4, a successor State falling under article 31 may, by making a notification, establish its status as a party to a multilateral treaty which enters into force after the date of the succession of States if, at that date, any of the predecessor States was a contracting State to the treaty.

3. Paragraphs 1 and 2 do not apply if it appears from the treaty or is otherwise established that the application of the treaty in respect of the successor State would be incompatible with the object and purpose of the treaty or would radically change the conditions for its operation.

4. If the treaty is one falling within the category mentioned in article 17, paragraph 3, the successor State may establish its status as a party or as a contracting State to the treaty only with the consent of all the parties or of all the contracting States.

5. Any treaty to which the successor State becomes a contracting State or a party in conformity with paragraph 1 or 2 shall apply only in respect of the part of the territory of the successor State in respect of which consent to be bound by the treaty had been given prior to the date of the succession of States unless:

(a) in the case of a multilateral treaty not falling within the category mentioned in article 17, paragraph 3, the successor State indicates in its notification made under paragraph 1 or 2 that the treaty shall apply in respect of its entire territory; or

(b) in the case of a multilateral treaty falling within the category mentioned in article 17, paragraph 3, the successor State and all the parties or, as the case may be, all the contracting States otherwise agree.

6. Paragraph 5(a) does not apply if it appears from the treaty or Is otherwise established that the application of the treaty in respect of the entire territory of the successor State would be incompatible with the object and purpose of the treaty or would radically change the conditions for its operation.

Article 33 - Effects of a uniting of States in respect of treaties signed by a predecessor State subject to ratification, acceptance or approval

1. Subject to paragraphs 2 and 3, if before the date of the succession of States one of the predecessor States had signed a multilateral treaty subject to ratification, acceptance or approval, a successor State falling under article 31 may ratify, accept or approve the treaty as if it had signed that treaty and may thereby become a party or a contracting State to it.

2. Paragraph 1 does not apply if it appears from the treaty or is otherwise established that the application of the treaty in respect of the successor State would be incompatible with the object and purpose of the treaty or would radically change the conditions for its operation.

3. If the treaty is one falling within the category mentioned in article 17, paragraph 3, the successor State may become a party or a contracting State to the treaty only with the consent of all the parties or of all the contracting States.

4. Any treaty to which the successor State becomes a party or a contracting State In conformity with paragraph 1 shall apply only in respect of the part of the territory of the successor State in respect of

which the treaty was signed by one of the predecessor States unless:

(a) in the case of a multilateral treaty not falling within the category mentioned in

article 17, paragraph 3, the successor State when ratifying, accepting or approving the treaty gives notice that the treaty shall apply in respect of its entire territory;

or

(b) in the case of a multilateral treaty falling within the category mentioned in article 17, paragraph 3, the successor State and all the parties or, as the case may be, all the contracting States otherwise agree.

5. Paragraph 4(a) does not apply if it appears from the treaty or is otherwise established that the application of the treaty In respect of the entire territory of the successor State would be incompatible with the object and purpose of the treaty or would radically change the conditions for its operation.

Article 34 - Succession of States in oases of separation of parts of a State

1. When a part or parts of the territory of a State separate to form one or more States, whether or not the predecessor State continues to exist:

(a) any treaty in force at the date of the succession of States in respect of the entire territory of the predecessor State continues in force in respect of each successor State so formed;

(b) any treaty in force at the date of the succession of States in respect only of that part of the territory of the predecessor State which has become a successor State continues in force in respect of that successor State alone.

2. Paragraph 1 does not apply if:

(a) the States concerned otherwise agree; or

(b) it appears from the treaty or is otherwise established that the application of the treaty in respect of the successor State would be incompatible with the object and purpose of the treaty or would radically change the conditions for its operation.

Article 35 - Position if a State continues after separation of part of its territory

When, after separation of any part of the territory of a State, the predecessor State continues to exist, any treaty which at the date of the succession of States was in force in respect of the predecessor State continues in force in respect of its remaining territory unless:

(a) the States concerned otherwise agree;

(b) it is established that the treaty related only to the territory which has separated from the predecessor State; or

(c) it appears from the treaty or is otherwise established that the application of the treaty in respect of the predecessor State would be incompatible with the object and purpose of the treaty or would radically change the conditions for its operation.

Article 36 - Participation in treaties not in force at the date of the succession of States in cases of separation of parts of a State

1. Subject to paragraphs 3 and 4, a successor State falling under article 34, paragraph 1, may, by making a notification, establish its status as a contracting State to a multilateral treaty which is not in force if, at the date of the succession of States, the predecessor State was a contracting State to the treaty in respect of the territory to which the succession of States relates.

2. Subject to paragraphs 3 and 4, a successor State falling under article 34, paragraph 1, may, by making a notification, establish its status as a party to a multilateral treaty which enters into force after the date of the succession of States if at that date the predecessor State was a contracting State to the treaty in respect of the territory to which the succession of States relates.

3. Paragraphs 1 and 2 do not apply if it appears from the treaty or is otherwise established that the application of the treaty in respect of the successor State would be incompatible with the object and purpose of the treaty or would radically change the conditions for its operation.

4. If the treaty is one falling within the category mentioned in article 17, paragraph 3, the successor State may establish its status as a party or as a contracting State to the treaty only with the consent of all the parties or of all the contracting States.

Article 37 - Participation in cases of separation of parts of a State in treaties signed by the predecessor State subject to ratification, acceptance or approval

1. Subject to paragraphs 2 and 3, if before the date of the succession of States the predecessor State bad signed a multilateral treaty subject to ratification, acceptance or approval and the treaty, if it had been in force at that date, would have applied in respect of the territory to which the succession of States relates, a successor State falling under article 34, paragraph 1, may ratify, accept or approve the treaty as if it had signed that treaty and may thereby become a party or a contracting State to it.

2. Paragraph 1 does not apply if it appears from the treaty or is otherwise established that the application of the treaty in respect of the successor State would be incompatible with the object and purpose of the treaty or would radically change the conditions for its operation.

3. If the treaty is one falling within the category mentioned in article 17, paragraph 3, the successor State may become a party or a contracting State to the treaty only with the consent of all the parties or of all the contracting States.

Article 38 – Notifications

1. Any notification under articles 31, 32 or 36 shall be made In writing.

2. If the notification is not signed by the Head of State, Head of Government or Minister for Foreign Affairs, the representative of the State communicating it may be called upon to produce full powers.

3. Unless the treaty otherwise provides, the notification shall:

(a) be transmitted by the successor State to the depositary, or, if there is no depositary, to the parties or the contracting States;

(b) be considered to be made by the successor State on the date on which it is received by the depositary or, if there is no depositary, on the date on which it is received by all the parties or, as the case may be, by all the contracting States.

4. Paragraph 3 does not affect any duty that the depositary may have, in accordance with the treaty or otherwise, to Inform the parties or the contracting States of the notification or any communication made in connection therewith by the successor State.

5. Subject to the provisions of the treaty, such notification or communication shall be considered as received by the State for which it is Intended only when the latter State has been informed by the depositary.

MISCELLANEOUS PROVISIONS

Article 39 - Cases of State responsibility and outbreak of hostilities

The provisions of the present Convention shall not prejudge any question that may arise In regard to the effects of a succession of States In respect of a treaty from the International responsibility of a State or from the outbreak of hostilities between States.

Article 40 - Cases of military occupation

The provisions of the present Convention shall not prejudge any question that may arise in regard to a treaty from the military occupation of a territory.

SETTLEMENT OF DISPUTES

Article 41 - Consultation and negotiation

If a dispute regarding the interpretation or application of the present Convention arises between two or more Parties to the Convention, they shall, upon the request of any of them, seek to resolve it by a process of consultation and negotiation.

Article 42 – Conciliation

If the dispute is not resolved within six months of the date on which the request referred to in article 41 has been made, any party to the dispute may submit it to the conciliation procedure specified in the Annex to the present Convention by submitting a request to that effect to the Secretary-General of the United Nations and informing the other party or parties to the dispute of the request.

Article 43 - Judicial settlement and arbitration

Any State at the time of signature or ratification of the present Convention or

accession thereto or at any time thereafter, may, by notification to the depositary,

declare that, where a dispute has not been resolved by the application of the procedures referred to in articles 41 and 42, that dispute may be submitted for a decision to the International Court of Justice by a written application of any party to the dispute, or in the alternative to arbitration, provided that the other party to the dispute has made a like declaration.

Article 44 - Settlement by common consent

Notwithstanding articles 41, 42 and 43, if a dispute regarding the interpretation or application of the present Convention arises between two or more Parties to the Convention, they may by common consent agree to submit it to the International Court of Justice, or to arbitration, or to any other appropriate procedure for the settlement of disputes.

Article 45 - Other provisions in force for the settlement of disputes

Nothing in articles 4l to 44 shall affect the rights or obligations of the Parties to the present Convention under any provisions in force binding them with regard to the settlement of disputes.

FINAL PROVISIONS

Article 46 – Signature

The present Convention shall be open for signature by all States until 28 February 1979 at the Federal Ministry for Foreign Affairs of the Republic of Austria, and subsequently, until 31 August 1979, at United Nations Headquarters in New York.

Article 47 – Ratification

The present Convention is subject to ratification. The instruments of ratification shall be deposited with the Secretary-General of the United Nations.

Article 48 – Accession

The present Convention shall remain open for accession by any State. The instruments of accession shall be deposited with the Secretary-General of the United Nations.

Article 49 - Entry into force

1. The present Convention shall enter into force on the thirtieth day following the date of deposit of the fifteenth instrument of ratification or

accession.

2. For each State ratifying or acceding to the Convention after the deposit of the fifteenth instrument of ratification or accession, the Convention shall enter into force on the thirtieth day after deposit by such State of its instrument of ratification or accession.

Article 50 - Authentic texts

The original of the present Convention, of which the Arabic, Chinese, English, French, Russian and Spanish texts are equally authentic, shall be deposited with the Secretary-General of the United Nations.

IN WITNESS WHEREOF the undersigned Plenipotentiaries, being duly authorized thereto by their respective Governments, have signed the present Convention.

DONE at Vienna, this twenty-third day of August, one thousand nine hundred and
seventy-eight.

ANNEX

1. A list of conciliators consisting of qualified jurists shall be drawn up and maintained by the Secretary-General of the United Nations. To this end, every State which is a Member of the United Nations or a Party to the present Convention shall be invited to nominate two conciliators,

and the names of the persons so nominated shall constitute the list. The term of a conciliator, including that of any conciliator nominated to fill a casual vacancy, shall be five years and may be renewed. A conciliator whose term, expires shall continue to fulfil any function for which he shall have been chosen under the following paragraph.

2. When a request has been made to the Secretary-General under article 42, the Secretary-General shall bring the dispute before a conciliation commission constituted as follows:

The State or States constituting one of the parties to the dispute shall appoint:

(a) one conciliator of the nationality of that State or of one of those States, who may or may not be chosen from the list referred to in paragraph 1 ; and

(b) one conciliator not of the nationality of that State or of any of those States, who shall be chosen from the list.

The State or States constituting the other party to the dispute shall appoint two conciliators in the same way. The four conciliators chosen by the parties shall be appointed within sixty days following the date on which the Secretary-General receives the request.

The four conciliators shall, within sixty days following the date of the appointment of the last of them, appoint a fifth conciliator chosen from the list, who shall be chairman.

If the appointment of the chairman or of any of the other conciliators has not been made within the period prescribed above for such appointment, it shall be made by the Secretary-General within sixty days following the expiry of that period. The appointment of the chairman may be made by the Secretary-General either from the list or from the membership of the International Law Commission. Any of the periods within which appointments must be made may be extended by agreement between the parties to the dispute.

Any vacancy shall be filled In the manner prescribed for the Initial appointment.

3. The Conciliation Commission shall decide its own procedure. The Commission, with the consent of the parties to the dispute, may Invite any Party to the present Convention to submit to it its views orally or In writing. Decisions and recommendations of the Commission shall be made by a majority vote of the five members.

4. The Commission may draw the attention of the parties to the dispute to any measures which might facilitate an amicable settlement.

5. The Commission shall hear the parties, examine the claims and objections, proposals to the parties with a view to reaching an amicable settlement of the dispute.

6. The Commission shall report within twelve months of its constitution. Its report shall be deposited with the Secretary-General and transmitted to the parties to the dispute. The report of the Commission, including any conclusions stated therein regarding the facts or questions of law, shall not be binding upon the parties and it shall have no other character than that of recommendations submitted for the consideration of the parties in order to facilitate an amicable settlement of the dispute.

7. The Secretary-General shall provide the Commission with

such assistance and facilities as it may require. The expenses of the Commission shall be borne by the United Nations.

참고문헌

I. 국내 문헌

가. 단행본

권영성, 『헌법학원론』(법문사, 2008)
김명기, 『국제법상 남북한의 법적 지위』(화학사, 1980)
_____, 『대한제국과 국제인도법』(책과 사람들, 2008)
박춘호, *International Maritime Boundaries*, ASIL(Martinus Nijhoff, 1993)
양영식, 『민주통일론(통일문제)』(통일연수원, 1992)
유병화, 『국제법 I, II』(진성사, 1991)
_____, *Peace and Unification in Korea and International Law*(School of Law, University of Maryland, 1986)
이명수 Lee Myung Soo, *Living Together on the Korean Peninsula*(고려대 아세아문제연구소, 1994)
이석우, 『동아시아의 영토분쟁과 국제법』(집문당, 2007)
이순천, 『글로벌 코리아, 글로벌 외교』(열린책들, 2010)
이한기, 『국제법 강의』(박영사, 1992)

정일영, 『한국외교와 국제법』(나남, 2011)
최덕규, 『제정러시아의 한반도정책, 1891-1909』(경인문화사, 2008)

나. 논 문

구희권, 「국가통합시의 국가승계에 관한 연구」(중앙대 박사학위논문, 1993)
김명기, 「남북통일에 관한 정통성 문제의 고찰」, 『방위총서』(국제문제연구소, 1986)
_____, 「국제법상 일본으로부터 한국의 분리에 관한 연구」, 『국제법학회 논총』 제63권(1988. 6)
김정건, 「남북한 교류의 국제법적 고찰」, 『국제법학회 논총』 제37권 제1호(1992)
김정균, 「분단국의 통일형태에 관한 연구」, 『국제법학회 논총』 제28권 제1호(1983)
김찬규, 「신생국과 조약의 승계」, 『법학』, 통권 제37호(1977)
_____, 「이른바 국가상속에 관한 고찰」, 『사법행정』, 통권 제195호(1977)
노영돈, 「백두산 지역에 있어서 북한과 중국의 국경분쟁과 국제법」, 『국제법학회 논총』 제35권 제12호(1990)
박기갑, 「일반국제법이론에 비추어 본 남북한간 가능한 국가승계형태론」, 『한림법학포럼』 제5권(1996)
박배근, 「국제법상 국가의 동일성과 계속성」, 『저스티스』 제90호(2006)
박춘호, "Boundaries Between North Korea and the Former Soviet Union in the Tumen River and Their 12-Mile Territorial Seas", 『아세아 연구』 Vol. 36, No. 1(고려대 아세아문제연구소, 1993. 1)
배재식, 「한국 휴전의 법적 제문제」, 『법학』, 제16권 제1호(1975)
이근관, 「국가승계법 분야의 새로운 경향과 발전」, 『서울국제법연구』 제6권 2호(1999)
이규창, 「국제인권조약 자동승계론에 관한 연구: 남북통일과 관련하여」, 『통일정책연구』 제16권 2호(2007)
이순천, 「ICJ의 보스니아 Genocide 판결 및 평가」, 『국제법학회 논총』 제52권 제2호(2007. 8)
장기붕, 「남북한 평화통일의 기초조건」, 『국제법학회 논총』, 제35권 제1호(1990)
장명봉, 「국가연합에 관한 연구」, 『국제법학회 논총』, 제33권 제2호(1988)
장효상, 「통일과 국가상속」, 『한국 국제법학의 제문제』(박영사, 1987)
최경수, 「국가승계에 의한 조약의 효력: 독일의 경험과 우리의 대책」, 『한국사회개발 연구』

XXXⅡ(고려대 아세아문제연구소, 1993)

한형건, 「분단한국의 재통일에 관한 국제법적 고찰」, 『국제법학회논총』 제37권 제1호(1992)

II. 외국 문헌

가. 단행본

Akehurst, M., *A Modern Introduction to International Law*, 6th ed., London (1993)

Aust, A., *Modern Treaty Law and Practice*, Cambridge (2000)

Bailey, S., *How Wars End*, 2 Vols., Oxford (1982)

Bernhardt, R., *Encyclopedia of Public International Law*, North-Holland (1992~2000)

Bowett, D. W., *The Law of International Institutions*, 4th ed., London (1982)

Brierly, J. L., *The Law of Nations*, 6th ed., Oxford (1963)

Briggs, H. W., *The Law of Nations*, 2nd ed., New York (1966)

Brownlie, I., *Principles of Public International Law*, 7th ed., Oxford (2008)

Butler, W., *Russian Law*, 3rd ed., Oxford (2009)

Caty, G., *Le Statut Juridique des Etats Divisés*, Paris (1969)

Charney, J. I. & Alexander, L. M., *International Maritime Boundaries,* Martinus Nijhoff (1993)

Cheng, B., *General Principles of Law as applied by International Courts and Tribunals*, Cambridge (1987)

Chinkin, C., *Third Parties in International Law*, Oxford (1993)

Craven, M., *The Decolonization of International Law*, Oxford (2007)

Crawford, J., *The Creation of States in International Law*, 2nd ed., Oxford (2006)

Detter, I., *International Law and the Independent State*, 2nd ed., LSE Gower, London (1987)

_____, *The International Legal Order*, Dartmouth (1994)

De Visscher, C., *Théories et Réalités en Droit International Public*, 4th ed., Paris (1970)

Dugard, J., *Recognition and the United Nations*, Cambridge (1987)

Fenwick, C. G., *Internatioal Law*, 4th ed., New York (1965)

Franck, T. M., *Fairness in International Law and Institutions*, Oxford (1995)

Friedmann, W., *The Changing Structure of International Law*, New York (1964)

Gonçalves Pereira, A., *La Succession d'Etats en Matière de Traité*, Paris (1969)

Hackworth, G. H., *Digest of International Law*, 8 Vols., Washington D.C. (1940~1944)

Harris, D. J., *Cases and Materials on International Law*, 4th ed., London (1991)

Henkin, L., et al., *International Law, Cases and Materials*, 4th ed., West (2001)

Higgins, R., *The Development of International Law through the Political Organs of the United Nations*, Oxford (1963)

Jackson, J. H., et al., *Legal Problems of International Economic Relations*, 3rd ed., West (1995)

Jennings, R. & Watts, A., *Oppenheim's International Law*, 9th ed., Longman (1992)

Jessup, P. C., *A Modern Law of Nations*, New York (1968)

_____, *The Birth of Nations*, Columbia (1974)

Keith, A. B., *Theory of State Succession with Special Reference to English and Colonial Law*, London (1907)

Klabbers, et al., *State Practice Regarding State Succession and Issues of Recognition*, Kluwer Law International (1999)

_____, *Essays on the Law of Treaties*, Martinus Nijhoff (1998)

Kontou, N., *The Termination and Revision of Treaties in the Light of New Customary International Law*, Oxford (1994)

Koskenniemi, M. et al., *State Succession: Codification Tested Against the Facts*, Martinus Nijhoff (2000)

Kunz, J. L., *The Changing Law of Nations*, Columbus, Ohio (1968)

Lauterpacht, H., *The Development of International Law by the International Court*, Cambridge (1982)

Makonnen, Y., *International Law and the New States of Africa*, UNESCO (1983)

Marek, K., *Identity and Continuity of States in Public International Law*, 2nd ed., Geneva (1968)

Marcoff, M. G., *Accession à l'Indépendance et Succession d'Etats aux Traités Internationaux*, Fribourg, Suisse (1969)

McHugh, J., et al., *Diplomats Without a Country, Baltic Diplomacy, International Law, and the Cold War*, Greenwood Press (2001)

McNair, Lord A., The Law of Treaties, Oxford (1961)

Menon, P., *The Succession of States in Respect of Treaties, State Property, Archives and Debts*, Edwin Mellen Press (1991)

Müllerson, R., *International Law, Right and Politics*, London (1994)

Myers, P. R., *Succession Between International Organizations*, Geneva (1993)

O'Connell, D.P., *International Law*, 2 Vols., London (1970)

_____, *State Succession in Municipal Law and International Law*, 2 Vols., Cambridge (1967)

Reuter, P., *Droit International Public*, 6th ed., Paris (1983)

Rosenne, S., *Breach of Treaty*, Cambridge (1985)

_____, *Developments in the Law of Treaties 1945~1986*, Cambridge (1989)

Schindler, D. and Toman, J., *The Laws of Armed Conflicts*, 3rd ed., Geneva (1988)

Schwarzenberger, G., *Power Politics*, 3rd ed., London (1964)

_____, *A Manual of International Law*, 5th ed., London (1967)

Shaw, M. N., *International Law*, 6th ed., Cambridge (2008)

Shearer, I. A., *Starke's International Law*, 11th ed., Butterworths (1994)

Swift, R. N., *International Law: Current and Classic*, John Wiley & Sons (1969)

Udokang, O., *Succession of New States to International Treaties*, New York (1972)

Vamvoukos, A., *Termination of Treaties in International Law — The Doctrine of Rebus Sic Stantibus and Desuetude*, Oxford (1985)

Verzijl, J. H. W., *International Law in Historical Perspective, Part VII: State Succession*, A.W. Sijthoff (1974)

Villager, M., *Commentary on the 1969 Vienna Convention on the Law of Treaties*, Martinus Nijhoff (2009)

Wolfke, K., *Custom in Present International Law*, 2nd rev. ed., Martinus Nijhoff (1993)

Ziemele, I., *State Continuity and Nationality: The Baltic States and Russia*, Martinus Nijhoff (2005)

나. 논문

Aufricht, H., "State Succession under the Law and Practice of the International Monetary Fund", 11 *ICLQ* (1962), p. 154

Bedjaoui, M., "Problèmes Récents de Succession d'Etats dans les Etats Nouveaux", 130 *Hague Recueil* (1970, II), p. 455

Bello, E. G., "Reflections on Succession of States in the Light of the Vienna Convention on Succession of States in Respect of Treaties 1978", 23 *GYIL* (1980), p. 296

Blum, Y. Z., "Russia Takes Over the Soviet Union's Seat at the United Nations", 3 *EJIL* (1992), p. 354

_____, "UN Membership of the 〈New〉 Yugoslavia: Continuity or Break?", 86 *AJIL* (1992), p. 830

Briggs, H.W., "Unilateral Denunciation of Treaties: The Vienna Convention and the International Court of Justice", 68 *AJIL* (1974), p. 51

Bühler, K., "State Succession, Identity/Continuity and Membership in the United Nations", in Koskenniemi et al., (ed.), *State Succession: Codification Tested Against the Facts*, Martinus Nijhoff (2000), p. 187

Bunn, G. & Rhinelander, J. B., "The Arms Control Obligations of the Former Soviet Union", 33 *Virginia JIL* (1993), p. 323

Cansacchi, G., "Identité et Continuité des Sujets Internationaux", 130 *Hague Recueil* (1970, II), p. 1

Castren, E., "Aspects Récents de la Succession d'Etats", 78 *Hague Recueil* (1951), p. 385

_____, "Obligations of States Arising from the Dismemberment of Another State", 13 *ZaöRV* (1951), p. 753

_____, "On State Succession in Practice and Theory", 24 *NTIR* (1954), p. 55

Chan, J., "State Succession to Human Rights Treaties: Hong Kong and the International Covenant on Civil and Political Rights", 45 *ICLQ* (1996), p. 928

Chiu, H., "Succession in International Organizations", 14 *ICLQ* (1965), p. 83

Craven, M., "The Genocide Case, the Law of Treaties and State Succession", 68 *BYIL*

(1997), p. 127

_____, "The Problem of State Succession and the Identity of States under International Law", 9 *EJIL* (1998), p. 142

Crawford, J., "The Contribution of Professor D. P. O'Connell to the Discipline of International Law", 51 *BYIL* (1980), p. 2

Czaplinski, W., "The New Polish-German Treaties and the Changing Political Structure of Europe", 86 *AJIL* (1992), p. 163

_____, "State Succession and State Responsibility", 28 *Canadian YIL* (1990), p. 339

Doehring, K., "The Scope of the Territorial Application of Treaties", 27 *ZaöRV* (1967), p. 483

Elsuwege, P. van, "State Continuity and Its Consequences: The Case of Baltic States", 16 *Leiden JIL* (2003), p. 377

Frowein, J. A., "Germany Reunited", 51 *ZaöRV* (1991), p. 333

_____, "The Reunification of Germany", 86 *AJIL* (1992), p. 152

Gamarra, Y., "Current Questions of State Succession Relating to Multilateral Treaties", in Koskenniemi et al., (ed.), *State Succession: Codification Tested Against the Facts*, Martinus Nijhoff (2000), p. 387

Garner, J. W., "Questions of State Succession Raised by the German Annexation of Austria", 32 *AJIL* (1938), p. 421

Green, L. C., "Malaya / Singapore / Malaysia : Comments on State Competence, Succession and Continuity", 4 *Canadian YIL* (1966), p. 3

Haraszti, G., "Treaties and the Fundamental Change of Circumstances", 146 *Hague Recueil* (1975, III), p. 7

Hershey, A. S., "The Succession of States", 5 *AJIL* (1911), p. 285

Jenks, C. W., "State Succession in Respect of Law-Making Treaties", 29 *BYIL* (1952), p. 105

Jennings, R. Y., "General Course on Principles of International Law", 121 *Hague Recueil* (1967, II), p. 437

Jones, J. M., "State Succession in the Matter of Treaties", 24 *BYIL* (1947), p. 360

Kamminga, M., "State Succession in Respect of Human Rights Treaties", 7 *EJIL* (1996), p. 469

Keith, K. J., "Succession to Bilateral Treaties by Seceding States", 61 *AJIL* (1967), p. 521

———, "State Succession to Treaties in the Commonwealth : Two Replies", 13 *ICLQ* (1964), p. 1441

Kerikmae, T. et al., "State Continuity in the Light of Estonian Treaties Concluded before World War II", 5 *Juridica International* (2000), p. 30

Klabbers, J., "Cat on a Hot Tin Roof: The World Court, State Succession, and the Gabcikovo-Nagymaros Case", 11 *Leiden JIL* (1998), p. 345

Krenz, F. E., "Newly Independent States and the Problem of State Succession", 33 *NTIR* (1963), p. 97

Kunugi, T., "State Succession in the Framework of GATT", 59 *AJIL* (1965), p. 268

Kunz, J. L., "Identity of States under International Law", 49 *AJIL* (1955), p. 68

Kupfer, A., "International Agreements : Treaty on the Final Settlement with Respect to Germany", 32 *Harvard ILJ* (1991), p. 227

La Forest, G. V., "Towards a Reformulation of the Law of State Succession", *ASIL Proc.* (1966), p. 103

Långström, T., "The Dissolution of the Soviet Union in the Light of the 1978 Vienna Convention on Succession of States in Respect of Treaties", in Koskenniemi et al. (ed.), *State Succession: Codification Tested Against the Facts*, Martinus Nijhoff (2000), p. 723

Lauterpacht, H., "Continuity of States and the Effect of War. The Present Position of Treaties Concluded with Prussia", 5 *ICLQ* (1956), p. 414

Lavalle, R., "Dispute Settlement Under the Vienna Convention on Succession of States in Respect of Treaties", 73 *AJIL* (1979), p. 407

Lawford, H. J., "The Practice Concerning Treaty Succession in the Commonwealth", 5 *Canadian YIL* (1967), p. 3

Lehner, O., "The Identity of Austria 1918/19 as a Problem of State Succession", 44 *Austrian JPIL* (1992), p. 63

Lehto, V., "Succession of States in the Former Soviet Union", 4 *Finn YIL* (1993), p. 194

Lester, A. P., "State Succession to Treaties in the Commonwealth", 12 *ICLQ* (1963), p. 495

_____, "State Succession to Treaties in the Commonwealth : A Rejoinder", 14 *ICLQ* (1965), p. 262

Lloyd, D. O., "Succession, Secession and State Membership in the United Nations", 26 *NYUJILP* (1993-94), p. 761

Made, V., "The Estonian Government-in Exile: a controversial project of state continuation", in Hiden, J. et al. (ed.), *The Baltic Question during the Cold War*, Routledge (2008), p. 134

Makonnen, Y., "State Succesion in Africa: Selected Problems", 200 *Hague Recueil* (1986), p. 97

Maloney, M. G., "Succession of States in Respect of Treaties: The Vienna Convention of 1978", 19 *Virginia JIL*. (1979), p. 885

McGee, R. W. & Lam, D. K., "Hong Kong's Option to Secede", 33 *Harvard ILJ* (1992), p. 427

McWhinney, E., "The 〈New Thinking〉 in Soviet International Law: Soviet Doctrines and Practice in the Post-Tunkin Era", 28 *Canadian YIL* (1990), p. 309

Müllerson, R., "New Developments in the Former USSR and Yugoslavia", 33 *Virginia JIL* (1993), p. 299

Mushkat, R., "Hong Kong and Succession of Treaties" 46 *ICLQ* (1997), p. 181

O'Connell, D. P., "The British Commonwealth and State Succession after the Second World War", 26 *BYIL* (1949), p. 454

_____, "Independence and Succession to Treaties", 38 *BYIL* (1962), p. 84

_____, "State Succession and Effect upon Treaties of Entry into a Composite Relationship", 39 *BYIL* (1963), p. 54

_____, "State Succession and Problems of Treaty Interpretation", 58 *AJIL* (1964), p. 41

_____, "State Succession to Treaties in the Commonwealth: Two Replies", 13 *ICLQ* (1964), p. 1450

_____, "Recent Problems of State Succession in Relation to New States", 130 *Hague Recueil* (1970, II), p. 95

_____, "The Present State of the Law on State Succession", International Law Association (1873~1973), *The Present State of International Law and Other Essays*, edited by Prof. Dr. Maarten Bos (1973), p. 331

_____, "Reflections on the State Succession Convention", 39 *ZaöRV* (1979), p. 725

Oda S., "The Normalization of Relations between Japan and the Republic of Korea", 61 *AJIL* (1967), p. 35

Oeter, S., "German Unification and State Succession", 51 *ZaöRV* (1991), p. 349

Pazartzis, P., "State Succession to Multilateral Treaties: Recent Development", 3 *ARIEL* (1998), p. 397

Perez, A. F., "Survival of Rights Under the Nuclear Non-Proliferation Treaty: Withdrawal and the Continuing Right of International Atomic Energy Agency Safeguards", 34 *Virginia JIL.* (1993-94), p. 749

Piotrowicz, R. W., "The Arithmetic of German Unification : Three into One Does Go", 40 *ICLQ* (1991), p. 635

Ratner, S., "Drawing a Better Line: Uti Possidetis and the Borders of New States", 90 *AJIL* (1996), p. 590

Ress, G., "The Legal Status of Hong Kong after 1997", 46 *ZaöRV* (1986), p. 647

Rich, R., "Recognition of States : The Collapse of Yugoslavia and the Soviet Union", 4 *EJIL* (1993), p. 36

Rosenne, S., "The Effect of Change of Sovereignty upon Municipal Law", 27 *BYIL* (1950), p. 267

_____, "Automatic Treaty Succession", in Klabbers, J. et al. (ed.), *Essays on the Law of Treaties*, Martinus Nijhoff (1998), p. 97

Schachter, O., "The Development of International Law through the Legal Opinions of the United Nations Secretariat", 25 *BYIL* (1948), p. 91

_____, "State Succession : The Once and Future Law", 33 *Virginia JIL* (1993), p. 253

Schermers, H. G., "Succession of States and International Organizations", 6 *Netherlands YIL* (1975), p. 103

Shaw, M., "State Succession Revisited", 5 *Finn YIL* (1994), p.34

Sinclair, I., "Some Reflections on the Vienna Convention on Succession of States in Respect of Treaties", *Essays in honour of Erik Castern*, Helsinki (1979), p. 149

Sun, Zhichao, "International Legal Personality of the Hong Kong Special Administrative Region", 7 *Chinese JIL* (2008), p. 339

Stahn, C., "The Agrement on Succession Issues of the Former Socialist Federal Republic of Yugoslavia", 96 *AJIL* (2002), p. 379

Starke, J. G., "The Acquisition of Title to Territory by Newly Emerged States", 41 *BYIL* (1965~1966), p. 411

Terol, J., "The Bursting of Yugoslavia: An Approach to Practice Regarding State Succession", in Koskenniemi et al. (ed.), *State Succession: Codification Tested Against the Facts*, Martinus Nijhoff (2000), p. 889

Tichy, H., "Two Recent Cases of State Succession — An Austrian Perspective", 44 *Austrian JPIL* (1992), p. 117

Treviranus, H., "Die Konvention der Vereinten Nationen über Staatensukzession bei Vertragen", 39 *ZaöRV*, p. 259

_____, "Vienna Convention on Succession of States in Respect of Treaties", *Encyclopedia of Public International Law*, Instalment 10 (1987), p. 523

Vagts, D. F., "State Succession: The Codifier's View", 33 *Virginia JIL* (1993), p. 275

Vitucci, M., "Has Pandora's Box been closed? The Decisions on the Legality of Use of Force Cases in Relation to the Status of the Federal Republic of Yugoslavia within the United Nations", 19 *Leiden JIL* (2006), p. 105

Voitovich, S. A., "The Commonwealth of Independent States : An Emerging Institutional Model", 4 *EJIL* (1993), p. 403

Warbrick, C., "Recognition of States: Recent European Practice", 41 *ICLQ* (1992), p. 473

Willams, P. R., "The Treaty Obligations of the Successor States of the Former Soviet Union, Yugoslavia and Czechoslovakia: Do They Continue in Force?", 23 *Denver JILP* (1994), p. 1

_____, "State Succession and the International Financial Institutions : Political Criteria v. Protection of Outstanding Financial Obligations", 43 *ICLQ* (1994), p. 776

Williamson, E. and Osborn, J., "A US Perspective on Treaty Succession and Related Issues in the Wake of the Breakup of the USSR and Yugoslavia", 33 *Virginia JIL*

(1993), p. 261
Wolosky, L. et al. "START, START II, and Ownership of Nuclear Weapons: The Case for a ⟨Primary⟩ Successor State", 34 *Harvard ILJ* (1993), p. 581
Young, R., "The State of Syria: Old or New?", 56 *AJIL* (1962), p. 482
Yu, P., "Succession by Estoppel: Hong Kong's Succession to the ICCPR", 27 *Pepp. LR* (1999~2000), p. 53
Zemanek, K., "State Succession after Decolonization", 116 *Hague Recueil* (1965), p. 187
Zimmermann, A., "State Succession in Respect of Treaties", in Klabbers et al., (ed.), *State Practice Regarding State Succession and Issues of Recognition*, Kluwer Law International (1999), p. 80

Ⅲ. 자료

1. 국내 자료

「대한제국이 체결한 다자조약의 효력 확인」, 국무회의 심의자료(외무부, 1986. 7. 24)
「대한제국이 체결한 다자조약의 효력 확인 설명자료」(외무부, 1986. 7)
「구한말 조약휘찬」(대한민국 국회도서관, 1964)
「미국 국무부 전문사본」(외무부, 1949. 4. 15)
「외교통상업무 참고자료」(외교통상부, 2011. 1)
「외무부 국제법 해석 사례집」(1984~1993)
「외무부 기본조약집」(1987)
「통일지향적 남북한 관계의 법이론 연구」(국토통일원, 1990, 연구책임자: 유병화)
「이명박 대통령 광복 65주년 8·15 경축사」(2010. 8. 15)

2. 외국 자료

「명치 43년 8월 29일 관보 휘보」

"Restatement (Third) of the Foreign Relations Law of the United States", American Law Institute (1987)

ILR (1992)

"Interim Accord", *Balkan Forum* (1995. 9. 13)

"Joint Declaration of the Government of the United Kingdom and the Government of the People's Republic of China on the Question of Hong Kong with Annexes", Treaty Series No. 26 (1985), Cmnd. 9543

"The International Status of Korea", Editorial Comment, 1 *AJIL* (1907), p. 444

"State Succession", 7 *ICLQ* (1958), p. 523

"The Effect of Independence on Treaties", *ILA Handbook*, London (1965)

"State Succession", *ILA Report*, Helsinki (1966), p. 557

"State Succession", *ILA Report*, Buenos Aires (1968), p. 589

ICJ Reports (1960, 1962, 1971, 1986)

Basic Documents in International Law, edited by I. Brownlie, 3rd ed., Oxford (1983)

Black's Law Dictionary, 5th ed., West (1983)

3. UN 자료 등

Multilateral Treaties deposited to Secretary-General, United Nations (2012. 1)

Materials on Succession of States, ST/LEG/SER.B/14, United Nations (1967)

The Work of ILC, 3rd, 4th ed., United Nations (1980, 1988)

ILC Yearbook (1962, 1968, 1969, 1970, 1974)

UN Juridical Yearbook (1972)

Report on the Work of the Union, UPU (1981)

찾아보기

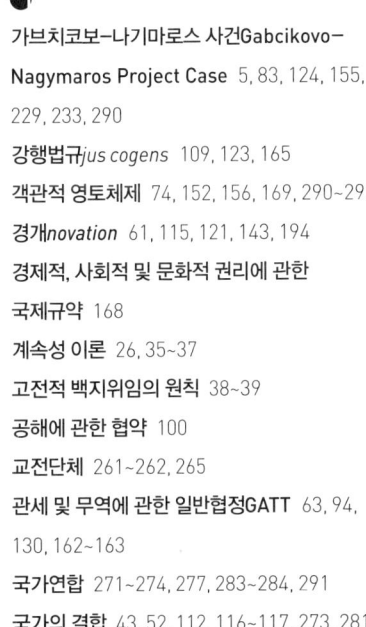

가브치코보-나기마로스 사건Gabcikovo-
Nagymaros Project Case 5, 83, 124, 155,
229, 233, 290
강행법규*jus cogens* 109, 123, 165
객관적 영토체제 74, 152, 156, 169, 290~292
경개*novation* 61, 115, 121, 143, 194
경제적, 사회적 및 문화적 권리에 관한
국제규약 168
계속성 이론 26, 35~37
고전적 백지위임의 원칙 38~39
공해에 관한 협약 100
교전단체 261~262, 265
관세 및 무역에 관한 일반협정GATT 63, 94,
130, 162~163
국가연합 271~274, 277, 283~284, 291
국가의 결합 43, 52, 112, 116~117, 273, 281
국가의 계속성 171, 176, 192, 194, 205~206,
209~211, 240
국가의 동일성 35, 40~41, 51, 152~153, 157,
238~243, 248, 291
국가의 부활 154, 243
국가재산, 공문서 및 채무의 국가승계에 관한
비엔나협약 26, 30
국경조약 65, 73~74, 77~80, 111, 121,
185,199, 208~210, 279, 281
국제부흥개발은행IBRD 93, 141
국제노동기구ILO 53, 92, 167, 208
국제노동협약 53, 92~93, 167, 186
국제민간항공기구ICAO 220, 228~229
국제사법재판소ICJ 55, 76, 79~80, 82~83,
99, 119~120, 124~125, 129, 153~154, 168,
181~182, 208, 215, 290
국제연맹 49, 85, 129, 131, 181, 204
국제인권조약 279
국제전기통신연합ITU 144

국제지역 74~77, 82
국제지역을 설정하는 조약 75
국제통화기금IMF 93, 141
국제해사기구IMO 162
군사점령 109
기본관계조약 173~174
기판력res judicata 155, 217~218
기타 영토체제 77, 81, 106, 111, 113, 156, 231

남북기본합의서 263
남북연합 268~270, 273, 291
니에레레 원칙 63, 65~68

대한민국 154, 206, 237~238, 245~246, 248, 250~253, 260~262, 272, 275~277, 280~281, 284, 291~292
대한제국 6, 10, 27~28, 154, 206, 237~239, 244~253, 259~261, 272~276, 280~281, 284, 291~292
독립 또는 분리 48, 53
독일문제 171
대륙붕에 관한 협약 100
독립국가연합CIS 138, 152, 189, 191, 193, 272

리비아-차드 국경분쟁사건 80

만국우편연합UPU 245

말리연방 118, 134~135, 137
모로코에 있는 미국인의 권리 사건 55
몰로토프-립벤트롭 비밀의정서 204, 209
물적 조약 65, 75
무력사용의 금지 109
미국 국무부 124, 196, 201, 228, 245
미국의 대외관계법 재천명 203

ㅂ
발트 3국 6, 153~154, 157, 190~191, 204~211, 242, 253, 279, 291~292
백지위임의 원칙 26, 33, 38~43, 53, 55, 57, 65, 70, 72~73, 83~84. 86~87, 106, 113, 121~122, 158, 193, 203, 207, 210, 227, 287~288
법적 허구 207, 243
병합 48~52
보스니아에서의 제노사이드 협약 사건 5, 99, 124, 153~155, 215~218, 223, 233, 290
보편적 승계 30~31
보편적 승계이론 34~36, 38, 41, 287
보호국 30, 49, 108, 143, 249
부분적 승계 31, 71
부활한 국가 239~240, 242~243
북대서양조약기구NATO 175~178, 209~210
북대서양어업 사건 76, 82
분리 53, 116~118
분열 또는 분할 48
〈불법행위는 법을 창설할 수 없다〉 154, 205, 211, 278
불평등조약 75, 106, 159, 252
비계속성 이론 26, 34~35, 38, 287

비승계의 원칙 73, 121, 288

사실상의 정권 262, 264~266
사정변경의 원칙 152, 179~184, 187~188, 197, 200, 209, 278, 281, 284, 290, 292
사정의 근본적 변경 80, 111, 122, 169, 181~182, 232, 274, 281, 291
사회주의 백지위임의 원칙 39
상설국제사법재판소PCIJ 129
상설중재재판소PCA 76, 96
상속협정 33, 58
상호경제원조이사회COMECON 186
선결적 항변 215
세계기상기구WMO 162
세계보건기구WHO 94, 144
세계지적재산권기구WIPO 225
속령 54~55, 108, 113, 144, 165
〈속지적 조약은 토지와 함께 이전되는 원칙〉 79, 81
승계협정 90, 93, 97, 100, 110, 153, 214, 225, 281, 284, 287, 292
시민적·정치적 권리에 관한 국제규약 99, 167, 222
시카고 협약 220
신탁통치(령) 30, 49, 58, 108

알마아타 선언 193, 195~196, 200, 203
어업관할권 사건 182
연방국가 25, 28, 48, 50~52, 72, 116, 146, 152, 211, 238, 269, 271~272, 274~276, 284, 291
연방국가의 형성 25, 48, 50, 152, 238
영·중 공동선언 113, 152, 159~160, 165, 290
영토적용조항 74, 89~91
영토체제에 관한 조약 77, 81~82, 111, 169
예멘의 통일 141, 147, 257
오스트리아 국가조약 194, 242
올란드 제도Aaland Islands 76~77, 82, 199
외국거류민에 대한 특별대우조약 74~75
외국 군대의 기지 설치 112~114, 121
원상회복 207
위임통치 49, 58, 108~143
입법적 성격의 다자조약 84~87
유기적 대체 이론 37
유럽공동체EC 157, 176, 178, 187, 205~211, 232
유럽연합EU 209~210
유럽의 재래식 무기 감축조약 199
유럽평의회Council of Europe 224, 227~228
유엔교육과학문화기구UNESCO 144
유엔 국제법위원회ILC 9, 25, 31, 103, 288
유엔 사무총장 59, 62~67, 89~91, 98~99, 119, 133, 139, 166~169, 195, 198, 217, 220, 228
유엔 안보리 133, 135, 139, 153, 194, 213~214, 261, 263
유엔총회 결의 195(III) 250
유일합법정부 250, 259, 261
2+4조약 175, 178~179, 185, 274
인도 영토에 대한 통행권 사건 82
인적 조약 65
인터스푸트니크Intersputnik 조약 186, 226

일반 계속성 이론 36~37
일방적 선언 33, 56, 58~63, 65~70, 75, 87, 97, 100~101, 110, 161, 174, 200~287

자결권 원칙 40~41, 73, 79, 108~109, 112, 287
자동승계론 99
자동적 승계 98, 156, 222~223, 226~228, 230, 280
적십자협약 246
전략무기감축조약START-I 198
전시 병원선에 관한 협약 247
정당한 기대의 보호 187
정치적 조약 50~52, 72, 113, 165, 184, 188, 274, 291~292
조대국(租貸國) 49, 152, 158
조차국(租借國) 49, 152, 158
조약계속성의 원칙 107, 156, 227, 230~231
조약국경이동의 원칙 54, 60, 71, 112~113, 116, 152, 158, 164~165
조약법에 관한 비엔나협약 80, 101, 106, 109, 111, 113~114, 120, 169, 181, 185, 217, 223, 232, 249, 278
조약의 국가승계에 관한 비엔나협약 6, 26, 30, 100, 105, 108, 171
조약의 계속적용 선언 방식 67
조약의 경개 61
조약의 생존가능성 122, 180
조약의 종료선언 방식 63, 66
종속국 30, 43
지역적 조약 74, 82, 156, 229, 231

처분적 조약 51~54, 73~78, 82~84, 121, 156, 177, 184, 188, 199, 222, 230, 278~279, 288, 292

탄도미사일조약ABM Treaty 199
탄자니아 51, 52, 97, 116, 147, 176~177, 273, 277
탕가니카 51, 59, 63~67, 97~98, 101, 116, 147, 176, 273
통일아랍공화국UAR 51~52, 94, 97, 116, 118, 135, 141, 176, 273
통일조약 174, 177~179, 186
특별 선언 방식 69

프레어 비헤어 사원 사건 79
핀·소 우호협력상호원조조약 199

한·미 수호통상조약 245
한민족공동체 통일방안 267~270
한·일 기본관계에 관한 조약 249
한·일 합병조약 244, 248~249
할양 25, 32, 35, 48~50, 54, 71, 159, 161, 187, 241, 245
합병 48, 50~52, 71~73, 94, 134~135, 188, 248~249, 276, 280~281, 284, 290~292
헤이그 육전법규 협약 247, 251
핵무기 비확산 조약NPT 190

〈현재 소유하고 있는 것을 소유한다 *uti possidetis, ita possidetis*〉 79, 208

〈형성되어야 할 법 *de lege ferenda*〉 32, 292

홍콩특별행정구 SAR 124, 152, 160~161, 290

지은이 **이순천** 1953년생으로 고려대 법학과를 졸업하고 동 대학원에서 법학박사 학위를 받았다. 이후 영국 국제전략문제연구소(IISS) 연구원과 미국 컬럼비아대학 방문교수를 지냈다. 1977년 제11회 외무고시로 외무부에 입부한 후 국제기구과장, 유엔경제과장, 주영국참사관, 외교통상부 군축담당심의관, 조약국심의관, 주필리핀 공사, 주탄자니아대사를 거쳐 2008년 4월부터 2010년 8월까지 외교통상부 외교안보연구원장(차관급)을 역임했다. 2006년 대통령표창, 2010년 황조근정훈장을 받았다. 현재 외교안보연구원 명예교수, 고려대 법학전문대학원 겸임교수 및 고려대 공공행정학부 객원교수로서 강의와 저술에 주력하고 있다. 저서로는 『글로벌 코리아, 글로벌 외교』(열린책들, 2010)가 있다.

조약의 국가승계

발행일 2012년 3월 1일 초판 1쇄

지은이 이순천
발행인 홍지웅
발행처 주식회사 열린책들

경기도 파주시 문발로 253 파주출판도시
전화 031-955-4000 팩스 031-955-4004
www.openbooks.co.kr

Copyright (C) 이순천, 2012, *Printed in Korea.*
ISBN 978-89-329-1552-4 93340

이 도서의 국립중앙도서관 출판시도서목록(CIP)은 e-CIP 홈페이지(http://www.nl.go.kr/ecip)와 국가자료 공동목록시스템(http://www.nl.go.kr/kolisnet)에서 이용하실 수 있습니다.(CIP제어번호: CIP2012000489)